Studientexte zur Soziologie

Reihe herausgegeben vom Institut für Soziologie der FernUniversität in Hagen, **repräsentiert durch**
D. Funcke
F. Hillebrandt
U. Vormbusch
S. M. Wilz

Hagen, Deutschland

Die „Studientexte zur Soziologie" wollen eine größere Öffentlichkeit für Themen, Theorien und Perspektiven der Soziologie interessieren. Die Reihe soll in klassische und aktuelle soziologische Diskussionen einführen und Perspektiven auf das soziale Handeln von Individuen und den Prozess der Gesellschaft eröffnen. In langjähriger Lehre erprobt, sind die Studientexte als Grundlagentexte in Universitätsseminaren, zum Selbststudium oder für eine wissenschaftliche Weiterbildung auch außerhalb einer Hochschule geeignet. Wichtige Merkmale sind eine verständliche Sprache und eine unaufdringliche, aber lenkende Didaktik, die zum eigenständigen soziologischen Denken anregt.

Reihe herausgegeben vom Institut für Soziologie der FernUniversität in Hagen, repräsentiert durch
Dorett Funcke
Frank Hillebrandt
Uwe Vormbusch
Sylvia Marlene Wilz

FernUniversität in Hagen, Deutschland

Weitere Bände in der Reihe http://www.springer.com/series/12376

Frank Hillebrandt

Soziologisch denken

Grundlagen und Theorien

Springer VS

Frank Hillebrandt
Soziologie I, FernUniversität in Hagen
Hagen, Deutschland

Studientexte zur Soziologie
ISBN 978-3-658-21047-2   ISBN 978-3-658-21048-9 (eBook)
https://doi.org/10.1007/978-3-658-21048-9

Die Deutsche Nationalbibliothek verzeichnet diese Publikation in der Deutschen Nationalbibliografie; detaillierte bibliografische Daten sind im Internet über http://dnb.d-nb.de abrufbar.

Springer VS
© Springer Fachmedien Wiesbaden GmbH, ein Teil von Springer Nature 2018
Das Werk einschließlich aller seiner Teile ist urheberrechtlich geschützt. Jede Verwertung, die nicht ausdrücklich vom Urheberrechtsgesetz zugelassen ist, bedarf der vorherigen Zustimmung des Verlags. Das gilt insbesondere für Vervielfältigungen, Bearbeitungen, Übersetzungen, Mikroverfilmungen und die Einspeicherung und Verarbeitung in elektronischen Systemen.
Die Wiedergabe von Gebrauchsnamen, Handelsnamen, Warenbezeichnungen usw. in diesem Werk berechtigt auch ohne besondere Kennzeichnung nicht zu der Annahme, dass solche Namen im Sinne der Warenzeichen- und Markenschutz-Gesetzgebung als frei zu betrachten wären und daher von jedermann benutzt werden dürften.
Der Verlag, die Autoren und die Herausgeber gehen davon aus, dass die Angaben und Informationen in diesem Werk zum Zeitpunkt der Veröffentlichung vollständig und korrekt sind. Weder der Verlag noch die Autoren oder die Herausgeber übernehmen, ausdrücklich oder implizit, Gewähr für den Inhalt des Werkes, etwaige Fehler oder Äußerungen. Der Verlag bleibt im Hinblick auf geografische Zuordnungen und Gebietsbezeichnungen in veröffentlichten Karten und Institutionsadressen neutral.

Gedruckt auf säurefreiem und chlorfrei gebleichtem Papier

Springer VS ist ein Imprint der eingetragenen Gesellschaft Springer Fachmedien Wiesbaden GmbH und ist ein Teil von Springer Nature
Die Anschrift der Gesellschaft ist: Abraham-Lincoln-Str. 46, 65189 Wiesbaden, Germany

*Meinen Eltern Angela und Josef
Hillebrandt gewidmet*

Inhaltsverzeichnis

1 Einleitung... 1
2 Wie Soziologen und Soziologinnen denken..................... 5
3 Worüber Soziologinnen und Soziologen nachdenken............. 11
4 Sind Sozialität und Gesellschaft objektivierbare Kräfte?.......... 29
5 Entsteht Sozialität im sinnhaften Zusammenwirken
   von Menschen?... 57
6 Woraus besteht Sozialität? Poststrukturalistisch denken.......... 101
7 Fazit: Einige Grundstrukturen des soziologischen Denkens....... 135

Literatur... 145

Einleitung 1

Die Soziologie ist eine durch paradigmatische, theoretische und methodische Vielfalt gekennzeichnete Wissenschaft und kann deshalb auf die vielen Herausforderungen, welche die Gegenwartsgesellschaft regelmäßig für sie breithält, flexibel reagieren. Den Kern aller soziologischen Denkweisen finden zu wollen, scheint aufgrund der Paradigmenvielfalt der Soziologie unmöglich zu sein. Und dennoch kann gesagt werden, dass sich soziologisches Denken tatsächlich charakterisieren lässt, weil es einen Kern hat, der in allen soziologischen Ansätzen ähnlich zu finden ist. Diesen Kern des soziologischen Denkens einzugrenzen ist das Ziel der folgenden Überlegungen. Über eine Auseinandersetzung mit mehr oder weniger bekannten Texten und Forschungsarbeiten der Soziologie wollen sie in die soziologische Denkweise systematisch einführen. Damit soll eine Basis zur Beschäftigung mit der Soziologie als faszinierende Wissenschaft geschaffen werden. Der vorliegende Text wendet sich dabei an alle, die sich tief gehend auf die Soziologie einlassen, die also Soziologie nicht nur oberflächlich verstehen, sondern als Denkweise trainieren wollen, um sie später selbst forschend anzuwenden.

Dabei ist es angesichts der Mannigfaltigkeit soziologischer Ansätze zunächst gewagt, von soziologischer Denkweise in Einzahl zu sprechen. Alle soziologischen Ansätze – von der Akteur-Netzwerktheorie über die soziologische System- und Praxistheorie bis hin zur soziologischen Handlungstheorie – reklamieren schließlich jeweils für sich nicht ganz zu Unrecht einen sehr eigenen Zugang zur Sozialität als zentralem Gegenstand der Soziologie, den sie jeweils sehr unterschiedlich als Kollektiv, Kommunikation, Praxis oder Interaktion bestimmen. Schon deshalb gibt es nicht *die* soziologische Denkweise, sondern stattdessen eine mannigfaltige Ausprägung des soziologischen Denkens. Trotz dieser Paradigmenvielfalt ist jeder Soziologie gemeinsam, dass sie eben nicht Alltagssoziologie – sehr wohl möglich ist jedoch eine hier zu unterscheidende Soziologie des

Alltags – betreiben will, dass sie also die soziale Welt, wie immer sie im Einzelnen begrifflich bestimmt wird, nicht aus einer alltäglichen Perspektive erfasst, sondern wissenschaftlich. Und mit dieser Aussage sind wir bereits mitten in der soziologischen Fachdiskussion. Das Problem ist nämlich, wie die Beobachtungen der Soziologie als Wissenschaft von einer im Alltag immer wieder notwendig stattfindenden Beobachtung der Sozialität unterschieden werden kann.

Die beiden zentralen Fragen der vorliegenden Abhandlung sind dem entsprechend: Wie lässt sich die Sozialität mit den Mitteln einer Wissenschaft beobachten und wozu wird diese Erforschung der Sozialität notwendig? Um diese Fragen mit dem Ziel zu beantworten, die Wissensgrundlagen über die Soziologie aufzufrischen bzw. zu stärken, gehe ich zunächst ganz allgemein der Frage nach, was das Denken der Soziologie von alltäglichem Denken unterscheidet (2). Danach wende ich mich dem Gegenstand der Soziologie zu, den ich im Hinblick auf die soziologische Denkweise diskutiere. Dabei wird es neben der Eingrenzung der wichtigsten klassischen Grundfragen der Soziologie auch um die Gründe gehen, warum der soziologische Gegenstand – die Sozialität – mithilfe einer spezifischen Fachsprache, die als soziologische Theorie formuliert ist, und mithilfe spezifischer Methoden untersucht werden muss (3). Im Anschluss daran rekonstruiere ich wichtige diskursive Formationen des soziologischen Diskurses, die sich als Kristallisationspunkte des soziologischen Denkens der Gegenwart, also als „Gründungsszenen soziologischer Theorie" (Farsin und Laux 2014) oder auch als „Sternstunden der Soziologie" (Neckel et al. 2010), erwiesen haben und in ihrer Entstehung verstanden werden müssen, um soziologisches Denken nachvollziehen zu können. Hier sehe ich bespielhaft für andere Kristallisationspunkte vor allem zwei wichtige Verdichtungen des soziologischen Diskurses: Einmal ist es für die Soziologie prägend, die Sozialität als wirkmächtige, emergente Realitätsebene zu fassen (4). Zum anderen fasst die Soziologie die Sozialität als besondere Leistung von sozialen Akteuren (5). Nachdem diese beiden folgenreichen Formationen des soziologischen Diskurses, die, wie ich an aktuellen Ansätzen zeigen werde, bis in die Gegenwart das soziologische Denken mitbestimmen, nachgezeichnet wurden, diskutiere ich eine weitere klassische Form der soziologischen Denkweise, die sich im deutschen soziologischen Diskurs zunächst nicht in dem Maße durchsetzt wie die beiden anderen zuvor behandelten, heute jedoch eine ganz wichtige Rolle spielt zur Grundlegung der Soziologie. Diese an den physischen Aspekten der Sozialität orientierte Betrachtungsweise der Soziologie entsteht in meiner Sicht mit den Arbeiten von Marcel Mauss, die sehr viel elementarer als Handlungs- und Strukturtheorien danach fragen, woraus die Sozialität denn nun eigentlich besteht. Diese Auseinandersetzung mit einem der anderen Klassiker der Soziologie, die nicht in jedem Lehrbuch ausführlich behandelt werden, führt mich dann auch dazu, die Denkweise des Poststrukturalismus als wichtigen Bestandteil gegenwärtiger Denkweisen der Soziologie zu rekonstruieren (6). Zum Abschluss bündele ich die Ergebnisse meiner Auseinandersetzung mit den drei von mir ausgewählten Denkweisen der Soziologie, indem ich aus deren Diskussion einige unumgängliche Prinzipien soziologischen Denkens ableite, umreiße und begründe (7). Wichtig ist es dabei zu sehen, dass die von mir ausgewählten Denkweisen der Soziologie immer auch aufeinander bezogen sind, sich nicht isoliert voneinander bilden und zudem selbstredend nicht die einzigen Denkweisen der Soziologie sind. Sie stellen eine Auswahl dar, die ich für sehr geeignet halte, das soziologische Denken einzuüben und zu trainieren.

Bevor Sie nun mit mir in die hoffentlich interessante Reise in die soziologischen Denkweisen einsteigen, muss ich noch einige kleine Vorbemerkungen machen: Vieles von dem, was im Folgenden diskutiert wird, mag einigen von Ihnen bereits bekannt vorkommen. Dies ist aber durchaus beabsichtigt. Es geht nämlich darum, die klassischen Grundlagen des soziologischen Denkens unter dem Gesichtspunkt zu diskutieren, ob und wie sie für die gegenwärtige Grundlegung des Fachs fruchtbar gemacht und wie durch eine Auseinandersetzung mit ihnen soziologisches Denken eingeübt werden kann. Dazu wird an einigen Stellen der Einführung ausführlich aus klassischen Texten der Soziologie zitiert, was Sie dazu anregen soll, diese Texte erneut zur Hand zu nehmen und für den weiteren Verlauf Ihres Studiums neu zu lesen. Eine wichtige Grundhaltung der Soziologie ist es nämlich seit ihrer Entstehung als Wissenschaft, soziologische und andere wissenschaftliche Texte kritisch zu lesen, um daraus neue Ideen zu gewinnen. Eine grundsätzliche Bereitschaft, viel zu lesen, wird in der Soziologie gemeinhin vorausgesetzt, sodass auch ich Ihnen diese Lesebereitschaft anempfehlen möchte. Lassen Sie sich bitte neu auf das soziologische Denken ein, indem Sie nicht nur diese Einführung, sondern auch die hier zitierten sowie andere Texte der Soziologie entdeckend oder erneut lesen. Anders gesagt: Scheuen Sie sich nicht Marx, Durkheim, Simmel, Weber und andere Klassiker der Soziologie neu zu lesen. Dies schafft Ihnen die Grundlage, auch die gegenwärtige Soziologie besser zu verstehen. Und genau das ist der Anspruch der vorliegenden Einführung: Sie will ein grundlegendes Verständnis soziologischer Denkweisen auffrischen bzw. herstellen.

> Die einzelnen Übungsaufgaben zumeist an den jeweiligen Enden der Abschnitte sind optional zu verstehen und sollen Ihnen helfen, die dargelegten Argumente für sich selbst zu rekapitulieren. Gelegentlich bereiten sie auch auf den nächsten Abschnitt vor, wie im sich hier anschließenden Fall.

- Versuchen Sie *vor* der Lektüre des nächsten Abschnitts Situationen zu finden, in denen Ihnen so etwas wie Gesellschaft oder Sozialität begegnet ist.
- Was halten Sie für eine soziale Struktur, die von der Soziologie untersucht werden muss?
- Suchen Sie nach Ihren ganz persönlichen Gründen dafür, Soziologie weiterführend zu studieren, und schreiben Sie diese kurz und prägnant auf.

Wie Soziologen und Soziologinnen denken

2

Zu Beginn möchte ich eine sehr eingängige, allen mehr oder weniger bekannte Situation beschreiben: Wir sitzen um die Mittagszeit zusammen mit einer Freundin in einem Café, sagen wir einfach einmal im Zentrum von Berlin. Hier begegnen sich diverse Menschen, einige von ihnen sitzen zu zweit an einem Tisch und bestellen etwas bei der Kellnerin oder dem Kellner. Andere sind in ein Gespräch vertieft und sitzen mit mehreren Menschen zusammen. Einige kommen in das Café und suchen einen Platz, der um die Mittagszeit nur schwer zu finden ist, weil zu dieser Zeit immer sehr viele Menschen dieses Café im Zentrum von Berlin aufsuchen. Einige Gäste sind sofort als Touristen und Touristinnen erkennbar, weil sie Stadtpläne und Reiseführer vor sich auf dem Tisch ausgebreitet haben. Außerdem ist jedem und jeder klar, wer hier gegen ein Entgelt arbeitet und wer hier eben als Gast des Cafés verkehrt. Auch die Begegnungen zwischen den einzelnen Menschen sind sehr unterschiedlich: Einige scheinen sich schon lange zu kennen und begegnen sich nicht zum ersten Mal, sie werden vom Personal mit ihrem Namen begrüßt. Wiederum andere kommen bereits zu zweit und wir können sehen, dass sie sich schon sehr lange kennen, vielleicht sind sie ein Paar, enge Freunde oder miteinander verwandt, oder sie sind Arbeitskolleginnen, die jetzt gemeinsam ihre Mittagspause verbringen. Die Liste der verschiedenen Ereignisse, die in dieser Situation in einer nur sehr kurzen Zeit geschehen, ist sehr lang: Kaffee wird gekocht, Essen wird zubereitet, es wird diskutiert, es wird Geld bezahlt, serviert, bestellt, gelacht, geflirtet, geschimpft. Es werden Anweisungen gegeben und ausgeführt, ganz bestimmte Menschen nehmen Geld von ganz bestimmten Menschen entgegen, es werden Zahlen in einen Computer eingegeben, es werden Bestellungen aufgenommen.

Wenn wir nicht ein besonderes Rendezvous in diesem Café verabredet haben, sehen wir die Café-Situation im Alltag relativ gelassen: Wir suchen uns einen Tisch, bestellen unsere Wünsche bei bestimmten Menschen, die wir sogleich als diejenigen identifizieren, die hier Bestellungen aufnehmen. Wir erwarten zu Recht, dass wir diese Bestellung nach einer gewissen Zeit an den Tisch gebracht bekommen, und wir fragen für gewöhnlich nicht, woher die bestellten Speisen und Getränke kommen. Wir halten bestimmte Höflichkeitsformen ein, wenn wir Fremden begegnen, geben am Ende des Aufenthaltes ein kleines Trinkgeld, ohne dass wir dazu aufgefordert werden. Und wir freuen uns, wenn wir in diesem Café mit unserer Begleitung einige schöne Stunden oder Minuten verbringen können. Nachdem wir das Café verlassen, werden wir die Kellnerinnen und Kellner, denen wir zuvor Geld gegeben haben für unsere Verköstigung, möglicherweise nie wieder sehen, und wir halten dies für wenig tragisch, weil wir es gewohnt sind. All die vielen kleinen Ereignisse, die sich während unseres Aufenthalts in dem Café vollzogen haben, halten wir für selbstverständlich und sie irritieren uns nicht weiter. Wir sind auch in keiner Weise überrascht darüber, dass sich in der kurzen Zeit, die wir in diesem Café verbringen, so dermaßen viele Dinge ereignen, dass wir sie gar nicht alle registrieren können. Nach dem Aufenthalt im Café geht der Tag weiter und die ereignisreiche Szene im Café ist nach wenigen Stunden mehr oder weniger vergessen. Unser Alltag zwingt uns dazu, die Welt um uns herum in reduzierter Weise wahrzunehmen. Wir können nicht alles hinterfragen, was uns geschieht, weil wir dann sofort nicht mehr handlungsfähig wären. Indem wir dies für selbstverständlich halten, sind wir fähig, am alltäglichen Leben teilzunehmen.

Diese alltägliche Gewissheit über den Ablauf der Welt muss nun die Soziologie infrage stellen. Sie muss sich von den alltäglichen Routinen lösen und einen neuen, eigenen Blick auf die Alltagssituationen und ihre Ereignisse werfen. Dies hatte der US-amerikanische Soziologe C. Wright Mills bereits 1959 mit dem Begriff „sociological imagination" (Mills 2000) bezeichnet, denn es kommt auf die „soziologische Phantasie" (Mills 2016) und Imaginationskraft an, um Situationen und Ereignisse in soziologisch gehaltvoller Weise beschreiben zu können, um auf eine kunstvolle Weise misstrauisch sein zu können gegenüber den alltäglichen Gewissheiten, denen wir immer wieder begegnen.[1] Denn für die Soziologie ist es zu hinterfragen, warum wir im Café sofort erkennen, wer berechtigt ist, Bestellungen aufzunehmen und Geld entgegen zu nehmen. Soziologisch relevant ist es mit anderen Worten herauszubekommen, warum bestimmte Menschen in Cafés arbeiten und wie sie bezahlt werden. Auch die vorhandenen Speisen und Getränke sind für die Soziologie nicht selbstverständlich. Es ist wissenschaftlich

---

[1]C. Wright Mills Begriff der „soziologischen Phantasie" findet sich in seinem gleichnamigen Buch (Mills 2016). Die 2016 erschienene Neuübersetzung dieser 1959 erstmals erschienenen Abhandlung empfehle ich sehr zur Lektüre.

interessant herauszufinden, woher diese Speisen und Getränke kommen und wie sie in die bestimmte Situation gekommen sind, wie sie also zu selbstverständlichen Bestandteilen einer Café-Szene im Zentrum von Berlin werden konnten. Auch die Anwesenheit der Menschen in dem Café ist eine soziologisch zu hinterfragende Tatsache: Warum ist das Café gerade zur Mittagszeit so stark frequentiert? Hier wird die kulturelle Form, immer mittags eine Speise zu sich zu nehmen, wirksam, die nun wiederum in ihrer Entstehung und dauerhaften Reproduktion zu untersuchen wäre.

Buchstäblich die ganze Welt, alles, was die Soziologie mit dem Begriff der Gesellschaft bezeichnet, versammelt sich in der beschriebenen Situation in einem Berliner Café. Der servierte Kaffee kommt auf verschlungenen Wegen in das Zentrum der deutschen Hauptstadt, er wird sicher nicht in der Mark-Brandenburg oder auf dem Potsdamer Platz angebaut. Damit Kaffee sich massenhaft und wie selbstverständlich auf der Welt verteilen kann, muss der Kaffee in dafür klimatisch geeigneten Regionen der Welt angebaut, geerntet und auf einem Weltmarkt angeboten und gekauft werden. Dies zu verstehen, setzt unter anderem voraus, dass wir verstehen lernen, wie ein Weltmarkt für Kaffee überhaupt entstehen und sich erwartungssicher reproduzieren kann. Auch die Frage, warum Kaffee in Berlin überhaupt als legales Genussmittel von allen getrunken werden kann, ist nicht so leicht zu beantworten, wie es uns im Alltag scheinen mag. Denn Kaffee muss als Genussmittel kulturell anerkannt werden, was eine Einschreibung von Dispositionen in die Körper von Menschen voraussetzt, die sich um die Mittagszeit herum eine Tasse Kaffee in einem Berliner Café bestellen. Das Trinken von Kaffee situiert Menschen in einer ganz bestimmten Weise zueinander, weil es in Berlin und anderen Städten der so genannten westlichen Welt einen ganz bestimmten Kontext schafft, der das Tun von Menschen beeinflusst (vgl. hierzu Giddens und Sutton 2013, S. 5 f.). Es schafft in der Regel Geselligkeit und bringt somit eine ganz bestimmte Form der Sozialität mit sich.

An diesem Beispiel wird bereits eine sehr wichtige Grundlage soziologischen Denkens deutlicher: Die Soziologie behandelt beispielsweise mit dem Kaffee-Trinken Gegenstände, die alle Menschen angehen und deshalb allen mehr oder weniger bekannt zu sein scheinen. Und gerade deshalb bezeichnet Soziologie eine spezifische Denkweise, die sich von der Denkweise des Alltags deutlich unterscheidet. Denn es kommt gerade darauf an, den Gegenstandsbereich der Soziologie nicht in alltäglicher Weise zu erfassen, weil Soziologie dann lediglich das Alltagswissen über die Welt reproduzieren würde, sodass sie keine Wissenschaft wäre. Es geht in der Soziologie gerade darum, die gewohnte Perspektive, mit der wir uns in der Alltagswelt orientieren, zu verlassen (vgl. Abels 2001, S. 15). Soziologisches Denken bedeutet, „sich fortzudenken" von den vertrauten

Routinen unseres alltäglichen Lebens, um sie neu zu betrachten (vgl. Giddens und Sutton 2013, S. 5), um also neue, dem Alltagsbewusstsein häufig verborgene Erkenntnisse über die Routinen zu erhalten. Deshalb wird das Alltagsbewusstsein verfremdet, indem es selbst zum Gegenstand des soziologischen Nachdenkens über die Sozialität gemacht wird. Denn das Kaffee-Trinken gelingt eben nur dann, wenn die Akteure ein alltägliches Verständnis, einen praktischen Sinn, wie es Pierre Bourdieu sagen würde, mit dem Kaffee als legalem Genussmittel verbinden. Und dies ist für die Konsumenten etwas Selbstverständliches, für die Soziologie jedoch nicht. Soziologische Fantasie zeigt sich nun genau darin, dem Alltagsbewusstsein Selbstverständliches als unwahrscheinlich zu beschreiben. Das heißt: Nichts ist der Soziologie selbstverständlich. Sie verfolgt eine „Kunst des Misstrauens" (vgl. ebd.). Alles, was sich beobachten und beschreiben lässt, wird von der Soziologie als unwahrscheinlich behandelt, das unter ganz bestimmten Bedingungen, die es mit den Mitteln der Soziologie aufzuklären gilt, wahrscheinlich geworden ist. Folglich gibt es keine immer feststehenden Gegebenheiten. Alles, was geschieht und beobachtet werden kann, wäre immer auch anders möglich gewesen.

So ist das inkorporierte, das heißt das in die Körper der Beteiligten eingeschriebene Wissen über den Kaffee als legales Genussmittel überhaupt nicht selbstverständlich. Es ist eine notwendige Bedingung für das Kaffee-Trinken, die sich erst über Jahrhunderte in die kulturellen Formen der Gesellschaft sowie – daraus folgend – in die Körper der beteiligten Menschen inskribieren musste, damit das Trinken von Kaffee zu einer alltäglichen, nur noch wenig reflektierten Praxis werden kann. Fragt man zudem auch noch nach den Wegen des Kaffees in das Berliner Café, kann der sich dort alltäglich vollziehende Kaffee-Genuss endgültig nicht mehr als etwas Selbstverständliches gefasst werden. Und bei genauerer Betrachtung ist dieses sich Fortdenken von den Alltagsroutinen sehr plausibel. Selbstredend ist das inkorporierte Alltagswissen über den Kaffee sehr funktional für den Kaffee-Genuss, denn eine soziologische Erörterung dieser Praxis würde eine Beteiligung an ihr sicher vor allem behindern. Eine Soziologie verfolgt jedoch andere Ziele: Sie will die Praxis aufklären und fragt deshalb völlig anders als die Besucherinnen und Besucher des Berliner Cafés, solange diese keine Soziologen oder Soziologinnen sind. Deshalb beschreibt die Soziologie Gegenstände wie das gesellige Kaffee-Trinken, die eigentlich jeder zu verstehen glaubt, in einer neuen, nicht alltäglichen Weise, die dann eben nicht mehr für alle verständlich ist, dafür aber neue Aspekte des Kaffee-Trinkens sichtbar macht, die der alltäglichen Beobachtung zwangsläufig entgehen. Genau dazu benötigt die Soziologie ihre Fachsprache, die es ihr erlaubt, Gegenstände in einer Weise zu beschreiben, die Aspekte des Gegenstandes verdeutlicht, die bei einem alltäglichen, gewohnheitsmäßigen Blick auf ihn nicht sichtbar sind. Aus demselben Grund benötigt die Soziologie eine methodische Herangehensweise an ihre Gegenstände, sie muss es ermöglichen, diese Gegenstände in einer nachvollziehbaren und deshalb methodischen Weise zu beschreiben und zu erforschen. Im hier verfolgten Beispiel klärt die Soziologie beispielsweise die verschlungenen Wege des Kaffees in das Berliner Café, die den Kaffee trinkenden Gästen in der Regel relativ egal sind, solange sie einen angemessenen Preis für den Kaffee bezahlen und ihn in einer angenehmen Umgebung konsumieren können. Dazu benötigt die Soziologie eine Fachsprache, um eine Theorie verfassen zu können, und eine Methode, mit der geklärt wird, wie die aufgeworfene Frage erforscht wird, um auf diese Weise letztlich nachvollziehbar zu machen, wie Forschungsergebnisse im Forschungsprozess entstehen.

- Erläutern Sie, was eine soziologische Denkweise von der des Alltags unterscheidet.
- Warum muss das sich Fortdenken von den alltäglichen Situationen als soziologische Fantasie beschrieben werden, wenn es doch eigentlich nicht darum geht, etwas Neues zu erfinden, sondern das, was geschieht, zu beschreiben?
- Was meint der Begriff „Kunst des Misstrauens"?
- Finden Sie Situationen, die Sie durch ein sich Fortdenken von den alltäglichen Denkweisen anders sehen können, als Ihnen dies ohne die soziologische Fantasie möglich ist. Denken Sie dabei an die Situationen, die Sie *vor* dem Lesen des vorstehenden Abschnitts als diejenigen gefunden hatten, in denen Ihnen so etwas wie Gesellschaft oder Sozialität begegnet ist.

Worüber Soziologinnen und Soziologen nachdenken

Mit dem bisher Gesagten wird impliziert, dass geselliges Kaffee-Trinken zum Gegenstandsbereich der Soziologie gehört, womit eine erste Annäherung an eine Definition des Gegenstandes der Soziologie verbunden ist. Denn die Frage, warum und wie die Soziologie das gesellige Kaffee-Trinken thematisieren sollte, leitet über zu einer wichtigen Grundlage soziologischen Denkens, der Definition des spezifischen Gegenstandes der Soziologie, der, wie zu zeigen sein wird, zu einer besonderen, sich von anderen wissenschaftlichen Denkweisen unterscheidenden Betrachtungsweise zwingt. Soll dieser Gegenstand in seiner absoluten Allgemeinheit bestimmt werden, kann zunächst folgende Definition von Rolf Eickelpasch angeführt werden: „Gegenstand der Soziologie ist ‚das Soziale', d. h. die mehr oder weniger dauerhaften Gewebe und Netzwerke aus immer wiederkehrenden Verhaltensmustern, die aus dem zwischenmenschlichen Handeln hervorgehen und auf dieses zurückwirken." (Eickelpasch 1999, S. 12). Dieser Gegenstand, das, was Eickelpasch als das Soziale bezeichnet und ich im Folgenden mit dem Begriff Sozialität, ist also offensichtlich mit dem Tun der Menschen verbunden, obwohl es dieses Tun allein eben nicht ist, was die Sozialität ausmacht. Es geht nach der hier angeführten Definition um auf Dauer gestellte Muster („Gewebe und Netzwerke"), die aus dem Zwischenmenschlichen hervorgehen und, das ist besonders wichtig, auf dieses Zwischenmenschliche zurückwirken.

Die Sozialität, also das, was zwischen Menschen geschieht, ist also offenbar wirkmächtig, sie wirkt auf das, was Menschen tun. Aspekte des Gegenstandsbereiches der Soziologie sind also neben den dauerhaften Mustern und Erwartungen, die die Soziologie mit dem Oberbegriff Struktur bezeichnet, die einzelnen Praktiken, die von Menschen ausgehen und nur durch die ebenfalls menschengemachte Produktion von Sinn möglich werden. Dahinter steht in der frühen Soziologie etwa eines Max Weber die Annahme, dass die menschlichen Akteure der Welt sinnhaft begegnen, weil sie sie deuten, um in ihr leben zu können. Die Soziologie hat es nach dieser Sichtweise der frühen Soziologie Max Webers also offensichtlich nicht mit einem voraussetzungslosen Objekt zu tun, sondern mit der Produktion und Reproduktion von Gesellschaft und Sozialität als Resultat der Praktiken, die von den einzelnen Gesellschaftsmitgliedern ausgehen und von Weber noch mit dem Begriff Handlung bezeichnet werden.[1]

Die sozialen Akteure, also die Menschen, interpretieren die Sozialität, wodurch sie als wissenschaftlicher Gegenstand besondere Eigenschaften gewinnt. Denn die prinzipiell kontingenten, weil der Imagination einzelner Akteure entspringenden Deutungen und Sinnzuweisungen, die in der Sozialität entstehen und ohne die menschliche Aktivitäten unmöglich sind, müssen ebenso als Aspekte des Gegenstandsbereiches der Soziologie angesehen werden wie die bereits durch die Sozialität erzeugten Zwänge, Normen und Regeln, welche die Soziologie unter dem Oberbegriff Struktur zusammenführt. Dabei sieht die Soziologie folgenden Zusammenhang: Die Aktivitäten der Einzelnen, welche die Sozialität erzeugen, sind einerseits niemals völlig frei, sondern unterliegen restriktiven Bedingungen in Form dieser Strukturen, die bereits ein Produkt der sich regelmäßig vollziehenden Sozialität sind. Andererseits schaffen diese Strukturen als auf Dauer gestellte Muster der Sozialität nicht nur Zwänge, sondern auch Möglichkeiten, sodass immer wieder neue Sinndeutungen der Akteure und daraus folgende neue Aktivitäten als Praktiken entstehen, die den einzelnen Akteuren als Handlungen zugeschrieben werden. Die Sozialität ist also niemals statisch, sie erzeugt sich durch die Praktiken, die durch die Aktivitäten der Einzelnen immer wieder neu entstehen. Dieses grundsätzliche Problem der Gegenstandsbestimmung der Soziologie, das man als Akteur-Struktur-Problem bezeichnen könnte, hatte bereits Georg Simmel im Blick, wenn er zu den Grundlagen der Soziologie als Wissenschaft 1917 folgendes sagt:

---

[1]Als soziologischer Systemtheoretiker hebt Armin Nassehi (vgl. 2010, S. 15 ff., 27) in seiner Einführung in die Soziologie als erstes Problem ihrer Gegenstandsbestimmung hervor, dass die Soziologie, weil sie ja auch Sozialität ist, selbst in ihrem Gegenstandsbereich vorkommt. Dies ist eine wichtige Reflexionsebene, auf die ich zurückkomme, nachdem ich die Schwierigkeit des Gegenstandsbereiches der Soziologie, dass für seine Bestimmung immer mit neuen und überraschenden Weltdeutungen der Einzelnen zu rechnen ist, erörtert habe, die ich als erstes sehe und aus einer eher praxissoziologischen Perspektive für wichtiger halte als die Beobachtungsparadoxie, welche die Systemtheorie immer zuerst thematisiert. Wie hier sichtbar wird, macht es durchaus einen Unterschied, aus welcher theoretischen Perspektive eine Einführung in die soziologische Denkweise verfasst wird.

3 Worüber Soziologinnen und Soziologen nachdenken

> Alle Existenz, so hören wir, komme ausschließlich den Individuen, ihren Beschaffenheiten und Erlebnissen zu, und ‚Gesellschaft' sei eine Abstraktion, unentbehrlich für praktische Zwecke, höchst nützlich auch für eine vorläufige Zusammenfassung der Erscheinungen, aber kein wirklicher Gegenstand jenseits der Einzelwesen und der Vorgänge an ihnen. Wenn ein jedes von diesen in seiner naturgesetzlichen und historischen Bestimmtheit erforscht sei, so bliebe für eine davon gesonderte Wissenschaft überhaupt kein reales Objekt mehr übrig. Ist für diese Kritik die Gesellschaft sozusagen zu wenig, so ist sie für eine andere gerade zu viel, um einen Wissenschaftsbezirk abzugrenzen. Alles, was Menschen sind und tun, so heißt es nun andrerseits, geht innerhalb der Gesellschaft, durch sie bestimmt und als ein Teil ihres Lebens vor sich. Es gebe also überhaupt keine Wissenschaft von menschlichen Dingen, die nicht Wissenschaft von der Gesellschaft sei (Simmel 1917, S. 5).

In der Entstehungsphase der Soziologie als Wissenschaft, aus der dieses Zitat stammt, wird die Frage wichtig, wie denn nun der Gegenstand der neuen Wissenschaft im Vergleich zur Psychologie, die etwa zeitgleich mit der Soziologie als Wissenschaft entsteht, zur deutlich älteren Philosophie und anderen, um die vorletzte Jahrhundertwende bereits etablierten Wissenschaften gefasst werden kann, ohne dabei tautologisch zu verfahren, indem einfach alles als Gegenstand der Soziologie bestimmt wird. Im angeführten Zitat beschreibt Georg Simmel das Spannungsverhältnis zwischen Individuum und Gesellschaft, innerhalb dessen sich das soziologische Denken in seiner Eigenart entfaltet. Wichtig ist für Simmel jedenfalls, dass die Sozialität nicht verstanden werden kann, wenn man lediglich die einzelnen Psychen, die an ihr beteiligt sind, untersucht. Andererseits will Simmel, anders als etwa Émile Durkheim, auf den er sich bezieht, festhalten, dass es da etwas gibt, das eben nicht Gesellschaft und daher auch nicht Gegenstand der Soziologie ist und trotzdem auf diesen Gegenstand einwirkt. Simmel hält dies, wie er an anderer Stelle (vgl. Simmel 1992, S. 51) sagt, für ein wichtiges Apriori der Soziologie.[2]

Der als Simmels Bezugspunkt erwähnte Émile Durkheim ist noch sehr viel unmissverständlicher bei der Bestimmung des Gegenstandes der Soziologie. Er definiert ihn in folgender Aussage als von den Individuen unabhängige Ebene der Realität:

---

[2] „Das Apriori des empirischen Lebens ist, dass das Leben nicht ganz sozial ist, wir formen unsere Wechselbeziehungen nicht nur unter der negativen Reserve eines in sie nicht eintretenden Teils unserer Persönlichkeit; dieser Teil wirkt nicht nur durch allgemeine psychologische Verknüpfungen auf die sozialen Vorgänge in der Seele ein, sondern gerade die formale Tatsache, dass er außerhalb der letzteren steht, bestimmt die Art dieser Entwicklung." (Simmel 1992, S. 53).

Gesellschaft [ist] nicht bloß eine Summe von Individuen, sondern das durch deren Verbindung gebildete System stellt eine spezifische Realität dar, die einen eigenen Charakter hat. Zweifellos kann keine kollektive Erscheinung entstehen, wenn kein Einzelbewusstsein vorhanden ist; doch ist diese notwendige Bedingung allein nicht ausreichend. Die einzelnen Psychen müssen noch assoziiert, kombiniert und in einer bestimmten Weise kombiniert sein; das soziale Leben resultiert also aus dieser Kombination und kann nur aus ihr erklärt werden (Durkheim 1984a, S. 187).

Simmel hält diese eindeutige Festlegung Durkheims, das „soziale Leben" sei nur aus der Kombination und Assoziation der einzelnen Psychen heraus zu erklären, also quasi nur aus sich selbst heraus, für ein Manko, weil er die Kraft des Einzelnen bei der Entstehung und Reproduktion der Sozialität, die er Gesellschaft nennt, betonen möchte. Zwischen Simmel und Durkheim entsteht eine frühe Kontroverse darüber, wie der Gegenstand der Soziologie definiert werden kann. Gemeinsam ist beiden dabei jedoch die Einsicht, dass die Sozialität, die nach beiden aus einem Zusammenspiel von einzelnen Menschen miteinander entsteht, mehr ist als die Summe der an ihr beteiligten Menschen. Diese Einsicht ist durchaus nicht selbstverständlich. Um sie zu verstehen, wende ich hier die soziologische „Kunst des Misstrauens" auf die Soziologie selbst an, indem ich nach der Entstehung dieses grundlegenden Postulats der Soziologie frage, das ja schließlich einen erheblichen Anteil an der Entstehung der Soziologie als Wissenschaft hat. Dazu möchte ich zunächst die Radikalität der Position Durkheims verdeutlichen, die ja bereits sein Zeitgenosse Simmel, wie oben gesehen, infrage stellt. Es geht Durkheim bei der Bestimmung des Gegenstandes der Soziologie um *soziale Tatbestände,* die als Forschungsgegenstände der Soziologie ganz unabhängig von den Eigenschaften der einzelnen Menschen gesehen werden:

> Unsere Definition wird also weit genug sein, wenn sie sagt: Ein soziologischer Tatbestand ist jede mehr oder minder festgelegte Art des Handelns, die die Fähigkeit besitzt, auf den Einzelnen einen äußeren Zwang auszuüben; oder auch, die im Bereiche einer gegebenen Gesellschaft allgemein auftritt, wobei sie ein von ihren individuellen Äußerungen unabhängiges Eigenleben besitzt (Durkheim 1984a, S. 114).

Soziale Tatbestände, wie sie Durkheim in seinem 1894 erschienen Buch über die *Regeln der Soziologischen Methode* (Durkheim 1984a) definiert, sind als „festgelegte Art des Handelns" *äußerlich,* weil sie den Menschen nicht angeboren sind, *zwanghaft,* weil sie auf Menschen einen moralischen Druck ausüben, *allgemein und nicht universell,* weil sie nicht der universellen Natur des Menschen innewohnen und dennoch für eine bestimmte Zeit in einer bestimmten Region allgemeine Gültigkeit haben, und *unabhängig,* weil sie nicht im Verhalten einzelner Individuen aufgehen oder sich durch ihre Praxis erschöpfen. Mit diesem Begriff des sozialen Tatbestands fasst Durkheim das Soziale, also die Sozialität als eigenständigen Bereich der Realität, der sich weder auf physische, biologische oder psychische Faktoren zurückführen lässt. Deshalb lautet für ihn der erste methodologische Grundsatz der Soziologie als Wissenschaft, dass sich Sozialität nur durch soziale Gesetzmäßigkeiten erklären lässt. Die Sozialität ist eine Realität sui generis und die sozialen Tatbestände müssen deshalb in Analogie zum Gegenstand der bereits einige Jahrzehnte zuvor als akademische Disziplinen etablierten Naturwissenschaften – also die Wissenschaften von der empirisch erfahrbaren physischen Welt – wie Dinge behandelt werden. Mit diesem letzten Prinzip stellt sich Durkheim in eine positivistische Wissenschaftstradition, die erst mit der Aufklärung wirkmächtig wird und betont, dass sich wissenschaftliche Erkenntnisse objektiv bestimmen lassen. Dieses Paradigma des Positivismus, das bereits Auguste Comte für die Soziologie reklamiert hatte, wird nun von Durkheim erstmals systematisch auf den zuvor von ihm selbst definierten Gegenstand der Soziologie, also auf die sozialen Tatbestände, bezogen, um auf diese Weise Soziologie als wissenschaftliche Teildisziplin zu bestimmen, die nicht spekulativ, sondern mithilfe von wissenschaftlich abgesicherten und empirisch hervorgebrachten Erkenntnissen Aussagenzusammenhänge, also Theorien, über die Sozialität erzeugt.

Dieser genuin soziologische Zugang zur Welt, der sich nicht auf den Einzelnen, sondern auf die Sozialität als besondere Ebene der Realität bezieht, ist am Ende des 19ten und am Anfang des 20ten Jahrhunderts eine völlig neue Form des Denkens, die aber, wie später noch genauer dargelegt werden wird, bereits von Karl Marx vorbereitet wird. Noch in der Aufklärungsphilosophie wird das Zusammenwirken von Menschen, also die Sozialität, noch völlig anders, nämlich von den einzelnen Mitgliedern eines menschlichen Kollektivs her verstanden, wie am folgenden Zitat von Jean Jacques Rousseau aus seinem berühmten Buch über den Gesellschaftsvertrag aus dem Jahr 1762 deutlich wird:

> Wenn der Staat oder die Polis nur eine moralische Person ist, deren Leben in der Einheit ihrer Glieder besteht, und wenn die wichtigste ihrer Sorgen die Selbsterhaltung ist, bedarf es einer allumfassenden, zwingenden Kraft, um jedes Teil auf die für das Ganze vorteilhafteste Art zu bewegen und auszurichten. Wie die Natur jedem Menschen eine unumschränkte Gewalt über alle seine Glieder gegeben hat, so gibt

der Gesellschaftsvertrag der politischen Körperschaft eine unumschränkte Gewalt über all die ihren, und eben diese Gewalt ist es, die [...], vom Gemeinwillen geleitet, den Namen Souveränität trägt (Rousseau 1996, S. 32).[3]

Prinzipiell freie Menschen finden sich über einen Vertrag zu einer Gesellschaft zusammen, der sie dem Ideal nach aus freiem Willen angehören. Diese Gesellschaft wird noch weitgehend mit dem Staat synonym gesetzt. Ein Gesellschaftsgebilde ist also für Rousseau in erster Linie ein durch Vertrag hergestellter Zusammenschluss freier Menschen, der als Souverän von den Menschen selbst geschaffen wird, oder besser geschaffen werden soll.

Das Menschenbild der Aufklärung zwingt zu einer solchen Sicht der Sozialität. Denn es zielt auf totale Befreiung des Einzelnen aus feudalen Strukturen, die überwunden werden müssen. Besonders eindringlich findet sich dieser Gedanke in der Reflexion der Aufklärungsphilosophie durch Immanuel Kant, wie die folgende Passage aus seinem Text „Grundlegung zur Metaphysik der Sitten" verdeutlicht:

> Nun behaupte ich: dass wir jedem vernünftigen Wesen, das einen Willen hat, notwendig auch die Idee der Freiheit leihen müssen, unter der es allein handle. Denn in einem solchen Wesen denken wir uns eine Vernunft, die praktisch ist, d.i. Kausalität in Ansehung ihrer Objekte hat. Nun kann man sich unmöglich eine Vernunft denken, die mit ihrem eigenen Bewusstsein in Ansehung ihrer Urteile anderwärts her eine Lenkung empfinge, denn alsdenn würde das Subjekt nicht seiner Vernunft, sondern einem Antriebe, die Bestimmung der Urteilskraft zuschreiben. Sie muss sich selbst als Urheberin ihrer Prinzipien ansehen, unabhängig von fremden Einflüssen, folglich muss sie als praktische Vernunft, oder als Wille eines vernünftigen Wesens, von ihr selbst als frei angesehen werden; d.i. der Wille desselben kann nur unter der Idee der Freiheit ein eigener Wille sein, und muss also in praktischer Absicht allen vernünftigen Wesen beigelegt werden (Kant 1974, S. 83).

Charles Taylor schreibt neben anderen dieser Idee zu Recht eine gewaltige, revolutionäre Kraft für die Entwicklung der „neuzeitlichen Zivilisation" zu. Sie ist für Taylor „der Ursprung der sich über Fichte, Hegel und Marx anbahnenden

---

[3]Im „Leviathan" von Thomas Hobbes klingt dieser von Rousseau in aufklärerischer Absicht neu formulierte Gedanke des Staatsvertrages etwa einhundert Jahre früher noch so: „Die Absicht und Ursache, warum die Menschen bei all ihrem natürlichen Hang zur Freiheit und Herrschaft sich dennoch entschließen konnten, sich gewissen Anordnungen, welche die bürgerliche Gesellschaft trifft, zu unterwerfen, lag in dem Verlangen, sich selbst zu erhalten und ein bequemeres Leben zu führen; oder mit anderen Worten, aus dem elenden Zustand eines Krieges aller gegen alle gerettet zu werden." (Hobbes 1992, S. 151).

modernen Denkströmung, die sich weigert, das bloß ‚Positive' zu akzeptieren – also das, was Geschichte, Überlieferung oder Natur als Richtschnur anbieten im Hinblick auf Worte und Handlungen" (Taylor 1994, S. 633).

Die feudalen Ketten des alten Regimes sollen in der Aufklärungsphilosophie, die Kant in seinen Texten umfassend bündelt und reflektiert, vom Einzelnen aktiv abgeworfen werden. Diese totale Freiheit ist das Ziel einer Denkströmung, die sich gegen Willkürherrschaft und Feudalordnung wendet und das Denken der Neuzeit bis heute nachhaltig beeinflusst. Einschränkungen der Freiheit von Menschen als Vernunftwesen können nach Kant nur durch ein Recht legitimiert werden, das sich die freien Menschen selbst geben:

> Recht ist die Einschränkung der Freiheit eines jeden auf die Bedingung ihrer Zusammenstimmung mit der Freiheit von jedermann, insofern diese nach einem allgemeinen Gesetze möglich ist; und das öffentliche Recht ist der Inbegriff der äußeren Gesetze, welche eine solche durchgängige Zusammenstimmung möglich machen. Da nun jede Einschränkung der Freiheit durch die Willkür eines anderen Zwang heißt: so folgt, dass die bürgerliche Verfassung ein Verhältnis freier Menschen ist, die (unbeschadet ihrer Freiheit im Ganzen ihrer Verbindung mit anderen) doch unter Zwangsgesetzen stehen: weil die Vernunft selbst es so will (Kant 1977b, S. 144 f.; vgl. auch Kant 1977a, S. 338 f.).

Mit dem Recht zwingen sich die freien, vernunftbegabten Menschen zu einem Zusammenschluss, den Kant dann Staat nennt, der nicht auf Willkür, sondern auf ein durch die Mitglieder des Staates legitimiertes Recht basiert. Deshalb setzt auch Kant in seiner Aufklärungsphilosophie wie Rousseau den Staat als Verbund freier Vernunftmenschen noch weitgehend mit der Gesellschaft gleich, indem er noch 1797 beispielsweise folgendes sagt: „Die zur Gesetzgebung vereinigten Glieder einer ... Gesellschaft (societas civilis), *d. i. eines Staates*, heißen Staatsbürger" (Kant 1977a, S. 432; Hervorh. F. H.).

Obwohl diese Aussage, wenn wir uns an Durkheim erinnern, zunächst nicht besonders soziologisch klingt, so beginnt die Thematik der Soziologie eben doch, wie jetzt bereits erkennbar wird, mit der von der Aufklärungsphilosophie maßgeblich beeinflussten Emanzipation von vorgegebenen, als natürlich ausgegebenen Herrschafts- und Staatsordnungen. Denn die soziale Ordnung erscheint in einer auf totale Befreiung der Einzelnen aus feudalen Strukturen zielenden Aufklärungsphilosophie nicht mehr als etwas, das zeitlos gegeben ist, sondern vielmehr als Gestaltungsaufgabe der Einzelnen. Es wird zur Verhandlungssache, wie die Menschen auf Zeit geordnet zusammenleben können. Die Soziologie würde sagen, dass die Art des sozialen Zusammenlebens zunehmend kontingent wird. Soziale Ordnung erscheint nun als Aufgabe aber auch als Problem. Sie ist nämlich nicht mehr voraussetzungslos gegeben, wie dies noch üblicherweise in der Feudalgesellschaft wahrgenommen wird. Bereits Rousseau sieht nun eine weitere Konsequenz der aufklärerischen Emanzipation von feudalen Ordnungen, die als natürlich oder göttlich gegeben gerechtfertigt werden. Wird nämlich eine soziale Ordnung nicht mehr als von Gott oder der Natur gegeben verstanden, sondern als von Menschen geschaffen, tritt sie den Einzelnen zwangsläufig als zu gestaltende Tatsache gegenüber, die eben mehr ist als der oder die Einzelne. Als Gott- und/oder naturgegeben beschriebene und legitimierte Ordnungen werden noch im Mittelalter weitgehend unreflektiert hingenommen und erscheinen deshalb nicht als zu gestaltende Tatsachen. Ganz anders Rousseau: Er reflektiert die Problematik einer gestalteten sozialen Ordnung, die er in seinem Buch über den Gesellschaftsvertrag *Souverän* nennt, grundlegend, wenn er sagt:

> Außer der öffentlichen Person haben wir aber die Privatpersonen zu betrachten, die diese bilden und deren Leben und Freiheit von Natur aus von ihr unabhängig ist. Es geht also darum, die jeweiligen Rechte der Bürger und des Souveräns genau zu unterscheiden, die Pflichten, die die ersteren in ihrer Eigenschaft als Untertanen zu erfüllen haben, und das natürliche Recht, dessen sie sich in ihrer Eigenschaft als Menschen erfreuen können (Rousseau 1996, S. 32 f.).

Der Souverän tritt dem Einzelnen als Tatsache gegenüber, die zwar von ihm mitgestaltet wird, ihn aber quasi zwangsläufig übersteigt, weil die soziale Ordnung eben nicht mit den jeweiligen Willen der Einzelnen identisch sein kann. Deshalb muss der oder die Einzelne in besonderer Weise vor dem Souverän geschützt werden. Die Aufklärung entdeckt eine Kraft, die zwar keine Feudalherrschaft mehr darstellt, aber dennoch unabhängig vom Willen der Einzelnen existiert und auf diese eine Macht ausübt. Und genau in dieser Idee beginnt sich der Gegenstand der Soziologie immer mehr abzuzeichnen, denn es ist mit der Aufklärung offensichtlich nicht mehr selbstverständlich, wie die soziale Ordnung zustande kommt, sodass es wichtig wird, diese, die wir später Sozialität nennen, zu erforschen. Außerdem erscheint die Sozialität nun erneut als etwas, dass eben nicht mit den Menschen gleichgesetzt werden kann, die diese Ordnung zunächst ursprünglich geschaffen haben. Rousseau nennt dieses etwas „Souverän", um es von einer feudalen Ordnung zu unterscheiden, die als von Gott gegeben erscheint und dem oder der Einzelnen mächtig gegenübertritt, ohne dass er und sie selbst etwas an diesem Verhältnis gestalten können. Trotzdem bildet für Rousseau auch der neu entstehende „Souverän" eine eigene Ebene der Realität, die nicht mehr nur als Verhandlungssache zwischen Staatsbürgern begriffen werden kann, sondern wiederum eine Macht auf die Menschen ausübt, die den Souverän ursprünglich und idealerweise aus freiem Willen geschaffen haben. Und vor diesem Souverän als Realität sui generis muss nach Rousseau der oder die Einzelne durch die Festlegung von unveräußerlichen und das heißt eben auch nicht verhandelbaren Menschenrechten geschützt werden.

In soziologiegeschichtlicher Perspektive ist dieses erste Denken der Menschenrechte ein deutliches Indiz dafür, dass im sozialphilosophischen Diskurs der Aufklärung immer deutlicher sichtbar wird, dass der vertraglich hergestellte Staat freier Staatsbürger von der Gesellschaft als umfassender sozialer Ordnung unterschieden werden muss, die dann mehr ist als der Staat, der nur ein Teil dieser sozialen Ordnung ist. Bereits weniger als 30 Jahre nach Kant, der die Denktradition Rousseaus, wie wir bereits gesehen haben, systematisiert, etabliert beispielsweise Georg Wilhelm Friedrich Hegel in seiner an Kant anschließenden Rechtsphilosophie (vgl. Hegel 1989, S. 398 ff.) die Unterscheidung von Staat und Gesellschaft, indem er den Staat als „Wirklichkeit der sittlichen Idee" (ebd., S. 398) fasst, den man *nicht* mit der „bürgerlichen Gesellschaft" verwechseln darf. Die jenseits der einzelnen Staatsbürger entstehende soziale Ordnung, die Hegel „bürgerliche Gesellschaft" nennt, wird dann einige weitere Jahre später von Durkheim, der sehr direkt an Rousseau anschließt, indem er ihn quasi soziologisch wendet, mithilfe seines Begriffs der sozialen Tatsache als Gegenstand der neuen Wissenschaft Soziologie bestimmt.

Wichtig ist hier vor allem zu sehen, dass die soziologische Denkweise mit der europäischen Aufklärung entsteht, indem jetzt ein neuer Gegenstand des Nachdenkens erscheint, der sich eben nicht allein aus der Erforschung der einzelnen Psychen, die an ihm beteiligt sind, verstehen lässt. Gleichsam wird dieser Gegenstand als wirkmächtig definiert, er kann die Einzelnen, wie bereits Rousseau betont, in ihrer Freiheit gefährden, die jetzt gegen die feudale Sozialordnung geltend gemacht wird und durch das Postulat von Menschenrechten geschützt werden muss. In diesem Kontext wird es möglich, die Sozialität als eigenen Gegenstand der Soziologie zu definieren, um dann auch den für die Soziologie zentralen Begriff der Gesellschaft zu prägen, mit dem die Soziologie nun die Summe des „Sozialen", also die Gesamtheit der Sozialität bezeichnet. Alle Erscheinungsformen des Lebens werden nun etwa in Durkheims Theorie der arbeitsteiligen Gesellschaft eben auf diese zurückgeführt, und dies gilt nun auch für den Vertrag, den die Aufklärungsphilosophie noch für das Werk von freien Menschen gehalten hatte. Ganz im Gegensatz dazu schreibt Durkheim in seinem Buch über die soziale Arbeitsteilung: „Nun ist aber der Vertrag überall dort, wo er existiert, einer Regelung unterworfen, die das Werk der Gesellschaft ist und nicht das der Einzelperson, und diese Reglementierung wird immer umfangreicher und immer komplizierter." (Durkheim 1992, S. 267 f.).

Soziologisches Denken der Sozialität und Gesellschaft entsteht also mit der Emanzipation von feudalen Herrschaftsstrukturen und ist bis heute sehr oft den Idealen der Aufklärung verbunden. Allerdings wird es für die neu entstehende Wissenschaft am Ende des 19ten Jahrhunderts wichtig, den Gegenstand der Soziologie – die Sozialität und die Gesellschaft – gegen die Aufklärungsphilosophie zu konturieren, wie wir exemplarisch an der soziologischen Gegenstandsbestimmung durch Émile Durkheim sehen können. Selbst der Gesellschaftsvertrag ist in seiner Theorie der arbeitsteiligen Gesellschaft ein Produkt der Gesellschaft selbst, er steht der Gesellschaft nicht als Bedingung voran, sondern wird zu einer Notwendigkeit, die sich aus der Struktur der Gesellschaft ergibt. Ganz allgemein erscheint mit solchen soziologischen Festlegungen die Gesellschaft und auch die gesamte Sozialität, die Durkheim in seinem Buch über die Regeln der soziologischen Methode mit dem Begriff der sozialen Tatsache fasst, wie eine neue „Substanz" des Lebens, durch die alle Menschen in prägender Weise bestimmt werden.

Georg Simmel ist nun bestrebt, diese Gegenstandsbestimmung zu stärken, indem sie wieder kapitaler mit von Kant hergeleiteten Motiven angereichert wird. Soziale Tatbestände sind demnach zwar wirkmächtig und sie sind auch als eigene Ebene der Realität zu verstehen, die sich nicht einfach ändern lässt. Dennoch sind die Einzelnen nach Simmel in der Lage, ihre Welt selbst einzurichten. Und die Sozialität schafft ihnen erst die Möglichkeit dazu, indem sie sie auffordert, ihr Leben selbst in die Hand zu nehmen und selbst zu gestalten. Diese so verstandene Aufforderung an die Einzelnen hat in der soziologischen Sicht von Simmel und Durkheim ihre Ursache bemerkenswerter Weise in der Struktur der Gesellschaft selbst. Demnach verstehen wir uns nur deshalb als individuell und einzigartig, weil eine arbeitsteilig organisierte, bzw. differenzierte Gesellschaft unterschiedliche Fähigkeiten der Menschen benötigt, um sich in ihrer Arbeitsteilung reproduzieren zu können. Würden sich alle Menschen in ihren Fähigkeiten gleichen, gäbe es keine Arbeitsteilung. Die Freiheit, die die Aufklärungsphilosophie als dem Menschen anthropologisch innewohnende Eigenschaft definiert hatte, die gegen feudale Sozialordnungen verteidigt oder ursprünglich erst entfesselt werden muss, erscheint in der frühen Soziologie ganz undramatisch als Produkt der Sozialität selbst, weil die Gesellschaft auf die Freiheit der Einzelnen angewiesen ist, um sich plural und arbeitsteilig reproduzieren zu können.

Dies ist Ausdruck dafür, dass ein neuer, soziologischer, sich von Sozialphilosophien der Aufklärung emanzipierender Raum des Denkens entsteht, der im Anschluss an Durkheim und Simmel immer mehr ausgefüllt wird. Die wissenschaftliche Bestimmung des Gegenstandes dieser neuen Denkweise konturiert sich immer deutlicher. So ist etwa Max Weber zehn Jahre nach Durkheims Buch über die *Regeln der soziologischen Methode* in der Lage, die Soziologie selbstbewusst wie folgt als Wissenschaft zu definieren:

3 Worüber Soziologinnen und Soziologen nachdenken

> Soziologie (im hier verstandenen Sinn dieses sehr vielschichtig gebrauchten Wortes) soll heißen: eine *Wissenschaft,* welche soziales Handeln deutend verstehen und dadurch in seinem Ablauf und seinen Wirkungen ursächlich erklären will. ‚Handeln' soll dabei ein menschliches Verhalten […] heißen, wenn und insofern als der oder die Handelnden mit ihm einen subjektiven Sinn verbinden. ‚Soziales' Handeln aber soll ein solches Handeln heißen, welches seinem von dem oder den Handelnden gemeinten Sinn nach auf das Verhalten anderer bezogen wird und daran in seinem Ablauf orientiert ist (Weber 1980, S. 1; Hervorh. F.H.).

Bemerkenswert an dieser Definition, auf die ich auch weiter unten im Abschnitt fünf noch einmal ausführlich zurückkomme, ist zunächst, dass Weber Soziologie bereits um die vorletzte Jahrhundertwende herum als ein vielschichtig gebrauchtes Wort bezeichnen kann, was darauf hindeutet, dass sich die soziologische Denkweise inzwischen auszubreiten beginnt. Weber will nun im Kontext der immer größer werden Verbreitung der soziologischen Denkweise klare Definitionen vorlegen, um die Soziologie als *Wissenschaft* vom sozialen Handeln zu etablieren. Dabei betont Weber entschieden gegen Durkheim, dass der Gegenstand der Soziologie nicht mit dem der Naturwissenschaften zu vergleichen ist, weil nach Weber *Handeln* im Gegensatz zum Verhalten immer mit einem „subjektiven Sinn" verbunden ist, den die Einzelnen in Konfrontation mit dem Sozialen erzeugen und gleichsam benötigen, um sich am Sozialen zu beteiligen. Dieser Sinn ist nun weitgehend unbestimmt, weil er immer wieder aufs Neue in den sozialen Situationen erzeugt wird. Eine reine Gesetzmäßigkeit wird folglich dem Gegenstand der Soziologie, den Weber als soziales Handeln bestimmt, das „seinem von dem oder den Handelnden gemeinten Sinn nach auf das Verhalten *anderer* bezogen wird und daran in seinem Ablauf orientiert ist", nicht gerecht. In Konsequenz dieser Einsicht kann nach Weber die soziale Wirklichkeit, also das soziale Handeln, niemals als statisch angesehen werden, sodass die Methoden der Soziologie, die eine Erforschung des Sozialen ermöglichen, ständig neu definiert werden müssen. Die Soziologie erscheint deshalb als eine Wissenschaft, die ihre Grundbegriffe idealtypisch bestimmen und sich immer wieder neu konstituieren muss, weil sich die Sozialität kontinuierlich wandelt und eben nicht als feststehendes Objekt beobachtet werden kann. Das Aufstellen von Gesetzmäßigkeiten des Sozialen reicht folglich nicht, um das Soziale als Gegenstand der Soziologie zu erforschen. Für Weber ist es also keine Frage, ob der oder die Einzelne etwas zur Sozialität beiträgt. Die Frage ist vielmehr, wie die Soziologie diesen Beitrag überhaupt erfassen kann. Der subjektive Sinn, wie dieser Beitrag hier jetzt heißt, muss nach Weber erfasst werden, weil er das Besondere des Gegenstandes der Soziologie ausmacht, der eben nicht allein mit den Mitteln der Naturwissenschaften, die sich zur Gründungszeit der Soziologie bereits als Wissenschaften etabliert haben, untersucht werden kann. Denn jede soziale Analyse bedeutet nach Webers

Postulierung des subjektiven Sinns als konstitutivem Bestandteil der Sozialität das Eintauchen in eine Lebensform, was jedoch nicht heißt, dass man sie nur als ihr Mitglied verstehen kann. In diesem Zusammenhang empfiehlt Weber in seinem sogenannten *Objektivitätsaufsatz* (vgl. Weber 1988a) eine besondere Wissenschaftstheorie der Sozialwissenschaften, die sich als wichtiger Kristallisationspunkt des soziologischen Denkens erweist und auf die ich deshalb unten im fünften Abschnitt ausführlich zurückkommen werde.

Zum Aufspüren der Ursprünge der soziologischen Denkweise ist es mir vorher wichtig zu betonen, dass Weber im Einklang mit Durkheim, Simmel und anderen Klassikern der Soziologie die Sozialität und Gesellschaft seiner Gegenwart als völlig verschieden von der vergangenen Feudalordnung bestimmt. Zwar ist Weber in seinen soziologischen Grundbegriffen (vgl. Weber 1980, S. 1–30) bestrebt, zeitlose, also für alle Formen der Sozialität geltende Begriffsdefinitionen vorzulegen, wobei der Begriff Soziologie ganz an den Anfang dieser Theoriearbeit gestellt wird. Gleichzeitig sieht er aber vor allem in seinem berühmten Text: *Die protestantische Ethik und der Geist des Kapitalismus* (Weber 1988b), den enormen sozialen Wandel durch den zuvor bereits von Karl Marx eindringlich beschriebenen und analysierten Kapitalismus. Hierin, also in dem Postulat, dass sich die Gegenwartsgesellschaft fundamental von der traditionellen Feudalgesellschaft unterscheidet, findet sich ein wichtiges Charakteristikum der frühen soziologischen Denkweise, das sie bis heute beeinflusst. Denn die Abgrenzung der vor allem von Simmel als modern bezeichneten Gegenwartsgesellschaft von sogenannten vormodernen Gesellschaften, die als Feudalgesellschaften bezeichnet werden, ist eines der Themen der Soziologie, durch die sie sich als Wissenschaft selbst definiert (vgl. Hillebrandt 2010). Die Bestimmung von soziologischen Grundbegriffen etwa durch Weber geschieht vor allem deshalb, weil diese Begriffe benötigt werden, um das Neue der Gegenwartsgesellschaft wissenschaftlich bestimmen und erforschen zu können. Im Anschluss an Auguste Comte sieht vor allem Émile Durkheim in seinem Buch über die soziale Arbeitsteilung diese soziologische Forschung gar als notwendiges Mittel, um Anomie und Chaos von der Gegenwartsgesellschaft abzuwenden, indem sie dabei hilft, das Ziel der gesellschaftlichen Entwicklung reflexiv zu verdeutlichen (vgl. Durkheim 1992, S. 480).[4]

---

[4]Durkheim schreibt an dieser Stelle, dem Ende seines Buches über die soziale Arbeitsteilung: „Unsere erste Pflicht besteht heute darin, uns eine neue Moral zu bilden. Ein derartiges Werk kann nicht an der Stille der Studierstube ersonnen werden; es muss aus sich selbst entstehen, nach und nach, unter dem Druck innerer und notwendiger Ursachen. *Die Reflexion allenfalls kann und muss dazu dienen, das Ziel, das erreicht werden muss, zu verdeutlichen.* Genau dies haben wir zu tun versucht." (Durkheim 1992, S. 480; Hervorh. F.H.).

3 Worüber Soziologinnen und Soziologen nachdenken

Ganz in diesem Sinne versteht sich die Soziologie, wie unter anderen Andreas Reckwitz (2008, S. 226) richtig bemerkt, „seit ihrer Entstehung im 19ten Jahrhundert als eine Wissenschaft der Moderne", womit gleichsam impliziert ist, dass sie sich selbst als eine „moderne" Wissenschaft beschreibt, die eben nur in der „Moderne" entstehen kann.[5] Ein zentrales theoretisches Konstrukt, mit dem die frühe Soziologie ihren Gegenstandsbereich erzeugt und begründet, ist nämlich die von ihr in vielfältiger Form postulierte geschichtliche Zäsur zwischen Tradition und „Moderne", als deren Zeitgenossen sich die frühen Vertreter des neu entstehenden Fachs wie etwa Durkheim, Simmel und Weber betrachten. Folglich beginnt für die frühe Soziologie die Thematik dieser neu entstehenden Wissenschaft mit einer Emanzipation von vorgegebenen, von der Soziologie als traditionell und vormodern verstandenen Ordnungen. Denn erst die von der frühen Soziologie als typisch modern bezeichnete Erfahrung, dass die soziale Ordnung nicht mehr mit einer natürlich und religiös legitimierten Feudal- und/ oder Staatsordnung zusammenfällt und deshalb als komplex und analysebedürftig erfahren wird, erlaubt es der Soziologie, das Besondere der neu entstandenen sozialen Ordnung oder Unordnung, die sie später im Begriff der Modernität der Gesellschaft bündelt, als ihren Gegenstand zu finden. Das damit verbundene Abstreifen der alten Mächte wird dabei allerdings nicht nur als Fortschritt oder Emanzipation gefeiert, sondern erscheint in der frühen Soziologie nicht selten auch als eine epochale Wende der Geschichte, die ambivalent gedeutet wird. Denn die theoretische Gegenüberstellung zwischen Tradition und Gegenwart ist in der frühen Soziologie eng mit der Diagnose eines häufig diffusen Unbehagens an der neuen Ordnung verbunden. Hier findet sich regelmäßig eine Art Trauer

---

[5]Geschichtswissenschaftliche Forschungsarbeiten weisen immer wieder darauf hin, dass das 19. Jahrhundert als so etwas wie die Sattelzeit der „Moderne" angesehen werden kann. Ausführlich begründet findet sich diese These in den Studien von Christopher Bayly (2008) und Jürgen Osterhammel (2009), die beide als geschichtswissenschaftliche Erzählungen der Geburtsgeschichte der „modernen" Welt angesehen werden können. In soziologischer Perspektive geht es mir hier nicht um einen ästhetischen Begriff der Modernität, sondern um seine Verwendung als zentralen Begriff einer Zeitdiagnose der Gesellschaft. Dabei wird nicht übersehen, dass sich insbesondere frühe Versionen der soziologischen Diagnose der Modernität nicht selten auf ästhetische Begriffsfassungen beziehen. Schließlich trägt in der zweiten Hälfte des 19ten Jahrhunderts vor allem der Dichter Charles Baudelaire zur Popularisierung des Begriffs bei, indem er ihn in alltagsästhetischer Weise verwendet (vgl. vor allem Baudelaire 1989, S. 225 ff.). Unter anderen Georg Simmel und später Walter Benjamin – in seinem Passagen-Werk – beziehen sich explizit auf diese Begriffsverwendung Baudelaires, um das „moderne" Leben soziologisch zu beschreiben (vgl. hierzu Frisby 1984, S. 10 f.).

über den Verlust einer traditionellen Ordnung, die durch die gegenwärtige Gesellschaftsstruktur nachhaltig und unwiederbringlich aufgelöst wird. Besonders deutlich und exemplarisch zeigt sich diese Melancholie der frühen Soziologie im letzten, zeitdiagnostischen Teil des bereits erwähnten *Protestantismusaufsatzes* von Max Weber, aus dem ich eine etwas längere, wohl bekannte Passage zitieren möchte:

> Der Puritaner *wollte* Berufsmensch sein, – wir *müssen* es sein. Denn indem die Askese aus den Mönchzellen heraus in das Berufsleben übertragen wurde und die innerweltliche Sittlichkeit zu beherrschen begann, half sie an ihrem Teil mit daran, jenen mächtigen Kosmos der modernen, an die technischen und ökonomischen Voraussetzungen mechanisch-maschineller Produktion gebundenen, Wirtschaftsordnung erbauen, der heute den Lebensstil aller einzelnen, die in dieses Triebwerk hineingeboren werden – nicht nur der direkt ökonomisch Erwerbstätigen –, mit überwältigendem Zwang bestimmt und vielleicht bestimmen wird, bis der letzte Zentner fossilen Brennstoffs verglüht ist. […] Niemand weiß noch, wer künftig in jenem [stählernen] Gehäuse [der Hörigkeit] wohnen wird und ob am Ende dieser ungeheuren Entwicklung ganz neue Propheten oder eine mächtige Wiedergeburt alter Gedanken und Ideale stehen werden, oder aber – wenn keines von beiden – mechanisierte Versteinerung, mit einer Art von krampfhaftem Sich-wichtig-nehmen verbrämt (Weber 1988b, S. 203 und 204).

Dieses Zitat verweist darauf, dass für Weber die radikale Zäsur zwischen der traditionellen, feudalen und der gegenwärtigen, kapitalistischen Ordnung, die er in seiner Kapitalismusthese nachzuweisen versucht, eng mit einer zeitdiagnostischen Kritik an der nachtraditionellen Gesellschaft verflochten ist, weil die Identifikation typisch nachtraditioneller Merkmale der Gesellschaft immer in eine bewertende Relation zu dem Tradierten gestellt werden muss. „Moderne" und Tradition werden in der frühen Soziologie, wie beispielhaft an Weber deutlich wird, streng voneinander getrennt, um die Gegenwartsgesellschaft und die Kritik an ihr als Gegenstände der Soziologie konturieren zu können. Auch wenn Weber den Begriff der Modernität noch nicht verwendet, bleibt diese Denkfigur bis heute ein zentraler Angelpunkt soziologischer Modernitätsnarrative. Denn die Kritik an der Modernität ist den späteren, an Weber in vielfältiger Form anschließenden Zeitdiagnosen inhärent, wobei sie sich bereits in der „Kritik der politischen Ökonomie" durch Marx findet. Mit Webers Zeitdiagnose, die im Anschluss an Marx als Diagnose des Kapitalismus angelegt ist, wird somit eine wichtige Weichenstellung für die Verwendung des Begriffs der Modernität in der gesellschaftstheoretisch und zeitdiagnostisch ausgerichteten Soziologie vorgenommen. Denn durch die Bezeichnung der kapitalistischen Gesellschaft als moderne Gesellschaft, lässt sich Modernität als zentraler Begriff zur deskriptiven

Diagnose der Gegenwartsgesellschaft verwenden, indem ihre Modernität, die jetzt nicht mehr nur an der kapitalistischen Produktionsweise festgemacht wird, in einen kontrastierenden Vergleich mit traditionellen und in die Zukunft projizierten Gesellschaften gestellt wird. Damit wird es der Soziologie möglich, ihren Gegenstand, nämlich die sich von der traditionellen Ordnung fundamental unterscheidende Gegenwartsgesellschaft, mit dem Begriff der Modernität zu konturieren. Dies ist höchst folgenreich für die ungeheure Suggestivkraft, die der Begriff der Modernität für die neu entstehende Wissenschaft entfaltet. Denn mit diesem Begriff lassen sich Chancen und Risiken typisch moderner Erscheinungsformen der Gesellschaft reflexiv ausloten, um aus dieser zeitdiagnostischen Begriffs- und Theoriearbeit nicht zuletzt auch mögliche Entwicklungslinien der Gegenwartsgesellschaft abzuleiten.

Genau aus dieser Ausgangslage erscheinen nun die klassischen *Grundfragen der Soziologie*, die sie bis heute prägen. Die erste Frage ist nach dem nachhaltigen Zusammenbruch der Feudalordnung in Europa nun, wie denn eine soziale Ordnung möglich wird, wenn sie nicht durch traditionelle Herrschaftsformen garantiert ist. Diese Grundfrage ist die danach, wie denn Gesellschaft überhaupt möglich wird und wie sie als Totalität der Sozialität eigentlich als geordnet gedacht werden kann. Daran schließt sich direkt die zweite klassische Grundfrage der Soziologie danach an, wie der Wandel einer prinzipiell als kontingent gefassten sozialen Ordnung, die im Verlauf der Entwicklung der Soziologie immer häufiger und selbstverständlicher als Gesellschaft bezeichnet wird, möglich wird und soziologisch erfasst werden kann. Sozialer Wandel der Gesellschaft wird immer deutlicher zu einer Erfahrung, während sie in der Feudalordnung eigentlich nicht denkbar ist. In dieser diskursiven Ausgangslage der soziologischen Denkweise entsteht folgerichtig die dritte klassische Grundfrage der Soziologie danach, wie das Verhältnis von Mensch und Gesellschaft erfasst werden kann, die, wie oben gesehen, beispielhaft von Georg Simmel gestellt wird, indem er nach dem Anteil des bzw. der Einzelnen an der Erzeugung und Reproduktion der Gesellschaft fragt. Genau in diesem Sinne wird jetzt auch die genuin soziologische Frage relevant, wie denn eigentlich sich gegenseitig völlig fremde Menschen regelmäßig soziale Beziehungen zueinander ausbilden können und wie diese Bildung von auf Dauer gestellten Interaktionen soziologisch erfasst werden kann. Es wird den frühen Soziologien immer deutlicher zu einem Problem, wie sich dauerhafte soziale Beziehungen zwischen Menschen bilden können, die nicht durch Verwandtschaft, Feudalherrschaftsverhältnisse zwischen Leibeigenen und Fürsten oder räumliche Nähe möglich werden. Erstmals wird die Frage wichtig, wie solche Beziehungen zwischen sich gegenseitig zunächst unbekannten Menschen jenseits traditioneller Beziehungsverhältnisse entstehen und sich dauerhaft reproduzieren können. Dies ist die vierte klassische Grundfrage der Soziologie, die sich quasi aus der Frage nach der sozialen Ordnung ergibt, aber, wie leicht ersichtlich ist, auf die Interaktionsebene der Sozialität zielt, die sich in Situationen unter Anwesenden bildet und häufig als Mikro-Ebene der Sozialität bezeichnet wird, während übersituativ wirksame Strukturen der Gesellschaft, wie etwa die von Durkheim beschriebene Arbeitsteilung, vielen als Makro-Ebene der Sozialität gelten, weil sie eben auch übersituativ wirksam sind, nämlich auch dann, wenn einzelne Interaktionen unter Anwesenden vorübergehend aufhören. Und genau in dieser Unterscheidung zwischen Mikro- und Makro-Ebene der Sozialität, die heute vielfach kritisiert und revidiert wird – etwa von Bruno Latour –, entsteht die fünfte klassische Grundfrage der Soziologie, wie denn Mikro- und Makro-Ebene der Sozialität zusammen gedacht werden können, wie also das Verhältnis dieser beiden Ebenen der Sozialität, die man auch als die situative und die übersituative Ebene bezeichnen könnte, gedacht werden kann. Denn die frühe Soziologie entdeckt, dass es durchaus zu problematisieren ist, wie sich Interaktionen auf die übersituativ wirksamen Strukturen der Gesellschaft auswirken und umgekehrt. Diese fünf *primären Grundfragen der Soziologie* werden mit der *sekundären Grundfrage* gekoppelt, wie die Formen der Sozialität und Gesellschaft diagnostisch erfasst werden können, wie also Kritik an ihnen formuliert werden kann. Die frühe Soziologie eines Durkheim, Weber und anderer begreift ihre Wissenschaft regelmäßig als diagnostische Wissenschaft, die vor gefährlichen Entwicklungen (Durkheim nennt sie Anomien) der Sozialität und Gesellschaft warnen und zugleich positive Entwicklungslinien des sozialen Zusammenlebens aufzeigen kann. Wie hier zunächst exemplarisch an Webers soziologischer Zeitdiagnose verdeutlicht, ist die Soziologie nicht zuletzt eine Wissenschaft, die Pathologien der Sozialität und Gesellschaft erkennen können will, um Kritik an der Gesellschaft üben zu können. Und diese Traditionslinie wird bis in die Gegenwart von der „Kritischen Theorie" gepflegt.

Am Ende der Konstitution der Soziologie als wissenschaftliche Teildisziplin stehen also mindestens *sechs klassische Grundfragen* – fünf primäre und eine sekundäre –, die in Kürze so zusammengefasst werden können:

Die sechs klassischen Grundfragen der Soziologie
- Wie ist soziale Ordnung (Gesellschaft) möglich?
- Wie können Erkenntnisse über den sozialen Wandel der Gesellschaft erzielt werden?
- Wie kann das Verhältnis von Mensch und Gesellschaft gefasst werden?

3 Worüber Soziologinnen und Soziologen nachdenken

> - Wie können Individuen, obwohl sie sich gegenseitig unbekannt (fremd) sind, dennoch dauerhafte soziale Beziehungen miteinander eingehen, sodass Sozialität entsteht?
> - Wie können die Mikro-Ebene und die Makro-Ebene der Sozialität, also ihre situative und ihre übersituative Ebene, miteinander vermittelt werden?
> - Wie können Sozialität und Gesellschaft diagnostisch gefasst werden und wie kann Kritik an ihnen formuliert werden?

Mit diesen sechs Fragen werden Aspekte des Zusammenlebens problematisiert, die vor der Soziologie zwar bereits als Probleme aufscheinen, etwa in der Philosophie der Aufklärung, die aber mit der Soziologie jetzt zu wichtigen Gegenständen des wissenschaftlichen, und das heißt des systematischen Nachdenkens und Theoretisierens werden. Über diese diskursive Formation etabliert sich die Soziologie immer mehr zu einer selbstverständlichen Wissenschaft, deren Thema die Sozialität in all ihren Erscheinungsformen ist, die sich die Soziologie selbst in ganz bestimmter Weise als ihren Gegenstand definiert – soziale Tatbestände (Durkheim), soziale Wechselwirkung (Simmel), soziales Handeln (Weber) etc. Dabei wird vor allem von den frühen Soziologien immer wieder betont, dass sich die „moderne" Gesellschaft fundamental von der „vormodernen" Gesellschaft unterscheidet und dass die Soziologie eine Wissenschaft ist, die nicht zuletzt genau diesen Bruch zu untersuchen hat.

- **Inwiefern unterscheidet sich soziologisches Denken von dem der Aufklärung?**
- **Was meint der Satz: Die Soziologie entsteht mit der Emanzipation von feudalen Herrschaftsstrukturen?**
- **Welche Einflüsse hat das Denken der Aufklärung auf die Soziologie?**
- **Nennen Sie Gründe, warum sich die Soziologie um die vorletzte Jahrhundertwende als Wissenschaft etabliert.**
- **Warum müssen die sechs Grundfragen der Soziologie als klassisch bezeichnet werden und welche Fragen würden Sie heute als Grundfragen der Soziologie bestimmen?**
- **Wie kann nach Ihren bisherigen Leseerfahrungen der Gegenstand der Soziologie angemessen definiert werden? Ist eine solche Definition eigentlich möglich? Nennen Sie Gründe für und gegen eine Definition des Gegenstandes der Soziologie.**

- Was ist damit gemeint, wenn gesagt wird, die Soziologie sei eine „moderne" Wissenschaft, die nur in der „Moderne" möglich geworden ist?
- Inwiefern ist die Kritik an der Gesellschaft ein konstitutiver Teil der soziologischen Denkweise?
- Versuchen Sie Kritikpunkte am Begriff der Moderne zu finden.

Sind Sozialität und Gesellschaft objektivierbare Kräfte?

4

Nachdem geklärt ist, wie die frühe soziologische Denkweise ihren Gegenstand über die genannten sechs Grundfragen findet, möchte ich in den nächsten beiden Abschnitten aufhellen, wie die frühe Gegenstandsbestimmung der Soziologie heute verstanden werden kann, sodass sie in reflexiver Weise einfließen kann in die soziologischen Denkweisen der Gegenwart. Dabei geht es vor allem darum, klassische Kristallisationspunkte des soziologischen Denkens zu identifizieren und in ihrer Wirkung auf die gegenwärtige Soziologie zu diskutieren. Einer dieser inhaltlichen Schwerpunkte des soziologischen Denkens ist die Annahme, dass Sozialität und Gesellschaft aus sich selbst heraus wirkungsvolle Kräfte bilden, die sich mithilfe soziologischer Methoden objektivieren lassen.

Der Schlüsselautor für diese diskursive Formation des soziologischen Diskurses ist, wie ja bereits deutlich geworden sein sollte, Émile Durkheim. Mit ihm ist nun der Klassiker der Soziologie überhaupt genannt, in keiner Einführung in die Soziologie fehlt eine ausführliche Würdigung seines Werkes. Die ganze gegenwärtige Soziologie denkt, wie Heike Delitz in ihrer lesenswerten Einführung in sein Werk schreibt, „in ihm, durch ihn und zugleich gegen ihn" (Delitz 2013, S. 11). Was hatte Durkheim geleistet, dass ihm dieser unbestrittene Stellenwert für die Soziologie zukommt? Der Grund dafür ist sicher nicht nur die Tatsache, dass Durkheim der erste Wissenschaftler überhaupt ist, der eine Professur inne hatte, in deren Denomination Soziologie als Begriff vorkommt – seine letzte Professur an der Sorbonne in Paris trug auf seinen eigenen Wunsch hin von 1913 bis zu seinem Tod 1917 den Titel „Pädagogik und Soziologie" (vgl. Delitz 2013, S. 233). Diese institutionelle Einbindung des Wissenschaftlers Émile Durkheim steht jedoch, wie leicht zu sehen ist, am Ende eines langen Prozesses der Etablierung der Soziologie als Wissenschaft in Frankreich. Durkheim war in dieser Sache sehr innovativ, er bildete um sich eine große Schar von Schülern, die seine soziologische Denkweise weit verbreiteten, weitertrugen und weiterentwickelten – der berühmteste Schüler Durkheims ist zweifellos sein Neffe Marcel Mauss, auf den ich noch zurückkommen werde. Außerdem gelang es Durkheim, seine soziologische Denkweise und Methode, also sein Diktum von der Eigenlogik der sozialen Tatbestände und der Gesellschaft, erfolgreich in der Scientific Community seiner Zeit zu etablieren – im Übrigen gegen den zeitgenössischen Soziologen Gabrielle Tarde, der momentan im Anschluss an Bruno Latour von der Soziologie wiederentdeckt wird.

Offensichtlich war es um die vorletzte Jahrhundertwende sehr überzeugend, was Durkheim zur Basis der Soziologie als Wissenschaft festgeschrieben hatte. Durkheim formuliert etwas, das für die damals noch sehr junge, kaum vorhandene Wissenschaft von bahnbrechender Bedeutung ist. Dieses Etwas ist nicht weniger als ihr Gegenstand, die Sozialität, die Durkheim mit dem Begriff des sozialen Tatbestandes bezeichnet und als eine Kraft definiert, die stärker ist als der bzw. die Einzelne, der bzw. die mit dieser Kraft konfrontiert ist. Was hatte Durkheim hier „entdeckt"? Was ist das für eine mysteriöse Kraft, die der Soziologie zu ihrer Gegenstandsbestimmung verhilft und dadurch die Verwissenschaftlichung der Soziologie entscheidend vorantreibt? Soziale Tatbestände, welche die Sozialität bilden, sind wirkmächtig, ohne dass sie materiell sichtbar sind. Sie ereignen sich zwischen den einzelnen Gesellschaftsmitgliedern und sind eigentlich immateriell, obwohl sie von Durkheim wie Dinge behandelt werden. Sie üben eine besondere Macht aus, obwohl sie materiell eigentlich nicht greifbar sind.

Die für Durkheim von den sozialen Tatbeständen ausgehende Macht der Sozialität, welche die frühe Soziologie in das Zentrum der soziologischen Denkweise stellt, ist nun keine „Erfindung" Durkheims, wie wir ja bereits ansatzweise am Beispiel der Aufklärungsphilosophie gesehen haben. Noch deutlicher verstärkt sich dieser Eindruck bei einem etwas detaillierteren Blick auf das Werk von Karl Marx, das einige Jahre vor Durkheims Schriften entsteht und die Aufklärungsphilosophie sowie den deutschen Idealismus à la Hegel in völlig neuer Weise wendet. Ohne die „Kritik der politischen Ökonomie" durch Marx, die alle bürgerliche Philosophie des Liberalismus und Idealismus in einem neuen Licht erscheinen lässt, wäre es Durkheim sicher nicht möglich gewesen, die Sozialität als eigenständige Ebene der Wirklichkeit zu definieren, um auf diese Weise der klassischen soziologischen Denkweise ihren Gegenstand zu konturieren. Erst wenn dies klar gesehen wird, erhellt sich auch die klassische soziologische Denkweise Durkheims, die bis heute ein wirkmächtiger Bestandteil des soziologischen Diskurses ist. Denn Marx stellt bereits in der Mitte des 19ten Jahrhunderts gegen die „bürgerliche" Sozialphilosophie, welche die Arbeits- und Produktionsbedingungen in der Regel als subjektive Hervorbringungen bzw. Erfahrungswelten von Individuen betrachtet, ganz unmissverständlich fest: „Die Gesellschaft besteht nicht aus Individuen, sondern drückt die Summe der Beziehungen, Verhältnisse aus, worin diese Individuen zueinander stehn." (Marx 2005, S. 189)[1].

Neben Durkheim ist also auch Marx ein Schlüsselautor, der die Gesellschaft und die Sozialität, von ihm mit dem Begriff Verhältnisse bezeichnet, als eine besondere Kraft definiert. Mit dem Terminus Gesellschaft wird bei Marx das ausgedrückt, was zwischen den Menschen steht und als Beziehung, Verhältnis oder ähnliches eine enorme Wirkung auf die Einzelnen ausübt, die nicht von ihnen selbst einfach überwunden werden kann. In den Thesen über Feuerbach sagt Marx in seiner fünften These ganz unmissverständlich: „Aber das menschliche Wesen ist kein dem einzelnen Individuum inwohnendes Abstraktum. In seiner Wirklichkeit ist es das Ensemble der gesellschaftlichen Verhältnisse." (Marx 1969, S. 6).

Die Einzelnen sind also wesentlich durch Gesellschaft geprägt, weil sie immer schon durch ihre Arbeit, also durch ihre Beziehung zur Natur, gesellschaftliche Verhältnisse erzeugen. Und Marx, der sich selbst nie als Soziologe begreift (vgl. Kößler und Wienold 2001, S. 13), bereitet mit diesen Einsichten und Postulaten die frühe soziologische Denkweise entscheidend vor. Denn Marx entdeckt etwas für seine Gegenwartsgesellschaft sehr wichtiges: Werden die Menschen aus feudalen Strukturen frei gesetzt, indem sie sich durchaus mithilfe von bürgerlichen Revolutionen selbst von diesen Strukturen befreien, entstehen neue, überindividuelle Mächte, die den und die Einzelnen und deren Arbeit neu bestimmen. Diese neuen überindividuellen Mächte sind für Marx wie alle anderen Mächte der Menschheitsgeschichte überhaupt nicht primär personal zurechenbar, sie entstehen vielmehr aus einer ganz bestimmten, die Arbeit kanalisierenden Produktionsweise, die bestimmbare Produktionsverhältnisse hervorbringt, die das Leben und Arbeiten der einzelnen Menschen bestimmen, ohne dass dies von den einzelnen Menschen gewollt ist. Diese Produktionsverhältnisse, welche die gesellschaftlichen Verhältnisse bilden, sind mit anderen Worten jenseits einzelner Individuen „objektiv" wirksam, auch wenn sich einzelne Menschen jenseits dieser Verhältnisse wähnen. Dies meint der folgende berühmte Satz von Marx aus dem Vorwort seiner 1859 verfassten *Kritik der politischen Ökonomie:* „Es ist nicht das

---

[1]Selbst der französische Ökonom Pierre-Joseph Proudhon, auf den sich Marx an dieser Stelle kritisch bezieht, geht als ein bekennender Sozialist und Anarchist des 19ten Jahrhunderts der bürgerlichen Sozialphilosophie in seiner Betrachtung der Gesellschaft auf dem Leim. Nach Marx' Zitation an dieser Stelle (vgl. Marx 2005, S. 189) sagt er, dass der Unterschied zwischen Kapital und Produkt ganz *subjektiv* für die Individuen bestehe. Ganz im Gegensatz dazu sieht Marx nun gerade hierin, in der Differenz zwischen Kapital und Produkt, ein *objektives, gesellschaftliches* Verhältnis, das völlig unabhängig von den subjektiven Wahrnehmungen der Individuen besteht.

Bewusstsein der Menschen, das ihr Sein, sondern umgekehrt ihr gesellschaftliches Sein, das ihr Bewusstsein bestimmt." (Marx 1975, S. 9).

Für Marx kulminiert mit der Industrialisierung die vorher in der feudalen Herrschaft gebündelte soziale Struktur der die Einzelnen disziplinierenden Macht in der durch Kapital und Lohnarbeit geprägten Produktionsweise der kapitalistischen Gesellschaft: Die durch den Kapitalismus bedingte Mechanisierung der Arbeit ist das Ergebnis ihrer Teilung, die über die industrielle Maschinerie zur Disziplinierung der Arbeitskräfte führt, die aus feudalen Strukturen freigesetzt werden. Eng festgesetzte Fabrikordnungen, auf die sich Marx in seiner Reflexion der Industrialisierung der menschlichen Arbeit bezieht (vgl. Marx 1983a, S. 381 f.), schränken die individuellen Bedürfnisse der Arbeiter ein. Aber erst die Maschinen zwingen zur Selbstdisziplin, indem sie den Zeitablauf der Arbeit und die Arbeitsschritte detailliert regulieren. Die Maschinenabhängigkeit der Arbeit macht die Regulierung der Arbeit zunehmend überflüssig, „weil die Abhängigkeit des Arbeiters von der kontinuierlichen und gleichförmigen Bewegung der Maschine hier längst die strenge Disziplin geschaffen hatte" (ebd., S. 433), die viel tiefer reicht als eine staatliche, über Regeln erzeugte Disziplinierung, die noch die frühe bürgerliche Philosophie des Staates etwa eines Thomas Hobbes vorrangig in den Mittelpunkt der Reflexion gestellt hatte.[2]

Im Ergebnis der kapitalistischen Dynamik entstehen Produktionsverhältnisse, die sich durch eine antagonistische, d. h. durch Kampf geprägte, Gegenüberstellung von Lohnarbeit und Kapital auszeichnen. Die Lohnarbeit wird durch die Arbeiterklasse verkörpert, die die Arbeitskraft und sonst nichts besitzt und auf einem Arbeitsmarkt gegen Lohn entäußern muss, und das Kapital durch die Bourgeoisie, welche die Produktionsmittel – also auch die zur Produktion von Waren eingesetzten Maschinen der industriellen Fabrikordnung – besitzt und sich die Arbeitskraft wie eine Ware einkaufen muss, um mithilfe der Produktionsmittel Waren für einen Markt produzieren zu können. Und diese Differenz zwischen Lohnarbeit besitzender und entäußernder Arbeiterklasse und Produktionsmittel besitzender und Arbeitskraft gegen Lohn kaufender Bourgeoisie ist eine gesellschaftliche Differenz,

---

[2]Thomas Hobbes formuliert diese Fixierung auf den Staat durch die frühe bürgerliche Sozialphilosophie beispielhaft so: „Staat ist eine Person, deren Handlungen eine große Menge Menschenkraft der gegenseitigen Verträge eines jeden als ihre eigenen ansehen, auf dass diese nach ihrem Gutdünken die Macht aller zum Frieden und zur gemeinschaftlichen Verteidigung verwenden." (Hobbes 1992, S. 155 f.). Für Marx ist der Staat ganz im Gegensatz zu Hobbes lediglich das Produkt, also ein Effekt einer bestimmten Produktionsweise, die spezifische Produktionsverhältnisse hervorbringt, die einen bürgerlichen Staat benötigen, um sich reproduzieren zu können.

sie ist nicht das Produkt eines Gesellschaftsvertrages, auf den sich die Mitglieder einer Gesellschaft geeinigt haben, sondern das objektiv und wissenschaftlich erforschbare Ergebnis eines ökonomischen Prozesses, der als Kapitalismus eine ganz besondere Form der Ausbeutung der Arbeitskraft hervorbringt. Der Kapitalismus entfaltet somit gesellschaftliche Kräfte, die quasi objektiv hinter dem Rücken der Gesellschaftsmitglieder wirken. Verträge und insbesondere Arbeitsverträge zwischen formal freien Individuen sind ein Produkt dieser gesellschaftlichen Kräfte.[3]

Mit dieser hier sehr verkürzt dargelegten Theorie der politischen Ökonomie von Marx ist es dem sozialphilosophischen Denken nun möglich, die Gesellschaft als eigenständige Ebene der Realität zu beschreiben, die eine ganz besondere Kraft entfaltet. Marx schreibt in seinem Spätwerk entsprechend:

> Wir haben gesehn, dass der kapitalistische Produktionsprozess eine geschichtlich bestimmte Form des gesellschaftlichen Produktionsprozesses überhaupt ist. Dieser letztere ist sowohl Produktionsprozess der materiellen Existenzbedingungen des menschlichen Lebens wie ein in spezifischen, historisch-ökonomischen Produktionsverhältnissen vor sich gehender, diese Produktionsverhältnisse selbst und damit die Träger dieses Prozesses, ihre materiellen Existenzbedingungen und ihre gegenseitigen Verhältnisse, d. h. ihre bestimmte ökonomische Gesellschaftsform produzierender und reproduzierender Prozess. Denn das Ganze dieser Beziehungen, worin sich die Träger dieser Produktion zur Natur und zueinander befinden, worin sie produzieren, dies Ganze ist eben die Gesellschaft, nach ihrer ökonomischen Struktur betrachtet (Marx 1983b, S. 826 f.).

Insbesondere die gesellschaftliche Produktionsweise des Kapitalismus entfaltet nach Marx objektivierbare Kräfte, die eine ganz eigene Logik aufweisen und eben nicht von den Einzelnen als Individuen grundlegend geändert werden können. Und es ist die Aufgabe der Sozialphilosophie, diese Kräfte mit dem Ziel zu erforschen, die gesellschaftliche Praxis des Antagonismus zwischen Lohnarbeit und Kapital in eine revolutionäre Praxis zu verwandeln. Denn erst die Klasse der Lohnarbeiter ist fähig, die gesellschaftlichen Verhältnisse grundlegend und revolutionär zu transformieren, wenn sie sich durch sozialphilosophische Aufklärung von einer Klasse an-sich in eine Klasse für-sich wandelt. In diesem Sinne ist der oder die Einzelne dann eben doch nicht machtlos den gesellschaftlichen Kräften ausgeliefert.

Für den hier verfolgten Zusammenhang, die Ursprünge der soziologischen Denkweise zu verdeutlichen, ist an der Theorie von Marx etwas anderes von sehr

---

[3]Es würde hier zu weit führen, den komplexen Gesellschaftsbegriff von Marx in all seinen Facetten ausführlich zu entfalten. Siehe hierzu die ausgezeichnete Einführung von Reinhart Kößler und Hanns Wienold (2001).

großer Bedeutung. Erstmals wird es mit Marx nämlich möglich, Gesellschaft als objektiv begrenzbaren Gegenstand zu denken. Gleichsam ist Marx ein Kristallisationspunkt für eine analytische Wissenschaftsauffassung, denn für Marx lassen sich die gesellschaftlichen Verhältnisse analysieren, sie sind für ihn nicht Gegenstand der wie immer gearteten Spekulation, sondern der wissenschaftlichen Durchdringung. Ganz in diesem Sinne ist Marx ein Vertreter der europäischen Aufklärung, die Aberglaube und religiöse Fundierung von Erkenntnissen hinter sich lassen möchte. Anders als die Aufklärungsphilosophie macht nun Marx mit diesem Diktum in einer radikalen Weise ernst, er durchdringt die gesellschaftlichen Verhältnisse analytisch und eröffnet damit eine neue Denkweise, die sich in wissenschaftlicher Form mit der Gesellschaft als ihrem Gegenstand beschäftigen kann. Nach Marx muss die Gesellschaft wissenschaftlich-analytisch durchdrungen werden, denn nur so lässt sie sich grundlegend verstehen.

Bei dieser wissenschaftlich-analytischen Lehre von der Gesellschaft ist nicht nur die grundlegende Denkfigur von Bedeutung, die gesellschaftliche Strukturen als Gefahr für den einzelnen Menschen ansieht – Marx kann nämlich erstmals zeigen, dass ein reibungsloses Funktionieren gesellschaftlicher Prozesse schädlich für den einzelnen Menschen sein kann, und dies ist auch heute noch von großer Evidenz. Außerdem wird es mit Marx nun aber auch möglich, Gesellschaft und Sozialität als Gegenstände der Wissenschaft zu objektivieren, ohne damit revolutionäre Absichten zu verfolgen. Für diese Denkweise steht nun exemplarisch Émile Durkheim. Dies zeigt sich unter anderem an der Ausrichtung seines Hauptwerkes *Über soziale Arbeitsteilung* (Durkheim 1992). Im Hinblick auf den Gesellschaftsbegriff formuliert er hier retrospektiv, also in einem Vorwort zur zweiten Auflage seines erstmals 1893 erschienen Buches, als Ausgangsposition seiner Soziologie Folgendes:

> Die Frage, die am Anfang dieser Arbeit stand, war die nach den Beziehungen zwischen der individuellen Persönlichkeit und der sozialen Solidarität. Wie geht es zu, dass das Individuum, obgleich es immer autonomer wird, immer mehr von der Gesellschaft abhängt? Wie kann es zu gleicher Zeit persönlicher und solidarischer sein? Denn es ist unwiderlegbar, dass diese beiden Bewegungen, wie gegensätzlich sie auch erscheinen, parallel verlaufen. Das ist das Problem, das wir uns gestellt haben. Uns schien, dass die Auflösung dieser scheinbaren Antinomie einer Veränderung der sozialen Solidarität geschuldet ist, die wir der immer stärkeren Arbeitsteilung verdanken. Das hat uns dazu geführt, die Arbeitsteilung zum Gegenstand unserer Studie zu machen (Durkheim 1992, S. 82).

Das Hobbessche Problem der sozialen Ordnung wird von Durkheim ähnlich wie bei Marx in soziologischer und gesellschaftstheoretischer Perspektive neu formuliert.[4] Seine Lösung ist aber nicht allein, wie bei Hobbes, der regulierende Staat, oder, wie bei Marx, die revolutionäre Umwälzung der gesellschaftlichen Verhältnisse. Durkheim sieht stattdessen die Notwendigkeit für ein überpersönliches Prinzip der Solidarität, das er „organische Solidarität" nennt. Diese ist für Durkheim der Kitt, der die arbeitsteilige Gesellschaft zusammenhält. Sie wird in enger Verbindung mit dem Begriff Disziplin gedacht. Disziplin erscheint als nützlich und für das Individuum notwendig, weil sie „von der Natur selbst gefordert wird" (Durkheim 1984b, S. 103). Der Mensch braucht Disziplin, weil er als „Teil des Ganzen" und damit auch als „moralischer" Teil der Gesellschaft ein „begrenztes Wesen" (ebd.) ist. „Er kann also nicht, ohne seiner Natur zu widersprechen, versuchen, sich von den Grenzen, die ihm von allen Seiten aufgezwungen sind, zu lösen" (Ebd.). Es ist quasi seine natürliche Bestimmung, sich als Teil der Gesellschaft zu bestimmen: „Wenn die Disziplin unserer Ansicht nach also gut ist, so nicht darum, weil wir misstrauisch das Werk der Natur betrachten, und nicht, weil wir darin ein teuflisches Werk sehen, das man vereiteln muss, sondern weil die Natur des Menschen nicht sie selbst sein kann, außer sie ist diszipliniert." (Ebd.).

Dieser ahistorische und anthropologische Disziplinbegriff wird auf Durkheims Gegenwartsgesellschaft angewendet, indem er auf das durch die Arbeitsteilung bedingte „organische" Solidaritätsprinzip bezogen wird. Die in segmentären, nicht durch Arbeitsteilung geprägten Gesellschaften auf reziproker Gleichheit beruhende mechanische Solidarität muss über eine in der Gegenwartsgesellschaft sich ausdifferenzierende funktionale Arbeitsteilung durch eine gewählte Solidarität ersetzt werden, um den Einzelnen zu einem funktionsfähigen Organ des Gesellschaftsorganismus zu formen. Nur über die Unterordnung der Individuen unter das unpersönliche, weil abstrakte Prinzip einer organischen Solidarität, die über die Ausdifferenzierung sozialer Arbeitsteilung notwendig wird, ist soziale Ordnung möglich. Ein „Kult des Individuums" (Durkheim 1992, S. 478) führt zu anomischen Zuständen, die sich nur über das Bestreben „unsere Nächsten zu lieben und gerecht zu sein, unsere Aufgaben gut zu erfüllen, darauf hinzuwirken, dass jeder in die Funktion berufen wird, die ihm am besten liegt, und dass er den gerechten Lohn für seine Mühe bekommt" (ebd.), vermeiden lassen. Dies ist der innere Sinn einer organischen Solidarität, die nur funktioniert, wenn die Einzelnen ihre individuellen Wünsche und Interessen der Arbeitsteilung subordinieren, sich also quasi selbst disziplinieren. Geschieht dies nicht, entstehen anomische Zustände, die in

---

[4]Diese Parallele zwischen Marx und Durkheim sieht unter anderem auch Anthony Giddens (vgl. 1996).

soziale Unordnung, Krieg und geistigem Verfall münden: „Dass eine solche Anarchie ein krankhaftes Phänomen ist, ist offenkundig, denn sie richtet sich gegen das vornehmliche Ziel einer jeden Gesellschaft, nämlich den Krieg zwischen den Menschen zu unterdrücken oder zum wenigsten zu mildern, indem man das physische Recht des Stärkeren einem höheren Recht unterordnet." (Ebd., S. 43).

Das vornehmliche Ziel einer jeden Gesellschaft ist nach Durkheim die Abwendung anomischer Zustände. Ohne Disziplin ist dabei zumindest die Minderung der ständig vorhandenen Gefahr eines Krieges aller gegen alle unerreichbar. Die so vorgenommene normative Festschreibung einer für die gesellschaftliche Integration notwendigen Disziplinierung der Gesellschaftsmitglieder ist für Durkheim eng mit den Strukturen der arbeitsteiligen Gesellschaft verbunden. Die Disziplinierung der Individuen erscheint in der frühen Soziologie Durkheims beispielhaft für andere frühe Soziologien als notwendiges Strukturierungsinstrument einer arbeitsteilig strukturierten Gesellschaft, um soziale Ordnung über die Ausdifferenzierung einer organischen Solidarität zu ermöglichen. Für Durkheim kann es, anders formuliert, nur dann soziales Leben geben, wenn die Einzelmenschen sich assoziieren. Diese Assoziation ist aber nicht als Prinzip der Vereinheitlichung und Gleichmachung der einzelnen Menschen zu verstehen, da sie für Durkheim um so leichter ist, je zahlreicher und unterschiedlicher die Individuen untereinander sind. So ist der individuelle Faktor, also Produktion der individuellen Einzigartigkeit der Einzelnen durch die arbeitsteilige Gesellschaft, die wichtigste Bedingung des unpersönlichen Faktors, den Durkheim organische Solidarität nennt. Die arbeitsteilige Gesellschaft selbst erscheint als die einzige Quelle zur Produktion individueller Einzigartigkeit. Sie produziert und benutzt demnach gleichzeitig die Individualität der Menschen (vgl. Durkheim 1984c, S. 367; Anm. 128).[5]

---

[5]Ganz ähnlich formuliert Georg Simmel diesen Gedanken in seiner *Philosophie des Geldes:* Einerseits lässt „die moderne Arbeitsteilung ... die Zahl der Abhängigkeiten [unter den Menschen; F.H.] wachsen, wie sie die Persönlichkeiten hinter ihren Funktionen zum Verschwinden bringt, weil sie eben nur eine Seite derselben wirken lässt, unter Zurücktreten aller anderen, deren Zusammen erst eine Persönlichkeit ergäbe" (Simmel 1989, S. 394). Eine auf Geldwirtschaft basierende, kapitalistische Gesellschaft bringt aber andererseits die Möglichkeit der Individualität als „Fürsichsein" (ebd., S. 397) des Einzelnen erst hervor: „Und wenn wir durch die Kompliziertheit unserer Bedürfnisse einerseits, die Spezialisiertheit unserer Fähigkeiten andererseits von dem Ganzen der Gesellschaft sehr viel abhängiger sind als der primitive (sic!) Mensch, der sich allenfalls mit seiner ganz eng isolierten Gruppe durchs Leben schlagen konnte – so sind wir dafür von jedem *bestimmten* Elemente dieser Gesellschaft außerordentlich unabhängig, weil seine Bedeutung für uns in die einseitige Sachlichkeit seiner Leistung übergegangen ist, die deshalb viel leichter auch von so und so viel anderen und persönlich verschiedenen Menschen produziert werden kann, mit denen uns nichts als das in Geld restlos ausdrückbare Interesse verbindet." (Simmel 1989, S. 396).

Interessant ist, dass Durkheim davon ausgeht, dass das, was der Einzelne von der Gesellschaft erhält, nämlich das unpersönliche Prinzip der organischen Solidarität, allen gemeinsam ist. Und genau dieser Gedanke ist zur soziologischen Interpretation der frühen soziologischen Denkweise erhellend. Nicht so sehr die von Durkheim immer wieder betonte Notwendigkeit des Kollektivbewusstseins zur Integration einer arbeitsteilig organisierten Gesellschaft, sondern vielmehr die Durkheimsche Einsicht, dass der Individualismus nicht zur Desintegration, sondern zur Integration einer arbeitsteiligen Gesellschaft führt, ist von besonderer Bedeutung. Gemeint ist nämlich, dass die unterschiedlichen Fähigkeiten der Einzelnen in einer arbeitsteiligen Gesellschaft benötigt werden. Somit ist nicht Gleichheit, sondern Ungleichheit der Menschen für Durkheim eine notwendige Bedingung zum Funktionieren der Gegenwartsgesellschaft. Disziplin bezieht sich also nicht auf die Hervorbringung eines Kollektivbewusstseins in dem Sinne, dass sich die Menschen in der arbeitsteiligen Gesellschaft zunehmend angleichen, sondern auf die Kanalisierung der divergierenden Fähigkeiten der Individuen in Richtung des unpersönlichen Prinzips der organischen Solidarität.

Die Denkweise der frühen Soziologie Durkheimscher Prägung ist auf mehreren Ebenen von der grundlegenden und strukturbildenden Idee getragen, dass der Mensch nur durch die Gesellschaft zum Menschen werden kann. Disziplinierung und Zwang erscheinen in diesem Kontext als quasi durch die menschliche Natur bedingte gesellschaftliche Strukturen, durch die allein ein Überleben des Menschen und der Menschheit unter den Bedingungen der Arbeitsteilung ermöglicht werden kann. Gleichsam werden die divergierenden Fähigkeiten und Eigenschaften der Einzelnen, die über Disziplin in den Dienst der die Gegenwartsgesellschaft integrierenden organischen Solidarität gestellt werden, als Produkte der arbeitsteilig differenzierten Gesellschaft vorgestellt. Mit der von Durkheim in dieser Weise formulierten Gesellschaftstheorie entsteht eine Denkrichtung in der Soziologie, die bis heute nach den Bedingungen forscht, die notwendig sind zur Integration der Gesellschaft. Mit seinen gesellschaftstheoretischen Grundannahmen wird Durkheim zum Ahnherrn eines „orthodoxen Konsenses" (Giddens 1988, S. 27) in der Soziologie, für den die Frage nach den Bedingungen gesellschaftlicher Integration zum Kardinalproblem der Gesellschaftstheorie avanciert. Stuart Hall (1994, S. 191) bringt diesen Trend so auf den Punkt: „Die Integration des Individuums in die Gesellschaft wurde eine Langzeitbeschäftigung der Soziologie."

In etwas anderer Form wird diese Grundstruktur der frühen soziologischen Denkweise auch in Webers Werk deutlich, das als Handlungstheorie angelegt ist und deshalb eigentlich von den Einzelnen und deren Handlungsfähigkeit und damit ganz neukantianisch – also von der Reflexion der Aufklärung bestimmt – von der Freiheit des Einzelnen ausgeht und diese zuweilen gegen die

Gesellschaft einfordert. Die vom Feudalismus befreite Gegenwartsgesellschaft bestimmt nach Webers Zeitdiagnose nämlich die Handlungsfähigkeit in einer völlig neuen Weise. Um diese neue Dimension der gesellschaftlichen Determination der Einzelnen zu verdeutlichen, entwickelt Weber unter anderem einen Disziplinbegriff, der zwar nicht primär dazu formuliert ist, die Integration der Gesellschaft zu beschreiben und daher nicht an den Durkheims anschließt, aber dennoch in eher zeitkritischer Absicht auf die Formung der Einzelnen durch gesellschaftliche Strukturen und Entwicklungen bezogen ist. Denn auch Weber sieht eine mächtige Kraft durch seine Gegenwartsgesellschaft wirken, die das Leben und die Lebensführung der Einzelnen in überwältigender Weise bestimmt. In Webers oben bereits zitierter Zeitdiagnose des Kapitalismus erfasst die Disziplinierung des Menschen alle Lebensbereiche, indem die Selbstdisziplin sich in den Dienst der durch Disziplin aufrechterhaltenen rationalen Herrschaft, also in den Dienst der Fremdbestimmung stellt.[6] Das Recht, das „wie eine technisch rationale Maschine" (Weber 1980, S. 469) funktioniert, legitimiert die rationale Bürokratie. Diese entspricht strukturgenau dem massenhaft verinnerlichten disziplinierten Lebensstil des Menschen, sie erzeugt ihn zugleich immer wieder neu.[7] Die Ordnung des Sozialen materialisiert sich demnach in *doppelter Weise:* Sie zeigt sich in einem dichten Gefüge rationaler bürokratischer Organisationen (Schulen, Ämter, Krankenhäuser usw.) *und* in der Fähigkeit der auf diese Weise Organisierten zur „inneren Gleichschaltung mit der geltenden Ordnung, zur Maschinisierung und Instrumentalisierung der eigenen Person, zur Identifikation mit der jeweiligen Funktion" (Breuer 1991, S. 213) der einzelnen rationalen Organisationen. Weber behauptet einen Zusammenhang zwischen äußerer und innerer Disziplinierung, da in der Gegenwartsgesellschaft der Selbstzwang durch

---

[6]Der Begriff Disziplin wird von Weber als soziologischer Grundbegriff wie folgt definiert: „Disziplin soll heißen die Chance, kraft eingeübter Einstellung für einen Befehl prompten, automatischen und schematischen Gehorsam bei einer angebbaren Vielheit von Menschen zu finden." (Weber 1980, S. 28). Disziplin kann demnach als internalisierte Unterordnung allen Handelns unter ein unpersönliches Herrschaftsprinzip verstanden werden (vgl. ebd., S. 681), wobei dieses Herrschaftsprinzip nicht auf politische und militärische Verwaltungen beschränkt ist (vgl. ebd., S. 123 und 128).

[7]Bekanntlich entwickelt Weber seine Zeitdiagnose in seinem oben bereits zitierten *Protestantismusaufsatz* (Weber 1988b), indem er die Tendenz zur inneren Disziplinierung aus der protestantischen Ethik des Calvinismus ableitet, die eine sich Selbstdisziplin auferlegende, rationale Lebensführung wahrscheinlich werden lässt, indem sie die Askese von den Mönchszellen in die Gesellschaft verlegt. Darauf komme ich unten genauer zurück.

den Fremdzwang der sich selbst legitimierenden und deshalb legalen Bürokratien und Herrschaftsapparate aufrecht gehalten wird (vgl. Breuer 2011, S. 225).

Die für die Reproduktion der Gesellschaft notwendige soziale Ordnungsleistung der Bürokratien und Anstalten sowie der sich Selbstdisziplin auferlegenden Lebensführung wird nach Weber, ganz im Gegensatz zu Durkheims Verständnis der Disziplin, mit einem hohen Preis bezahlt. Weber ist nämlich weit davon entfernt, die Gesellschaft per se als statisches, übermächtiges Gebilde anzusehen, das benötigt wird, um den Einzelnen ein gutes Leben zu ermöglichen. Daran hindert ihn der wichtige handlungstheoretische Aspekt aus seinem Werk, dass die Einzelnen durch ihr Handeln die Sozialität beeinflussen und wesentlich bestimmen können, auf den ich weiter unten zurückkomme, weil er eine weitere Grundlage soziologischer Denkweisen ist. In seiner Zeitdiagnose warnt Weber aber ganz im Sinne seiner neukantianisch, also neuaufklärerisch zu verstehenden Handlungstheorie davor, dass die Gegenwartsgesellschaft zu einem „stahlharten Gehäuse der Hörigkeit" erstarren kann: Erst der „geronnene Geist" der Bürokratien erzeugt die „leblose Maschine" einer rationalen Herrschaft, der sich die Menschen, „wie die Fellachen im altägyptischen Staat ohnmächtig zu fügen gezwungen sein werden, wenn ihnen eine rein technisch gute und das heißt: eine rationale Beamten-Verwaltung und -Versorgung der letzte und einzige Wert ist, der über die Art der Leitung ihrer Angelegenheiten entscheiden soll" (Weber 1980, S. 835). Die bürokratische Organisation ist für Weber dabei, „das Gehäuse jener Hörigkeit der Zukunft herzustellen" (ebd.), in dem alles Verhalten einem unpersönlichen Prinzip genügt und individuelle Handlungsfreiheit zur Bedeutungslosigkeit verkommt.

Das Ergebnis ist eine Gesellschaft, die sich allein durch Gehorsam und Selbstdisziplin reproduziert, eine *Disziplinargesellschaft* (vgl. Hillebrandt 1997), in der sich alles Handeln einer sich verselbstständigenden rationalen Vergesellschaftungsform unterordnet.[8] Individuelles Handeln entwickelt sich in dieser Konstellation zu einem bloßen Sichverhalten, während die rationale Organisation des gesellschaftlichen Lebens sich letztlich nur noch durch rechtlich determinierte Verfahren zu legitimieren imstande ist. Der Mensch wird durch den rationalen Kalkül zu einem „Rädchen" (Weber 1988c, S. 413) in der leblosen Maschine der disziplinierenden Rationalität und ist „innerlich zunehmend darauf abgestimmt,

---

[8] „Eine wesentliche Komponente der ‚Rationalisierung' des Handelns ist der Ersatz der inneren Einfügung in eingelebte Sitte durch die planmäßige Anpassung an Interessenlagen" (Weber 1980, S. 15).

sich als solches zu fühlen und sich zu fragen, ob er nicht von diesem kleinen Rädchen zu einem größeren werden kann" (ebd.). Der oder die Einzelne verliert sich in diesem Getriebe, sodass die „letzten Menschen" im „stahlharten Gehäuse" zu „Fachmenschen ohne Geist" und „Genussmenschen ohne Herz" werden und sich dabei noch einreden „eine nie vorher erreichte Stufe des Menschentums erstiegen zu haben" (Weber 1988b, S. 204).

Die Theorien von Marx, Durkheim und Weber sind nur drei Beispiele aus der Frühphase der Soziologie, in denen die Gesellschaft als wirkmächtige Ebene der Realität konstruiert wird. Dies geschieht, wie wir vor allem an der Theorie von Marx deutlich sehen können, nicht ohne eine gewisse Plausibilität, denn mit der Industrialisierung entsteht etwas ganz Neues, das sich mit den Mitteln einer Sozialphilosophie, die sich am Einzelnen orientiert, um das menschliche Zusammenleben verstehen zu können, nicht mehr angemessen erfassen lässt. Durkheim schließt daraus, dass sich die Sozialität ganz allgemein nicht mehr verstehen lässt, wenn sie nicht aus sich selbst, also positivistisch aus den Gesetzmäßigkeiten der Sozialität heraus erklärt wird. Und auch Weber sieht aus seiner handlungstheoretischen Perspektive, dass die Antriebe des Handelns zunehmend von gesellschaftlich erzeugten Zwecken bestimmt werden, sodass die Handlungsfreiheit der Einzelnen durch die Gegenwartsgesellschaft wesentlich eingeschränkt wird. Dies sind nur drei sehr wirkmächtige Ausformungen einer soziologischen Denkweise, die fähig ist, den Gegenstand der Soziologie plausibel als wirkmächtig und wichtig zu konstruieren, auch wenn dies sehr unterschiedlich entweder kapitalismuskritisch (Marx), positivistisch (Durkheim) oder handlungstheoretisch (Weber) geschieht. Insbesondere in Bezug auf Durkheims positivistische Theorie der sozialen Tatbestände und in Bezug auf Webers bahnbrechende Zeitdiagnose geschieht dies nicht zuletzt auch deshalb, um die zentralen Gegenstände der Soziologie – also die Sozialität und die „moderne" Gesellschaft – in Abgrenzung zu den Gegenständen anderer Wissenschaften (also etwa Natur, Physis, Geist, Psyche) als wichtige und wirkmächtige Objekte wissenschaftlicher Forschung zu etablieren, sodass sich die Soziologie als grundlegende *Sozial-* und *Gesellschafts*wissenschaft ausdifferenzieren kann.

Die hier an drei Beispielen aus unterschiedlichen Theorietraditionen verdeutlichte Denkweise, die zu Beginn der Soziologie neu ist und heute als klassisch bezeichnet werden kann, fasst die Gesellschaft bzw. die Sozialität ganz allgemein als eigenständige Kraft, die eine Realität für sich ist, also eine Realität sui generis, die auf die Einzelnen wirkt und – was vor allem die Durkheim-Schule besonders betont – ohne die die Einzelnen gar nicht leben können. Diese klassische soziologische Denkweise bleibt nicht nur, wie an Weber, der als soziologischer Handlungstheoretiker Durkheims positivistischem Diktum zur Erforschung sozialer Tatbestände eigentlich kritisch gegenübersteht und dennoch im Einklang mit

4 Sind Sozialität und Gesellschaft objektivierbare Kräfte?

Durkheim die eigenständige Wirkungsmacht der Sozialität zeitdiagnostisch hervorhebt, deutlich wird, für die frühe Soziologie richtungweisend, sondern wirkt auch, wie nun exemplarisch zu zeigen ist, bis heute in unterschiedlichen Ausprägungen fort.

In diesem Zusammenhang ist nun vor allem die von Durkheim im Anschluss an die grundlegende Gesellschaftskritik von Marx angestoßene diskursive Formation, dass die Sozialität als soziale Tatsache eine Emergenz hat, dass sie sich also quasi eigenständig aus sich selbst heraus entwickelt, von großer Bedeutung. Wie wir gesehen haben, löst Durkheim diese soziologische Denkform von der durch Marx mit ihr verbundenen Kritik, die für den Marxismus und die an ihn anschließende kritische Theorie (Adorno, Habermas, Honneth) richtungweisend bleibt. Weniger in der Tradition von Marx als in der Tradition Durkheims steht vor allem Talcott Parsons, der zwar zunächst im Anschluss an Weber, bei dem er in Deutschland noch kurz studiert hat, eine soziologische Handlungstheorie entwickelt, sich aber in seinem mittleren und späten Werk ganz im Sinne des von Durkheim entwickelten Begriffs des sozialen Tatbestandes darum bemüht, das Soziale als soziales System zu beschreiben, das emergente Eigenschaften hat. Diese sogenannte Großtheorie der Soziologie erlangt in den 1950er und 1960er Jahren eine bis dahin ungekannte Breitenwirkung in dem sich jetzt immer mehr institutionell ausdifferenzierenden Fach Soziologie. Erstmals entsteht mit Parsons Systemtheorie der Gesellschaft eine dem Fach genuine Grundlagentheorie, die vorübergehend als Kanon der Soziologie erscheint.

Die Leitvorstellung von Parsons Systemtheorie der Gesellschaft ist, dass jede soziale Ordnung, also auch die Ordnung des Gesellschaftssystems, auf einem durch geteilte Normen und Werte begründetem Fundament ruht (vgl. Schimank 1996, S. 117).[9] Parsons will dabei nie die Existenz sozialer Ordnung erklären, sondern setzt diese vielmehr als Erfahrungstatsache voraus, indem er sie als Ausgangspunkt seiner Theorie konstruiert. Diese Grundvorstellung lässt sich nur vor dem Hintergrund einer universellen Handlungstheorie verstehen, aus der Parsons die Gesellschaftstheorie deduktiv ableitet. Der Systembegriff wird handlungstheoretisch fundiert. Der systematische Ausgangspunkt einer Systemtheorie der Gesellschaft ist demnach die Analyse des sozialen Handelns, das sich in den von Parsons sogenannten „pattern variables" in dynamischer Wiese zwischen jeweils

---

[9]Parsons bezieht sich hier auf Durkheims Begriff der organischen Solidarität. Bekanntlich setzt sich Parsons bereits in seinem ersten Hauptwerk „The Structure of Social Action" ausführlich mit Durkheim auseinander (vgl. als Zusammenfassung Parsons 1968, S. 460 ff.).

idealtypisch definierten Extremformen des Handelns bildet.[10] So ist jedes Handeln zwischen den Polen *rein affektiv* und *affektiv vollständig neutral* angesiedelt. Weitere idealtypische Pole des Handelns sind *am Kollektiv orientiert vs. an Eigeninteressen orientiert, partikular vs. universell orientiert, Handeln nach funktional spezifischen Erwartungen vs. Handeln nach diffusen Erwartungen*, sowie zum Schluss *Leistungsorientierung vs. leistungsunabhängiges Handeln nach bestimmten Attributen wie Geschlecht oder Herkunft.* Handlungen (unit acts) entstehen jeweils zwischen den beiden Polen der fünf „pattern variables", die Parsons durch empirische Forschung als die Sozialität hervorbringende Orientierungsdimensionen des Handelns identifiziert hat, und sind immer das Ergebnis einer Kombination dieser fünf Dimensionen. Es gibt folglich beispielsweise kein Handeln, das allein an Eigeninteressen orientiert ist, sowie es beispielsweise kein Handeln gibt, das allein an funktional spezifischen Erwartungen orientiert ist. Die Kombinationsmöglichkeiten innerhalb und zwischen den fünf Dimensionen sind augenscheinlich unendlich, sodass es in der Forschung darauf ankommt, die wesentliche Antriebsstruktur des Handelns zu finden, um klare Aussagen über die durch Handlungen erzeugte Sozialität gewinnen zu können.

In diesem handlungstheoretischen Kontext entwickelt Parsons ein ausgefeiltes Konzept des Persönlichkeitssystems[11], das neben dem sozialen System als Zusammenhang der Interaktionsbeziehungen zwischen mehreren Handelnden, dem kulturellen System als Zusammenhang der generellen Werte, Normen und Symbole, die den Handelnden Orientierungen bereitstellen, und dem biologischen Organismus (organisches System) als eine der vier Komponenten zum Erhalt der sozialen Ordnung begriffen wird. Die Frage nach dem Verhältnis von Mensch und Gesellschaftssystem stellt sich innerhalb dieses begrifflichen Rahmens als eine Frage nach dem Verhältnis von kulturellem/sozialem System auf der einen Seite und Persönlichkeitssystem/Organismus auf der anderen Seite. Das Verhältnis dieser beiden Pole zueinander löst Parsons bekanntlich mithilfe seines

---

[10]Hier wie auch in seiner gesamten Handlungstheorie orientiert sich Parsons an Webers Begriff des *Idealtypus* (vgl. Weber 1988a, S. 190 f.), wobei er die Typen des Handelns deutlich vielschichtiger fasst als Weber. Der Idealtypus ist ein Instrument der Forschung, der einen Zustand in reiner Form bestimmt, der in der Realität so nicht vorkommt, an diese aber angelehnt wird, um so durch die dann beobachtbaren Abweichungen Erkenntnisse über die Sozialität zu gewinnen. Darauf komme ich unten zurück.

[11]Sein Konzept des Persönlichkeitssystems geht über Durkheim und Weber hinaus und wird von Parsons vor allem im Anschluss an die Freudsche Psychoanalyse entwickelt (vgl. hierzu ausführlich Parsons 1979, S. 99 ff.).

als analytisches Instrument eingeführten AGIL-Schemas auf, das die Grundlage seiner soziologischen Theorie bildet.

Jedes Handeln, das unterschiedliche Variablen (pattern variables) aufweist, entsteht danach in Bezugnahme auf alle vier Funktionen des AGIL-Schemas, da die Dimensionen des AGIL-Schemas als allem Handeln zugrunde liegende Rahmenbedingungen angesehen werden (vgl. Kiss 1990, S. 59; Schimank 1996, S. 96 f.). Das AGIL-Schema fasst die für alle Systeme konstitutiven Funktionen zusammen: Adaptation (A), goal attainment (G), integration (I) und latent pattern maintenace (L) müssen danach von allen Systemen funktional erfüllt werden, damit sie sich dauerhaft reproduzieren können. Dies gilt dabei für das Gesellschaftssystem ebenso wie für interaktionsnahe Handlungssysteme.[12]

Das erste funktionale Erfordernis zur dauerhaften Reproduktion von Handlungssystemen ist die *adaptation*. Dieser Begriff, der sich nur bedingt mit Anpassung übersetzen lässt, meint den Bezug des sozialen Systems zu seiner biologischen und physikalischen Umwelt. Nur wenn es sich diesen konstitutiven Voraussetzungen anzupassen vermag, wird es sich reproduzieren. Ist diese Anpassung gestört, kommt es zum sozialen Wandel, oder das System hört auf zu existieren. Adaptation gelingt aber nur in Verbindung mit latent pattern maintenances. Diese sind eng mit dem kulturellen System verbunden, da die Kultur die latenten Hintergrundgewissheiten des Handelns bereitstellt. Als funktionales Erfordernis der sozialen Reproduktion müssen dem Handeln der Menschen über das kulturelle System generalisierte sinnhafte Orientierungen in Gestalt von Werten und Normen und daran anknüpfenden Deutungsmustern zur Verfügung gestellt werden, damit die Handelnden bestimmten Zielen folgen (goal attainment), die zumindest nicht im Gegensatz zur geordneten Reproduktion des Gesellschaftssystems stehen. Nur so passen sich auch die Menschen über das Persönlichkeitssystem den Bedingungen des sozialen Systems an (integration).

Nach Parsons sind im Anschluss an Freuds Psychoanalyse die „wesentlichen Züge der Persönlichkeitsstruktur … durch Sozialisation von den sozialen Systemen und der Kultur abgeleitet" (Parsons 1979, S. 103). Die einzelne Persönlichkeit wird jedoch „durch ihre Beziehungen zu ihrem eigenen Organismus und

---

[12]Vgl. zur Herleitung des AGIL-Schemas etwa Parsons 1976, S. 85 ff. und in gesellschaftstheoretischer Perspektive ebd., S. 121 ff. Die deutsche Übersetzung der Begriffe des AGIL-Schemas ist bis heute uneinheitlich. Ich verwende daher, und weil die Begriffe sich nur bedingt ins Deutsche übertragen lassen, im Folgenden die englischen Originalbegriffe. Die sinnvollste Übersetzung ist m. E. die folgende: A (adaptation) = Anpassung, G (goal attainment) = Zielerreichung, I (integration) = Integration und L (latent pattern maintenance) = Strukturerhaltung und Spannungsbewältigung.

durch die Einzigartigkeit ihrer Lebensführung ein unabhängiges System" (ebd.), sodass sie nicht als bloßes „Epiphänomen der Gesellschaftsstruktur" (ebd.) angesehen werden kann. Adaptation meint aber, dies ist für Parsons entscheidender als die Eigentümlichkeit einzelner Persönlichkeiten, neben der Anpassung des sozialen Systems an die psychischen und biologischen Bedingungen aus seiner Umwelt auch die Anpassung des Persönlichkeits*systems,* womit dann die Gesamtheit der Persönlichkeiten bezeichnet wird, an die sozialen Strukturen (integration). Ohne diese durch generalisierte Werte und Normen bewirkte Anpassung kann sich das Handlungssystem in Parsons Sicht nicht dauerhaft reproduzieren. Wenn das Handlungssystem seinen psychischen und biologischen Voraussetzungen nicht mehr gerecht wird, beginnt sich das soziale System zu wandeln oder gar aufzulösen. Dies geschieht auch, wenn das Persönlichkeitssystem sich den Werten und Normen eines Handlungssystems nicht mehr hinreichend anschließt. „Abweichendes Verhalten" kann zwar in gewissem Maße ausgehalten werden. Wird das abweichende Verhalten jedoch zur Regel, ändern sich entweder langsam die sozialen Strukturen und damit auch das Normen- und Wertesystem, oder es kommt zu anomischen Zuständen wie Bürgerkrieg oder soziales Chaos.[13]

Eine spezifische Struktur des Persönlichkeitssystems ist dabei nicht nur notwendige Bedingung für die Integration von Handlungssystemen, sondern auch für die Integration der Gesellschaft. Die Persönlichkeit der Einzelnen muss in ganz bestimmter Weise strukturiert sein, damit die Gesellschaft sich geordnet reproduzieren kann. Parsons fasst über das AGIL-Schema die gesellschaftliche Integration als Ergebnis eines Zusammenwirkens horizontaler und vertikaler Mechanismen, die ausschließlich als der Sozialität immanente Produkte gefasst werden, also als Hervorbringungen des sozialen Systems. Als horizontale Mechanismen erscheinen die *double interchanges* zwischen den analytischen Subsystemen Wirtschaft (adaptation), Politik (goal attainment),

---

[13]Eine beispielhafte Aussage Parsons zu dem für seine Theorie zentralen Themenkomplex des „deviant behavior" ist die folgende: „First a social system cannot be so structured as to be radically incompatible with the conditions of functioning of its component individual actors as biological organisms and as personalities, or of the relatively stable integration of a cultural system. Secondly, in turn the social system, on both fronts, depends on the requisite minimum of ‚support' from each of the other system. It must, that is, have a sufficient proportion of its component actors adequately motivated to act in accordance with the requirements of its role system, positively in the fulfillment of expectations and negatively in abstention from too much disruptive, i. e., deviant, behavior." (Parsons 1966, S. 27). Wir erinnern uns an Durkheim, der diesen Zusammenhang mit ähnlicher Ausrichtung aber anderen Begriffen schon 50 Jahre vor Parsons formuliert hatte.

gesellschaftliche Gemeinschaft (integration) und dem Treuhandsystem (latent pattern maintenance). Auf der Ebene des Gesellschaftssystems bilden sich über soziokulturelle Evolution diese Subsysteme zur Erfüllung der durch das AGIL-Schema herausgearbeiteten Funktionen, die den Erhalt der Reproduktion des sozialen Handlungssystems sowie des Gesellschaftssystems sicherstellen. Die vertikalen Mechanismen der gesellschaftlichen Integration bezeichnen die kybernetische Kontrollhierarchie der Funktionserfordernisse. Demnach werden die ermöglichenden Kräfte, die den Spielraum für Handlungsmöglichkeiten erhöhen, durch das Wirtschaftssystem über das Bereitstellen von Bedürfnisbefriedigungen (adaptation) sowie durch die Politik über das Bereitstellen von Zielorientierungen (goal attainment) sicherstellt. Diese Kräfte werden aber dann, wenn die Integration insbesondere der von Parsons als modern bezeichneten Gegenwartsgesellschaft gelingen soll, durch die ordnenden Kräfte der gesellschaftlichen Gemeinschaft, die die Gesellschaft vor Konflikten schützt, sowie der Werte, Normen und Symbole des Treuhandsystems, die dauerhafte Orientierungen bereitstellen, mehr und mehr überlagert. Denn das Gesellschaftssystem strebt in erster Linie danach, sich geordnet zu reproduzieren. Wenn die Funktionen adaptation und goal attainment in der Gegenwartsgesellschaft Parsons' weitgehend erfüllt sind, kommt es zu einer integrativen Leistung der Funktionen integration und latent pattern maintenance. Nach und nach spielt sich somit eine Ordnung ein, die Neues, Kreatives oder auch Nichtvorhersehbares nicht mehr benötigt, weil die Ordnung reibungslos funktioniert, indem die vier Funktionen zum Erhalt der Ordnung optimal bedient werden und durch double interchanges miteinander in Beziehung stehen (vgl. Parsons 1976, S. 121 ff.; Schimank 1996, S. 113 ff.).

In diesem Konzept sozialer Ordnung kommt es also vor allem auf die Integration der Gesellschaft an. Die dazu notwendige funktionale Formung des Persönlichkeitssystems geschieht über die Internalisierung von allgemein gültigen Werten und Normen, die den Einzelnen durch das Treuhandsystem bereitgestellt werden. Die L-Funktion, die durch das Treuhandsystem bedient wird, steht somit insbesondere in der „modernen" Gegenwartsgesellschaft an der Spitze der kybernetischen Hierarchie. Die Werte, Normen und Symbole sind das, was den Zusammenhalt, die Integration der Gesellschaft letztlich bewirken. Soziale Kontrolle, Sozialisation und Erziehung produzieren im gesellschaftlichen Treuhandsystem (latent pattern maintenance) die für die Integration der Gesellschaft notwendige Verinnerlichung der Werte, Normen und Symbole in das Persönlichkeitssystem. In der aus dem Gesagten abgeleiteten Sozialisationstheorie geht es folglich um die Frage, wie eine auf Individuen beruhende soziale Ordnung möglich ist. Die nur scheinbar plausible Lösung dieses grundlegenden Problems gelingt, indem angenommen wird, soziale Ordnung sei nur durch Sozialisation der Individuen im Hinblick auf kulturelle Werte und Normen möglich. Seit Durkheim ist dies ein herrschender Topos soziologischer Theorie und Denkweise, der die Integration des Individuums in die Gesellschaft als notwendige Bedingung zur geordneten Reproduktion der Gesellschaft ansieht. Die Sozialisationstheorie erscheint dann als Grundlage einer Theorie des Gesellschaftssystems.

Als Antwort auf die erste klassische Grundfrage der Soziologie nach der Möglichkeit von sozialer Ordnung wird nämlich ein Wertekonsens vorgestellt, „der auf zunehmende Differenzierung durch zunehmende Generalisierung reagiert" (Luhmann 1997, S. 27). Dieser Wertekonsens ist für Parsons nicht nur unerlässliche Vorbedingung für die Bildung sozialer Handlungssysteme, sondern auch für die Aufrechterhaltung sozialer Ordnung. Zweifel am Wertekonsens werden über die Sozialisationstheorie abgearbeitet, indem hier theoretisch davon ausgegangen wird, dass die Sozialisation für die Internalisierung der für den Erhalt der sozialen Ordnung notwendigen Werte, Normen und Symbole sorgt. Der Einzelne ist nach Parsons also gezwungen, seine eigenen Wünsche und Ziele dem gesellschaftlich hervorgebrachten Wertekonsens unterzuordnen.

Konflikt, Dissens, Kontingenz und andere Phänomene, die sich nicht mit dem Konsensbegriff fassen lassen, werden kurzerhand marginalisiert. An die Stelle der Beobachtung von Konflikten tritt die These einer durch Sozialisation ermöglichten *Zwangsintegration* des Einzelnen in die gesellschaftlichen Strukturen. Dieser Prozess wird als ein Erfordernis der funktional differenzierten Gesellschaftsstruktur begriffen. Diese von Parsons mit einem komplexen Begriffsapparat entwickelte, inzwischen als klassisch zu bezeichnende Sozialisationstheorie wird aber sehr schnell mit dem Problem der kontingenten Selbstbeobachtung und Selbstbeschreibung der Einzelnen konfrontiert, ohne dieses Problem wirklich lösen zu können. Der Einzelne, der sozialisiert wird, lernt nämlich nicht nur die für das Gesellschaftssystem funktionalen Rollenmuster zu bewältigen, sondern entwickelt zudem die Fähigkeit, sich selbst von sozialen und funktionalen Anforderungen, die die Gesellschaftsstruktur ihm abverlangt, zu unterscheiden, wie beispielhaft bereits George Herbert Mead gezeigt hat. Nach Mead doppelt der einzelne sich in „I" und „me", also in eine personale und eine soziale Identität. „Das ‚I' reagiert auf die Identität, die sich durch die Übernahme der Haltung anderer entwickelt. Indem wir diese Haltungen übernehmen, führen wir das ‚me' ein und reagieren darauf als ein ‚I'." (Mead 1991, S. 217). Der Einzelne ist demnach in der Lage und gezwungen, mit sich selbst zu kommunizieren, sich also selbst zum Thema zu machen und dadurch als Individuum jene Ganzheit zu werden, die er im fragmentarischen, sprunghaften Verlauf seines eigenen Vorstellungslebens zunächst gar nicht ist (vgl. Luhmann 1989, S. 152). Die von Parsons

4 Sind Sozialität und Gesellschaft objektivierbare Kräfte?

sozial- und gesellschaftstheoretisch systematisierte Integrationsthese der Sozialität, die direkt an Durkheims Solidaritätskonzept anschließt, kann diesen kontingenten Selbstbeschreibungen nicht wirklich begegnen.

Der soziologischen Denkweise, die sich zur Etablierung der Soziologie als eigenständige Wissenschaft um die Integration des Menschen in die Gesellschaft bemüht, liegt in ihrer von Parsons vielschichtig ausgearbeiteten Version die theoretisch nicht ausreichend begründbare Auffassung zugrunde, die Gesellschaft habe als soziale Ordnungsinstanz die Aufgabe, den Menschen zum gesellschaftlichen Nutzen aller anderen Menschen zu zähmen. Hobbes hatte diese Option in seiner politischen Philosophie noch direkt mit dem Gewaltmonopol des regulierenden Staates in Verbindung gebracht, während die soziologische Forschung mit gesellschaftstheoretischer Ausrichtung in ihrer beispielhaft und wirkmächtig von Parsons geprägten Theorieentwicklung immer deutlicher vielschichtige Mechanismen der funktionalen Formung des Menschen glaubte ausmachen zu können. Begriffe wie Integration und Sozialisation bezeichnen dann die postulierte Notwendigkeit der Anpassung des Menschen an die gesellschaftlichen Strukturen, damit die Gesellschaft funktionsfähig bleibt. Diese These von der wirkmächtigen Eigenlogik des sozialen Systems bleibt ein wichtiges Erbe der ersten allumfassenden Großtheorie der Soziologie, die Parsons in den 1950er und 1960er Jahren entwickelt hat. Sie steht sehr genau in der Tradition der klassischen soziologischen Denkweise. Denn in der Ausdifferenzierung der Soziologie als Wissenschaft ist die soziale Ordnung primär im Hinblick auf das Verhältnis von Individuum und Gesellschaft, von sozialer Differenzierung und Integration und in Bezug auf die Voraussetzungen der Aufrechterhaltung sozialer Ordnung behandelt worden. Diese Grundlage der Gesellschaftstheorie ist im Kern eine Reflexion der in der Renaissance massenhaft wirksam werdenden Erfahrung, dass soziale Ordnung eine problematische und von Wandel bedrohte Tatsache ist. Wird eine alte Ordnung nachhaltig destruiert, kann die neue Ordnung zunächst nur als Problem aufgefasst werden. Soziale Ordnung erscheint dann, wenn sie nach mühsamen Kämpfen und Konflikten erreicht zu sein scheint, als erhaltenswerte evolutionäre Errungenschaft. Die Konsequenzen dieser Ausgangsbasis der Soziologie sind nachhaltig: Zunächst muss angesichts irritierender Erfahrungen mit dem Zerfall tradierter, zuvor als selbstverständlich angesehener Ordnungen fast schon zwangsläufig problematisiert werden, warum die soziale Welt als Ganzes überhaupt in bestimmten und erkennbaren Weisen strukturiert und geordnet ist, warum also nicht Chaos, Zufall und Anomie herrschen. Eine solche Frage benötigt einen positiven Begriff von Einheit oder Integration. Unter sozialer Einheit, Ordnung und Integration wird deshalb in der Regel etwas Spezifisches verstanden. Diese Begriffe stehen in Opposition zu Begriffen wie Chaos, Unsicherheit und Anomie. Sie bezeichnen daher nicht nur den Sachverhalt der Nichtzufälligkeit, sondern verstehen sich normativ. Sie bezeichnen mit Gründen, die dafür in vielfältiger Weise konstruiert werden, etwas Erhaltens- bzw. Anstrebenswertes. Die Integrationstheorien sind daher, wie es Pierre Bourdieu einmal treffend ausgedrückt hat, gezwungen, die soziale Welt als „ein Universum objektiver, von den Handelnden unabhängiger Regelmäßigkeiten, die von Standpunkt eines unparteiischen, die beobachtete Welt überfliegenden Beobachtens jenseits des Handelns konstruiert sind" (Bourdieu 1993, S. 86), zu begreifen. Die Gesellschaft erscheint dabei quasi als Subjekt in Großformat, dessen Objekte die sozial handelnden Menschen sind.

Niklas Luhmann ist nun der Soziologe, der diese soziologische Denkweise entscheidend weiterentwickelt. Er befreit sie von ihrer starren Fixierung auf die Herstellung und Reproduktion sozialer Ordnung, ohne dabei allerdings die klassische These der Soziologie aufzugeben, Sozialität sei eine aus sich selbst heraus entstehende Realität. Dieses Theorem wird in der Systemtheorie Luhmanns vielmehr radikalisiert, sodass diese Theorie die hier diskutierte, klassische soziologische Denkweise neu formuliert und dadurch reproduziert. Die Theorieanlage der neuen, von Luhmann vorangetriebenen soziologischen Systemtheorie unterscheidet sich von der Parsons allerdings an einigen entscheidenden Punkten. So lehnt Luhmann das AGIL-Schema als Grundlage der Systemtheorie ab, indem er es wie folgt kommentiert: „Parsons selbst war es offenbar nie in den Sinn gekommen, dass die L-Funktion an der Spitze der kybernetischen Hierarchie vom Teufel besetzt sein könnte; und wenn Marxisten dies unterstellen, dann halten sie sich eben damit für verpflichtet, dagegen zu sein." (Luhmann 1997, S. 1130). Eine Lösung des theoretischen Problems, das Verhältnis von Mensch und Gesellschaft adäquat zu bestimmen, das Parsons durch die Integration und kulturelle Ordnungsleistung der Gesellschaft gefunden haben will, ist für Luhmann mit der Unterscheidung von System und Umwelt in Sicht, wenn diese Unterscheidung konsequent als Form begriffen wird, die zwei Seiten hat, von der immer nur eine Seite bezeichnet werden kann. Formen sind also Unterscheidungen. Verwendet man die Unterscheidung zwischen System und Umwelt zur soziologischen Theoriebildung über die Gesellschaft, „muss man den Menschen als lebendes und bewusst erlebendes Wesen entweder dem System oder der Umwelt zuordnen" (Luhmann 1997, S. 29). Luhmann stellt dazu in Abgrenzung zum Strukturfunktionalismus Parsonsscher Prägung fest: „Es bleibt nur die Möglichkeit, den Menschen voll und ganz, mit Leib und Seele, als Teil der Umwelt des Gesellschaftssystems anzusehen." (Ebd., S. 30). Die Differenz zwischen System und Umwelt wird konsequent als eine Form eingeführt, innerhalb derer sich nur eine Seite der Form bezeichnen lässt. Wird Sozialität als eine Seite der Form System/Umwelt verstanden, wie es

Luhmann vorschlägt zu tun, ist die Soziologie quasi gezwungen, die Sozialität als eigenständige Realität zu bezeichnen. Der Mensch ist dann Umwelt des sozialen Systems, weil er ja nicht aus Sozialität besteht. Und genau das ist der Grund für die Präferenz Luhmanns für die enthumanisierte Seite der Form System/Umwelt, die als System bezeichnet ist. Aus der Entscheidung, Menschen als Bestandteile der Umwelt des Gesellschaftssystems zu betrachten, wird geschlossen, dass die fruchtbarste soziologische Herangehensweise an das Gesellschaftssystem die Erforschung der emergenten, vom Menschen scheinbar völlig unabhängigen sozialen Differenzierung der gesellschaftlichen Kommunikation sei. So ist in vielen Publikationen versucht worden, die Funktions- und Operationsweise unterschiedlicher Funktionssysteme, die sich kommunikativ in einer gesellschaftlichen Umwelt reproduzieren, funktional zu analysieren. Vom Menschen sollte man, so Luhmann (1995, S. 274), „im Kontext [dieser] Theoriearbeit zunächst lieber schweigen". Für Luhmann gibt es „viel bessere Analysen der Struktur und der Folgeprobleme der Ordnung der modernen Gesellschaft als gerade diese, die auf das spezifische Schicksal von Menschen in dieser Gesellschaft abstellen" (ebd.).

Diese „Vorliebe" für die funktionale Analyse sich selbst reproduzierender gesellschaftlicher Strukturen wird nun mit allen Mitteln der soziologischen Theorie konsequent verfolgt. Luhmann wird dadurch zum radikalsten Vertreter der These, die Soziologie habe sich ausschließlich dem sozialen System zuzuwenden, das emergent ist und eine eigene Ebene der Realität bildet. Soziologie ist folglich ausschließlich die Wissenschaft von der Sozialität, die Luhmann als soziales System fasst, das sich durch Kommunikationseinheiten autopoietisch, also aus sich selbst heraus bildet. Das Diktum der soziologischen Systemtheorie Luhmanns lautet in Luhmanns Spätwerk dementsprechend wie folgt:

> Schon generell gilt, dass durch Angabe der Funktion nicht erklärt werden kann, dass etwas existiert und durch welche Strukturen es sich selbst ermöglicht. Und erst recht reicht eine funktionale Erklärung, die auf Bedürfnisse oder Vorteile in der *Umwelt* verweist, nicht aus, um zu erklären, wie das *System* funktioniert (Luhmann 1997, S. 193).

Das soziologische Denken Luhmanns verlagert sich von der durch Arnold Gehlen und Helmut Schelsky beeinflussten anthropologischen Frage nach der Funktion der Sozialität für den Menschen über die durch Parsons geprägte strukturfunktionalistische Frage nach den Funktionen sozialer Systeme für das Gesellschaftssystem hin zur poststrukturalistischen Frage seiner gereiften Theorie, wie sich die Eigendynamik sozialer Systeme beschreiben lässt (vgl. hierzu auch Hillebrandt 2017). Dadurch findet Luhmann im Anschluss an Parsons und die philosophische

Anthropologie eine neue Theorie, um die klassische These der Soziologie von der Emergenz der Sozialität neu zu formulieren. Demnach muss die Erklärung für das Funktionieren des Systems Gesellschaft in Abgrenzung von der philosophischen Anthropologie eines Arnold Gehlen im System selbst gesucht werden. Sie kann sich nicht auf einen der Gesellschaft externen Umweltausschnitt wie den Menschen beziehen, da sie dann zu unreflektiert von der Umwelt des Gesellschaftssystems auf das Gesellschaftssystem selbst schließen würde (vgl. Hillebrandt 1999, S. 194). Und mit dieser Grundaussage zur Anlage seiner soziologischen Systemtheorie der Gesellschaft radikalisiert Luhmann die bereits von Durkheim im Anschluss an Marx festgeschriebene diskursive Formation, Sozialität und Gesellschaft seien eigenständige Ebenen der Realität, die ein Eigenleben führen, also Emergenz aufweisen und deshalb nur aus sich selbst heraus verstanden werden können. Wie kein anderer besteht Luhmann darauf, dass sich die Kommunikationseinheiten als Letztelemente der Sozialität „autopoietisch" bilden und dass sich die aus Kommunikationseinheiten entstehende Sozialität in sich selbst differenziert. In einer soziologischen Theorie, die eben auch Kommunikation ist, kommt es demnach darauf an, diesen Prozess angemessen zu beobachten, auch wenn diese Beobachtung dann eben nichts anderes sein kann als eine soziologische Beobachtung, die nur eine der vielen Perspektiven auf die Gesellschaft ist. Und diese durch die multiple, von Luhmann als funktional bezeichnete Differenzierung des Gesellschaftssystems bedingte Relativität ihrer Beobachtungsperspektive muss die Soziologie erkenntnistheoretisch reflektieren.[14]

Betreibt sie diese Reflektion, wird eine soziologische Beobachtung der Differenzierungsformen des Gesellschaftssystems möglich, die Luhmann in seinen theoretischen Arbeiten dezidiert verfolgt. Die Gegenwartsgesellschaft ist in sich an sachlichen Funktionen differenziert und erzeugt dadurch multiple Beobachtungsperspektiven auf die Gesellschaft. Gemeint ist, dass sich die Kommunikation der Gegenwartsgesellschaft immer deutlicher in sich selbst an sachlichen Themen ausrichtet. Dies führt nach Luhmann zu einer primär an sachlichen

---

[14]Luhmann nennt dies „reflektierte Autologie" (Luhmann 1997, S. 1128), also reflektierte Selbstauflösung, die er an einer Stelle seines umfassenden Buches zur Gesellschaftstheorie wie folgt umschreibt: „In der heutigen Wissenschaftslandschaft liegt es nahe, diese paradoxe Ausgangslage [einer Beschreibung der Gesellschaft in der Gesellschaft; F.H.] als Einheit von Konstruktivismus und Dekonstruktivismus zu formulieren. Das schließt ein, dass die Konstruktionen der Soziologie ihre eigene Dekonstruierbarkeit mitreflektieren müssen. Wie immer das dann verstanden wird [...], die Soziologie wird in allen Texten, die sie produziert, nicht nur Falsifizierbarkeit, sondern auch Dekonstruierbarkeit aller Identitäten und Unterscheidungen im Auge behalten müssen." (Luhmann 1997, S. 1135).

4 Sind Sozialität und Gesellschaft objektivierbare Kräfte?

Themen ausgerichteten Differenzierungsform des Gesellschaftssystems, die Luhmann – hier noch in der Tradition Parsons stehend – als funktionale Differenzierung bezeichnet. Demnach ist es in der Gegenwartsgesellschaft etwa nicht mehr selbstverständlich, wer die Macht ausübt, sodass sich Kommunikation im symbolisch generalisierten Kommunikationsmedium Macht massiv konzentriert und verdichtet. Dies führt dazu, dass die Form Regierung und Opposition zu einem binären Code für die gesellschaftliche Kommunikation wird, sodass sie sich als Funktionssystem für Politik ausdifferenziert. In diesem Kontext wird es dann ebenfalls wichtig, dass sich synchron zur Ausdifferenzierung der Politik die Kommunikation über Medien wie Wahrheit, Recht, Geld oder Schönheit auch auf andere sachliche Themen konzentriert, sodass sich entsprechende binäre Codes (wahr und unwahr, recht und unrecht, zahlen und nicht-zahlen oder schön und hässlich) herausbilden, durch die die Kommunikation sich als Funktionssystem für Wissenschaft, Recht, Wirtschaft oder Kunst ausdifferenziert. Die Untersuchung des Prozesses der funktionalen Differenzierung des Gesellschaftssystems entbehrt nicht einer gewissen Plausibilität, weil sich ja ständig neue Spezialsprachen in der Gesellschaft bilden, die füreinander zumeist nur schwer verständlich sind. Es ist also durchaus plausibel, diese sachliche Spezifikation in der Gesellschaft zu untersuchen. Für Luhmann ist dieser Prozess der Ausdifferenzierung von an sachlichen Themen ausgerichteten Funktionssystemen ein dem Gesellschaftssystem immanenter Prozess, der sich nicht direkt von außen steuern lässt. Die Differenzierung der Gesellschaft gehorcht – kurz gesagt – Gesetzen und Strukturen, die in der Gesellschaft selbst entstehen.

Dabei geht Luhmann, ganz anders als sein Lehrer Talcott Parsons, nicht von sozialer Ordnung als gegebener Tatsache aus, wie das folgende Zitat verdeutlichen soll:

> Die Gesamtheit der Interaktionen bildet ... eine Art *basale Anarchie,* bildet qua Eigenstabilität von Interaktion und qua Aufhörzwang der Interaktion das Spielmaterial für gesellschaftliche Evolution. Anspruchsvolle Formen der gesellschaftlichen Differenzierung bauen sich durch Selektion aus diesem Material auf (Luhmann 1984, S. 575 f.; Hervorh. F.H.).

Unter Interaktion wird dabei Kommunikation unter Anwesenden verstanden, die immer wieder neu beginnt, aber auch immer wieder aufhört, wenn die Anwesenden auseinander gehen. Es gibt also nach Luhmann keine ursprüngliche Ordnung der Kommunikation, die durch zeitlos gegebene Funktionen hergestellt wird. Differenzierungsprozesse sind vielmehr offen und kontingent, sodass zeitlose Funktionen nicht mehr festgeschrieben werden können. Es können lediglich

Bezugsprobleme der Kommunikation ausgemacht werden, die sich zu gesellschaftlichen Funktionen entwickeln können. Dies sind dann in der Gegenwartsgesellschaft die Bezugsprobleme der einzelnen Funktionssysteme, die beliebig viele sein können.

Zwar überwindet Luhmann mit seiner hier in aller Kürze dargelegten Gesellschaftstheorie die von Parsons mit dem AGIL-Schema betriebene Einengung des Gesellschaftssystems auf lediglich vier Funktionen – nach Luhmann können theoretisch unendlich viele Funktionssysteme entstehen –, gleichzeitig zu dieser Überwindung eines soziologischen Klassikers radikalisiert Luhmann jedoch eine *klassische Denkweise der Soziologie,* indem er die Differenzierung der Gesellschaft voll und ganz als Eigenleistung des Gesellschaftssystems ansieht. Nur die Kommunikation kann demnach kommunizieren, sodass eine auf den handelnden Menschen ausgerichtete Theorie der Soziologie für wenig zielführend gehalten wird. Zwar wird die übertriebene Ordnungsvorstellung der Soziologie, die noch von Parsons sehr dezidiert begründet wird, durch Luhmanns Systemtheorie weitgehend überwunden, weil ja die Sozialität insgesamt sowie auch die sich in der Gegenwartsgesellschaft ausdifferenzierenden Funktionssysteme als Quellen der Unordnung und nicht als Ordnungsinstanzen beschrieben werden, die klassische Denkweise, dass die Sozialität einer Eigenlogik, oder besser multiplen Eigenlogiken gehorcht, wird von Luhmann jedoch reproduziert und damit verstärkt. Sozialität besteht demnach ausschließlich aus Kommunikation, die sich emergent bildet und reproduziert; alles andere, was dem Denken vorstellbar ist, ist Umwelt des sozialen Systems, das aus Kommunikation besteht.[15]

Dieses zunächst sehr einleuchtende Theorieprogramm Luhmanns, das einige Jahre – vor allem in den 1990er Jahren – die soziologische Theoriediskussion in Deutschland bestimmt hat, wird nun aber mit einem sehr hohen Abstraktionsniveau erkauft, das zuweilen skurril anmutet. Denn bei aller zunächst offensichtlichen Plausibilität der Luhmannschen Emergenz-These muss diese kritisch hinterfragt werden: Was ist etwa noch erhellend daran, die Gesellschaft als Form

---

[15]Hier lässt sich natürlich anmerken, dass eine Aufteilung der Gesellschaft in Funktionssysteme die Gesellschaft durchaus in Ordnung bringt, obwohl sie es bei genauerer Betrachtung ja eigentlich nicht ist. Luhmann sieht aber sehr wohl, dass sich die Funktionssysteme nicht starr bilden, sondern sich immer wieder kommunikativ ereignen müssen, um sichtbar zu werden. Streng genommen sind nämlich die binären Codes die Funktionssysteme, weil sich durch diese Codes spezifische Kommunikation bildet, die ereignishaft ist, also quasi mit ihrem Entstehen sofort wieder verschwindet. Wer diese Gesichtspunkte genauer ergründen will, sei bezüglich der Gesellschaftstheorie vor allem auf Luhmanns letztes großes Buch „*Die Gesellschaft der Gesellschaft"* (Luhmann 1997) verwiesen.

zwischen Kommunikation und Nicht-Kommunikation zu definieren, auch wenn dies im Theorieprogramm Luhmanns eine schlüssige Festschreibung ist? Die Aussage, die Gesellschaft sei die Summe aller sich autopoietisch bildender und voneinander sich differenzierender Kommunikation, ist am Ende so nichtssagend, dass sie kaum noch hilft, die Sozialität besser zu verstehen. Auch das theorieimmanent schlüssige Diktum, der Mensch, der ja nicht aus Kommunikation besteht, sei Umwelt des aus Kommunikation bestehenden Gesellschaftssystems, ist zwar in gewisser Weise faszinierend, weil mit ihm ja sehr konsequent ein klassischer Gedanke der Soziologie zu Ende gedacht wird, es ist aber letztlich nicht sehr viel mehr als ein faszinierendes Gedankenspiel, das die Wirklichkeit der Sozialität eigentlich nicht trifft, wenn wir doch regelmäßig beobachten, wie wichtig es für den Fortgang der Sozialität ist, dass sich Menschen an ihr beteiligen und dass diese Beteiligung, wie wir ja bereits im ersten Abschnitt zur soziologisch fantasievollen Beschreibung einer Szene in einem Berliner Café gesehen haben, alles andere als selbstverständlich ist.

Halten wir hier zunächst, bevor diese wichtige Diskussion der soziologischen Systemtheorie – allerdings nicht im Kontext dieser Einführung in soziologische Denkweisen – fortgesetzt werden könnte, etwas für die soziologische Denkweise Bedeutendes fest: Die Soziologie definiert ihren Gegenstand im Anschluss an Durkheim, der diese Definition sicher nicht ohne die Vorarbeiten von Marx hätte treffen können, als eine wirkmächtige und eigenlogische Ebene der Realität, die eine besondere Qualität hat und deshalb mit den Mitteln einer Spezialwissenschaft – also der Soziologie – in besonderer Weise beobachtet werden muss. Dieses Diktum der Soziologie, das ich die soziologische Emergenz-These nennen möchte, bleibt bis heute virulent, wie an der soziologischen Denkweise Luhmanns deutlich wird, mit der dieses Diktum gar radikalisiert wird. Daran schließen dann neuere Arbeiten an etwa von Armin Nassehi (vgl. 2006), der Gesellschaft als „operativen Begriff" definiert und danach fragt, „wie konkrete, beobachtbare Kommunikation Gesellschaft vollzieht" (Nassehi 2006, S. 406), oder von Dirk Baecker (vgl. 2005), der nach den Ausformungen der Kommunikation fragt, die Gesellschaft immer wieder möglich machen.

Und gleichsam ist diese diskursive Formation, dass Gesellschaft sich über Kommunikation als emergente Entität immer wieder bildet, auch eine kritisch zu reflektierende Struktur des soziologischen Denkens, die ja in der Entstehungsphase der Soziologie als Wissenschaft entsteht, auch und, wie viele heute sagen würden, vor allem um der neuen Wissenschaft mit der Gesellschaft einen genuinen Gegenstand zu schaffen, der nur von der Soziologie und eben nicht von anderen Wissenschaften untersucht werden kann. Zwar ist es durchaus wichtig, im Einklang mit der These von der Eigenlogik der Sozialität zu betonen, dass diese als soziale Tatsache Menschen zu bestimmten Handlungen zwingt, es wäre aber ein nicht sehr fruchtbarer Soziologismus, würde man behaupten, alles entsteht nur aus der und durch die Sozialität. Dies wirft dann nämlich gleich die Frage auf, wie denn Neues in die Welt kommen kann, wenn sich die Sozialität ständig nur durch sich selbst erzeugt und reproduziert. Auch ist es durchaus plausibel zu sehen, dass gesellschaftliche Strukturen nicht einfach von einzelnen Menschen geschaffen werden, seien sie noch so mächtig und einflussreich, sondern sich evolutionär herausbilden. Es wäre etwa völlig unsoziologisch zu behaupten, die hoch technisierte, theoretisch elaborierte und methodisch ausgerichtete Wissenschaft der Gegenwartsgesellschaft sei die Erfindung eines einzelnen Menschen, sie ist zweifellos das Produkt soziokultureller Evolution. Dies mag aber zugleich eine Forschungsfrage aufwerfen, die nach den Einflüssen bestimmter Wissenschaftlerinnen auf die Ausdifferenzierung der Wissenschaft fragt, oder auch nach den Einflüssen der Politik, Wirtschaft, Kunst und Erziehung auf die wissenschaftliche Praxis. Auch ist es sicher richtig zu sehen, dass Sozialität selbst in Interaktionen oft eine eigene Logik entwickelt, die von den Anwesenden als Emergenz wahrgenommen wird, weil sie eigentlich von keinem der Anwesenden intendiert war, wenn sich etwa eine friedliche Demonstration in eine physisch ausgetragene Straßenschlacht verwandelt. Solche und ähnliche Phänomene der sozialen Emergenz sollten, wie alles andere auch, was von der Soziologie untersucht wird, aber nicht, wie es in der soziologischen Systemtheorie, die alles für Emergenz hält, nicht selten geschieht, für selbstverständlich gehalten, sondern als besondere Formen der Sozialität soziologisch analysiert werden. Auch die Ausrichtung der Soziologie auf Kommunikation, also auf die unendlich vielen Artikulationen und Äußerungen, ist in einer Gesellschaft, die diese Art von Praxis durch bestimmte Verbreitungsmedien der Kommunikation (Buchdruck, Telefon, Internet etc.) immer mehr von interaktionsnahen Formen der Sozialität abkoppelt, durchaus plausibel. Dabei würde es dann aber auch darauf ankommen zu fragen, inwiefern eigentlich Materialität ein wichtiger Bestandteil jeder Sozialität ist, die ja eigentlich nicht allein aus einer mysteriösen Substanz wie Kommunikation bestehen kann, wie bereits Marx als ein Ausgangspunkt der hier diskutierten Emergenz-These der Soziologie in seinem historischen Materialismus überzeugend gezeigt hat und worauf uns heute vor allem Bruno Latour (vgl. vor allem 2007) aufmerksam macht.

Ein weiterer Aspekt der kritischen Auseinandersetzung mit der Luhmannschen Gesellschaftstheorie entsteht dann, wenn man seine Differenzierungstheorie in einer soziologischen Tradition sieht, die von Durkheims Begriff der Arbeitsteilung über Parsons AGIL-Schema bis in die Gegenwart reicht. Diese Denkrichtung der Soziologie bemüht sich darum, Gesellschaft über die in ihr sich ereignende

Differenzierung zu charakterisieren, was als ein Grundlagenthema der Soziologie angesehen werden muss. Dabei wird in der Regel einhellig davon ausgegangen, dass sich die Gegenwartsgesellschaft seit der frühen Neuzeit in ihrer Differenzierungsform grundlegend ändert. Nicht mehr ständische Stratifikation oder tribalistische Segregation, sondern an sachlichen Themen ausgerichtete, funktionale Spezifikation wird für die primäre Differenzierungsform der Gegenwartsgesellschaft gehalten. Gegen diese oder besser parallel zu dieser Denkrichtung, die vor allem horizontale Ausdifferenzierungen in den Mittelpunkt rückt, entwickelt sich synchron eine soziologische Theorie, die im Einklang mit der Klassentheorie von Karl Marx vor allem die vertikalen Ungleichheiten im sozialen Raum als primäres Merkmal der Gegenwartsgesellschaft ansieht und deshalb die Sozialstrukturanalyse der sozialen Ungleichheit als wichtigstes Thema der Soziologie begreift. Diese Diskussion bündelt sich in den 1980er und -90er Jahren um die Kultursoziologie sozialer Ungleichheit, die Pierre Bourdieu in seinem einflussreichen Buch „Die feinen Unterschiede" (Bourdieu 1982) entwickelt hat. Ein Vergleich zwischen Luhmanns Systemtheorie der Gesellschaft, die in dieser Zeit die Theorien horizontaler Differenzierung maßgeblich repräsentiert, und Bourdieus Kultursoziologie sozialer Ungleichheit zeigt sehr schnell, dass die Luhmannsche Systemtheorie die soziale Ungleichheit marginalisiert, obwohl sie doch, wie Bourdieu überzeugend nachweist, einen wichtigen Einfluss auf die formalen Lebensbedingungen und auf die praktisch sich vollziehenden Lebensstile der Menschen in der Gegenwartsgesellschaft hat (vgl. hierzu Hillebrandt 2006).[16]

Diese hier angedeutete Kritik an der soziologischen Emergenz-These als klassischem Bestandteil der soziologischen Theorie und an der Theorie funktionaler Differenzierung zeigt bereits, dass es im soziologischen Denken nicht nur darauf ankommen kann, die von der Soziologie tradierten diskursiven Formationen lediglich aufzugreifen und in aktualisierter Form zu reproduzieren. Alle soziologischen Denkweisen müssen kritisch hinterfragt werden, was wiederum ein typisches Merkmal von soziologischer Denkweise ist. Denn es kommt im soziologischen Denken auch und vor allem darauf an, die diskursiven Formationen der Soziologie als Wissenschaft zu hinterfragen und weiterzuentwickeln. Dies gilt selbstredend auch für einen weiteren Grundbestandteil des soziologischen Denkens, den ich in dem entscheidend von Max Weber initiierten Diktum sehe, die Sozialität sei wesentlich das Produkt des Zusammenwirkens von Menschen, die als einzige Lebewesen in der Lage und gezwungen sind, ihre Welt sinnhaft zu interpretieren

---

[16]Zur Kritik an der Ungleichheitstheorie Luhmanns siehe auch Hillebrandt (2004).

und dadurch in gewissem Maße selbst zu gestalten. Dieser diskursiven Formation der Soziologie, die als Basis aller soziologischen Handlungstheorie bis heute eine wichtige Wirkung auf das soziologische Denken ausübt, wende ich mich nun im nächsten Abschnitt zu.

- Inwiefern ist Marx ein wichtiger Vordenker der Soziologie?
- Stellen Sie einen Zusammenhang her zwischen der Industrialisierung und der Entstehung der Denkweise, die Sozialität und Gesellschaft seien besondere Kräfte, die unabhängig vom Willen der Einzelnen auf diese einwirken.
- Zeichnen Sie kurz und prägnant nach, wie die von mir sogenannte Emergenz-These der Soziologie, also die These von der Emergenz der Sozialität, entsteht.
- Verdeutlichen Sie die Unterschiede in der Fassung der Emergenz-These von Émile Durkheim und Max Weber.
- Inwiefern besteht ein Zusammenhang zwischen der Ausdifferenzierung der Soziologie zu einer eigeneständigen Wissenschaft und der soziologischen Emergenz-These.
- Diskutieren Sie die Vor- und Nachteile, die Gesellschaft als Realität sui generis zu begreifen.
- Verdeutlichen Sie, inwiefern Niklas Luhmann die Emergenz-These der Soziologie radikalisiert, und diskutieren Sie diesen Schritt von Niklas Luhmann.
- Inwiefern unterscheidet sich die Theorie von Niklas Luhmann grundlegend von der Talcott Parsons?
- Was ist der Unterschied zwischen einer vertikalen und horizontalen Differenzierung der Gesellschaft? Diskutieren Sie zugleich die Frage, ob die funktionale Differenzierung tatsächlich, wie es Luhmann festschreibt, die primäre Differenzierungsform der Gegenwartsgesellschaft ist. Suchen sie Argumente für und gegen diese zentrale These der Luhmannschen Gesellschaftstheorie.

Entsteht Sozialität im sinnhaften Zusammenwirken von Menschen?

5

Nicht nur die Frage nach den Eigenschaften der von der Soziologie als wichtiger Gegenstand wissenschaftlicher Forschung „entdeckten" und systematisch thematisierten Gesellschaft bewegt die frühe Soziologie, auch die Frage danach, wie Menschen untereinander soziale Beziehungen eingehen können, wird immer deutlicher zu einem Auftrag der neuen Wissenschaft. Während im Mittelpunkt des zuerst genannten Themenkomplexes eher die erste klassische Grundfrage der Soziologie nach der Möglichkeit sozialer Ordnung steht, wird mit dem zweiten Thema primär die andere zentrale Grundfrage der Soziologie problematisiert, wie Individuen, obwohl die sich gegenseitig unbekannt sind, dennoch dauerhafte soziale Beziehungen miteinander eingehen können. Während die Frage nach der sozialen Ordnung eine Suche nach dem umfassenden Begriff zur Bezeichnung des Gegenstandes der Soziologie, also die Definition des Gesellschaftsbegriffs impliziert, geht es im Folgenden um eine klassische soziologische Denkrichtung, die von einem solchen Begriff zunächst einmal absieht und den Gegenstand der Soziologie eher in den einzelnen sozialen Beziehungen zwischen Individuen, die dann Akteure genannt werden, sucht. Der nicht zuletzt aus der Aufklärungsphilosophie abgeleitete Ausgangspunkt dieser Denkrichtung der Soziologie ist die Annahme, dass die Sozialität aus dem sozialen, also auf andere Menschen bezogenen Handeln der Menschen entsteht und ein Begriff der Sozialität deshalb nur über einen Begriff des Handelns der Einzelnen gefunden werden kann. Der Ausgangspunkt aller Soziologie ist folglich die Theorie des Handelns.

Diese handlungstheoretische Denkrichtung der Soziologie wird ganz entscheidend von Max Weber vorbereitet, der regelmäßig an den Anfang einer so ausgerichteten, sich als verstehend und interpretativ begreifenden Soziologie gestellt wird. Wie bereits oben deutlich wurde, ist das Werk von Weber zwar sehr vielschichtig und kann daher, wie wir ja bereits an einigen Aussagen aus seiner kapitalismuskritischen Zeitdiagnose, die sehr wohl einen Begriff von Gesellschaft zumindest implizit enthält, gesehen haben, nicht auf einen Aspekt reduziert werden. Unbestritten muss Weber aber als der Kristallisationspunkt der frühen Handlungstheorien der Soziologie gesehen werden. Dabei wird seine aus handlungstheoretischen Grundlagen abgeleitete Wissenschaftstheorie, die er in seinem schon erwähnten „Objektivitätsaufsatz" bereits 1904 umrissen hat (vgl. Weber 1988a), zu einem wichtigen Meilenstein in der Ausdifferenzierung der Soziologie als Wissenschaft. Sie gilt vielen bis heute als der Ausgangspunkt einer wissenschaftlichen Soziologie. Was hatte Weber in handlungstheoretischer Absicht formuliert, was ihn zu einem so wichtigen Ausgangspunkt der soziologischen Wissenschaft werden lässt?[1]

Um dies zu verdeutlichen, möchte ich zunächst zwei etwas längere Passagen aus Webers „Objektivitätsaufsatz" zitieren, die wichtige Grundannahmen seiner Wissenschaftsauffassung darlegen:

> Ausgangspunkt des sozialwissenschaftlichen Interesses ist nun zweifellos die *wirkliche,* also individuelle Gestaltung des uns umgebenden sozialen Kulturlebens in seinem *universellen,* aber deshalb natürlich nicht minder *individuell* gestalteten, Zusammenhange und in seinem Gewordensein aus anderen, selbstverständlich wiederum individuell gearteten, sozialen Kulturzuständen heraus. […] Während für die Astronomie die Weltkörper nur in ihren *quantitativen,* exakter Messung zugänglichen Beziehungen für unser Interesse in Betracht kommen, ist die *qualitative* Färbung der Vorgänge das, worauf es uns in der Sozialwissenschaft ankommt. Dazu tritt, dass

---

[1] Dass Weber der Begründer der verstehenden Soziologie und damit einer wirkmächtigen Denkweise der Soziologie ist, wird allgemein nicht bestritten. Weber ist *der* Klassiker insbesondere der deutschen Soziologie, hier ist er mindestens auf gleich hoher Stufe wie Émile Durkheim angesiedelt, und darüber hinaus wirkt sein Werk in die verschiedenen Nachbardisziplinen der Soziologie hinein. Obwohl ich mich im Folgenden sehr ausführlich auf Webers Werk einlasse, das ich als wichtige Grundlage soziologischen Denkens sehe, kann ein umfassendes Verständnis der Soziologie Max Webers hier nicht geleistet werden. Ich verzichte beispielsweise auf eine Diskussion der „Werturteilsfreiheit", lasse den Begriff des Charismas außen vor und diskutiere auch nicht die Herrschafts-, Rechts- und Bürokratie- bzw. Organisationssoziologie Max Webers. Aus der umfangreichen Sekundärliteratur zu Weber, die diese Lücken schließen kann, möchte ich hier nur das Buch von Hans-Peter Müller (vgl. 2007) hervorheben, welches das soziologische Denken Webers, das aufgrund der Pionierleistungen für die junge Wissenschaft Soziologie noch von einigen Brüchen und Inkonsistenzen gekennzeichnet ist, sehr dezidiert und umfassend nachzeichnet und in sinnvoller Weise systematisiert. Zum 150sten Geburtstag Webers im Jahr 2014 sind diverse Biografien erschienen, die zuweilen sehr unterhaltsam sind, weil das relativ kurze Leben Max Webers – er stirbt bereits 1920 im Alter von 56 Jahren – durch diverse Brüche, Besonderheiten und spezifische Lebenseinstellungen gekennzeichnet war, die ihn bis heute als charismatischen Wissenschaftler erscheinen lassen, der viele Intellektuelle seiner Zeit beeinflusst und gefördert hat.

es sich in den Sozialwissenschaften um die Mitwirkung *geistiger* Vorgänge handelt, welche nacherlebend zu ‚*verstehen*' natürlich eine Aufgabe anderer Art ist, als sie die Formeln der exakten Naturkenntnis überhaupt lösen können oder wollen (Weber 1988a, S. 172 f.; Hervorh. dort).

Und an einer anderen Stelle etwas weiter unten im Text heißt es dann noch einmal konkreter:

Was sich nun als Resultat des bisher Gesagten ergibt, ist, dass eine ‚objektive' Behandlung der Kulturvorgänge in dem Sinne, dass als idealer Zweck der wissenschaftlichen Arbeit die Reduktion des Empirischen auf ‚Gesetze' zu gelten hätte, sinnlos wäre. Sie ist dies nicht etwa, wie oft behauptet worden ist, deshalb weil die Kulturvorgänge oder etwa die geistigen Vorgänge ‚objektiv' weniger gesetzlich abliefen, sondern weil 1) Erkenntnis von sozialen Gesetzen keine Erkenntnis der sozialen Wirklichkeit ist, sondern nur eins von den verschiedenen Hilfsmitteln, die unser Denken zu diesem Behufe braucht, und weil 2) keine Erkenntnis von *Kultur*vorgängen anders denkbar ist als auf Grundlage der *Bedeutung,* welche die stets individuell geartete Wirklichkeit des Lebens in bestimmten *einzelnen* Beziehungen für uns hat. In *welchem* Sinn und in *welchen* Beziehungen dies der Fall ist, enthüllt uns aber kein Gesetz, denn das entscheidet sich nach den *Wertideen,* unter denen wir die ‚Kultur' jeweils im Einzelnen Fall betrachten. ‚Kultur' ist ein vom Standpunkt des Menschen aus mit Sinn und Bedeutung bedachter endlicher Ausschnitt aus der sinnlosen Unendlichkeit des Weltgeschehens. […] Transzendentale Voraussetzung jeder *Kulturwissenschaft* ist *nicht* etwa, dass wir eine bestimmte oder überhaupt irgendeine Kultur *wertvoll* finden, sondern dass wir *Kulturmenschen* sind, begabt mit der Fähigkeit und dem Willen, bewusst zur Welt *Stellung* zu nehmen und ihr einen *Sinn* zu verleihen. Welches immer dieser Sinn sein mag, er wird dazu führen, dass wir im Leben bestimmte Erscheinungen des menschlichen Zusammenlebens aus ihm heraus *beurteilen,* zu ihnen als *bedeutsam* (positiv oder negativ) Stellung nehmen. Welches immer der Inhalt dieser Stellungnahme sei, – diese Erscheinungen haben für uns Kultur*bedeutung,* auf dieser Bedeutung beruht allein ihr wissenschaftliches Interesse. […] Eine *Kultur*erscheinung ist die Prostitution so gut wie die Religion oder das Geld, alle drei deshalb und nur deshalb und nur soweit, als ihre Existenz und die Form, die sie *historisch* annehmen, unsere Kultur*interessen* direkt oder indirekt berühren, als sie unseren Erkenntnistrieb unter Gesichtspunkten erregen, die hergeleitet sind aus den Wertideen, welche das Stück Wirklichkeit, welches in jenen Begriffen gedacht wird, für uns *bedeutsam* machen (Weber 1988a, S. 180 f.; Hervorh. dort).

> **Bevor Sie jetzt meine Interpretation des Textes lesen, möchte ich Sie bitten, genau zu schauen, welche Begriffe und Gegenüberstellungen Weber in den beiden Textpassagen in den Mittelpunkt stellt und wie er seine soziologische Denkweise mit diesen Begriffen und Unterscheidungen charakterisiert.**

Wir haben es bei diesem Text mit einem wichtigen Dokument der Entstehung einer wirkmächtigen soziologischen Denkweise zu tun. Hier wird die Soziologie als Wissenschaft der Interpretation von individuellen Deutungen des Sozialen, als eine Wissenschaft der Deutung und Auswertung von kulturellen Formen vorgestellt, die von den Mitgliedern der Gesellschaft durch Sinndeutungen der Sozialität produziert werden, ohne die für Weber und die interpretative Soziologie soziale Beziehungen und soziales Handeln letztlich als nicht möglich erscheinen. Zur Untersuchung der Sozialität, die für Weber soziales Handeln ist, wird quasi eine wissenschaftliche Sinndeutung der von den Gesellschaftsmitgliedern vorgenommenen Sinndeutung vorgeschlagen, sodass die Soziologie so etwas wie eine Sinndeutung zweiter Ordnung ist.

Hier kommt es auf den Unterschied zwischen einer erklärenden und verstehenden Soziologie an. Eine Erklärung reicht für Weber zur Erfassung des subjektiven Sinns letztlich nicht aus. Denn eine positivistische, am Begriff des Erklärens ausgerichtete Wissenschaftsauffassung, wie sie im Anschluss an Auguste Comte etwa von Durkheim vertreten wird, definiert die soziale Wirklichkeit als objektivierbare Tatsache, während eine am Begriff des Verstehens ausgerichtete Soziologie diese als sinnhaftes soziales Handeln begreift, das wesentlich durch subjektive Komponenten geprägt ist. Eine erklärende Soziologie betrachtet die Wirklichkeit von außen, sie will sie mithilfe der Abstraktion durchdringen und ihre Gesetzmäßigkeiten objektiv eingrenzen. Eine verstehende Soziologie will dagegen die Sinndeutungen der Akteure nachvollziehen und analysiert die soziale Welt also von innen, sie versucht sich von den Besonderheiten der einzelnen Sinndeutungen überraschen zu lassen, während die erklärende Sichtweise nicht nach den Besonderheiten, sondern nach den allgemeinen sozialen Gesetzen der Sozialität sucht. Die erklärende Soziologie stellt bei all dem die Suche nach den Ursachen in den Vordergrund der Forschung, indem sie nach dem Warum von sozialen Erscheinungsformen fragt. Dagegen fragt die verstehende Soziologie, wie sie von Weber vorbereitet wird, nach dem Wie der Sinnproduktion, sie fragt danach, wie die sozialen Akteure die soziale Welt um sie herum interpretieren. Sie ist deshalb auf die besonderen kulturellen Sinnformen konzentriert, die sich als Zusatzdeutungen der Sozialität bilden und die Sozialität ganz wesentlich strukturieren.

Die Soziologie ist für Weber folglich ganz wesentlich als Kultursoziologie – Sie werden bei der Eingangsaufgabe zu dieser Textpassage sicher gemerkt haben, wie oft das Wort Kultur in Webers Text vorkommt – zu verstehen, die sich ihren Gegenstand über die Interpretation der Kultur erschließt, welche die Akteure durch die Produktion von Sinn erzeugen. Weber sieht die Soziologie also als eine Wissenschaft von der Kultur, die durch die Sinndeutungen der sozialen Akteure

5 Entsteht Sozialität im sinnhaften Zusammenwirken von Menschen?

erzeugt wird. Dabei wird Kultur von Weber nicht als abgeschlossener Werte- und Normenhimmel vorgestellt, der sich objektiv bestimmen lässt. Sie entsteht immer wieder neu durch die Sinngebungen der einzelnen Mitglieder einer Gesellschaft. Kultur kann deshalb eben auch nicht auf Nationen verengt werden, wie Weber in der hier zitierten Passage für seine Zeit bemerkenswert weitsichtig konstatiert. Es gibt also keine deutsche, französische, amerikanische oder eine andere nationale Kultur als Ganzes, sondern immer nur unterschiedliche Ausformungen von Kultur, die das ist, was durch die Sinndeutungen der Akteure permanent erzeugt wird. Genau deshalb ist die „Objektivität" sozialwissenschaftlicher Erkenntnisse nicht so einfach zu haben, was sicher ein wichtiger Grund dafür ist, dass Weber den Begriff regelmäßig in Anführungszeichen setzt.

Was bedeutet dies nun aber für die soziologische Denkweise, wenn eine Gegenstandsbestimmung der Soziologie vorgenommen wird, die sich wesentlich auf den subjektiv erzeugten Sinn der sozialen Akteure konzentriert, die also sozialen Gesetzmäßigkeiten, nach denen unter anderem Émile Durkheim gesucht hatte, zunächst mit großer Skepsis begegnet, wie es ja in der zitierten Passage sehr klar gesagt wird?

Um diese Frage zu beantworten, möchte ich zunächst einige Überlegungen zum Ausgangspunkt dieser soziologischen Denkweise voranschicken. Die Grundlage der später sogenannten verstehenden, interpretativen Soziologie ist nun, wie auch für Durkheim, die Aufklärungsphilosophie, wobei diese Bezugnahme bei Weber weniger – wie bei Durkheim – in Abgrenzung zu den, sondern als Neuformulierung der wichtigsten Paradigmen der Aufklärungsphilosophie geschieht. Weber bezieht sich nämlich zur Fundierung der Soziologie *positiv* auf die Aufklärungsphilosophie eines Immanuel Kant. In einer deshalb sogenannten neukantianischen Weise wird nämlich von Weber im oben zitierten Text ganz grundlegend bestimmt, dass wir „Kulturmenschen" sind, die mit der Fähigkeit und dem Willen „begabt" sind, „bewusst zur Welt *Stellung* zu nehmen und ihr einen *Sinn* zu verleihen." Diese anthropologische Konstante der Soziologie Webers fußt auf der grundlegenden Einsicht, dass Menschen sich nicht nur verhalten, sondern zu Handlungen fähig sind, die bereits Kant – wie weiter oben von mir referiert wurde – mithilfe des Vernunftbegriffs festgeschrieben hatte.

Die erste theoretische Entscheidung Webers ist dann auch die, Verhalten von Handlung zu unterscheiden. Verhalten funktioniert im Reiz-Reaktionsschema, geschieht also mechanisch – wenn wir etwa eine Fliege von unserer Wange verscheuchen, weil diese Fliege einen Juckreiz erzeugt. Handeln ist dagegen immer mit einem *subjektiven Sinn* versehen und ist dadurch immer intentional, also mit Intentionen verbunden, die vom Einzelnen erzeugt werden. Weber würde nun nicht behaupten, dass wir immer in dieser intentionalen Weise tätig werden, vieles, was wir tun, ist für ihn reines Verhalten, weil es nicht intentional geschieht, also ohne weitere Reflexion des Tuns auskommt. Wichtig ist nur, dass dies nun eben nicht für alles Tun gilt, sodass wir als Soziologinnen und Soziologen eben auch Handlungen als potenzielle Möglichkeit in Betracht ziehen müssen.[2]

Diese Handlungen können nun nach Weber sozial sein, wenn sie in ihrem Ablauf auf das Verhalten oder Handeln anderer bezogen sind. So ist etwa der einsame Spaziergang in einem Wald insofern kein soziales Handeln, als er nicht auf das Handeln oder Verhalten anderer bezogen sein muss. Wenn wir uns mit diesem Spaziergang allerdings auf ein Rendezvous oder eine Geschäftsverhandlung vorbereiten, ist auch dieses zunächst nicht weiter sozial erscheinende Handeln seinem gemeinten Sinn nach auf andere Handlungen und Verhaltensweisen bezogen, die wir eben genau im Verlauf des einsamen Spaziergangs versuchen zu antizipieren, sodass der Spaziergang im Wald durchaus soziales Handeln sein kann. Es gibt also einen Unterschied zwischen Handlung und sozialer Handlung. Während Handeln auch ohne andere Akteure möglich ist, ist soziales Handeln an und auf das Verhalten oder Handeln anderer Akteure orientiert und ausgerichtet. Die interpretative Soziologie spricht hier dann später von Interaktionen. Ist ein Handeln, etwa im Tausch, im Liebesakt, im Gespräch, im Streit, im Besuchen einer Kulturveranstaltung, im Diskutieren auf einer Tagung und so weiter und so fort, ganz allgemein gesprochen auf anderes Verhalten oder Handeln bezogen, spricht Weber von sozialem Handeln, welches der Gegenstand der soziologischen Wissenschaft ist. Es ist also das Zusammenwirken von Menschen, also die Interaktion, die den Gegenstand der Soziologie ausmacht, wie er in der interpretativen, handlungstheoretischen Variante der soziologischen Denkweise definiert wird. Und genau deshalb steht in dieser soziologischen Denkweise die Frage nach den Möglichkeiten für soziale Beziehungen zwischen sich gegenseitig unbekannten Menschen im Mittelpunkt der Soziologie. Das Problem, wie soziale Ordnung und Gesellschaft möglich werden, ist für diese soziologische Denkweise hingegen zunächst zweitrangig.

Aufgabe der verstehenden, interpretativen Soziologie ist es nämlich, den mit Interaktionen verbundenen subjektiven Sinn zu entschlüsseln, um so soziale Prozesse deutend zu verstehen. Dabei wird von Weber durchaus gesehen, dass dieser Sinn von der Soziologie fast immer als ein komplexer „Sinnzusammenhang"

---

[2]An dieser Stelle und für die folgenden Abschnitte ergibt es durchaus Sinn, sich an die Definition der Soziologie durch Weber (vgl. 1980, S. 1) zu erinnern, die ich oben im dritten Abschnitt bereits zitiert hatte, um die Grundlagen des soziologischen Denkens allgemein zu bestimmen.

(Weber 1980, S. 4) gefasst werden muss, der aber in der konkreten sozialen Handlung in besonderer Weise ausgeformt wird. So ist beispielsweise der mit der sozialen Handlung des Tauschens von Waren gegen Geld verbundene Sinn Bestandteil eines sehr großen Sinnzusammenhangs kapitalistischer Tauschprozesse. In der konkreten, einzigartigen Situation des Tauchens wird dieser Sinnzusammenhang allerdings in einer ganz spezifischen Weise aktiviert, sodass der mit dem Tauschen verbundene Sinn nicht identisch sein kann mit einem über die Situation hinaus wirksam werdenden Sinnzusammenhang, obwohl dieser den spezifischen Sinn eben erst ermöglicht.

Eine theoretische Konstruktion der verstehenden Soziologie ist es nun, dass soziales Handeln niemals ohne diesen subjektiven, in der konkreten Situation erst sich bildenden Sinn, der nicht selten einem übergeordneten Sinnzusammenhang entspringt, zustande kommen kann. Die Sozialität wird folglich aus dem Handeln der sozialen Akteure entschlüsselt. Und genau deshalb versteht sich die soziologische Handlungstheorie als verstehende, interpretative Soziologie. Denn Handeln lässt sich nur verstehen, wenn der subjektive Sinn und der mit ihm verbundene Sinnzusammenhang von der Soziologie interpretativ erschlossen werden. Nur auf diese Weise kann nach Weber nämlich geklärt werden, wie soziale Akteure in Beziehung zueinander treten können. Sie benötigen subjektiv geteilten Sinn, um sich aufeinander beziehen zu können. Und dieser Sinn muss von der Soziologie empirisch erschlossen werden, er kann der Theoriebildung nach Weber nicht vorangestellt werden.

Die Denkweise der interpretativen Soziologie geht also nicht – wie es der Fokus der entwickelten Theorie von Karl Marx ist – primär von der Gesellschaft als Ganzes aus, sondern stellt das „menschliche Individuum und sein Handeln" (Richter 2001, S. 171) in das Zentrum des soziologischen Denkens.[3] Der Weg des Denkens wird also nicht *deduktiv*, wie bei Marx und Parsons, vom Allgemeinen zum Besonderen vollzogen, sondern umgekehrt: Am Anfang der Soziologie steht das Aufspüren des Besonderen, von dem aus dann *induktiv* auf das Allgemeine geschlossen wird. Denn obwohl die einzelnen Sinndeutungen, ohne die soziales

---

[3] „Das Ziel der Betrachtung: ‚Verstehen', ist schließlich auch der Grund, weshalb die verstehende Soziologie … das Einzelindividuum und sein Handeln als unterste Einheit, als ihr ‚Atom' … behandelt" (Weber 1988e, S. 439). Denn der Einzelne ist nach Weber (ebd.) „der einzige Träger sinnhaften Sichverhaltens". Neuere soziologische Ansätze sehen nun gerade hierin, in dieser zentralen Aussage der verstehenden Soziologie, ihr entscheidendes Manko, weil damit letztlich festgeschrieben wird, dass Sozialität nur von einzelnen Individuen, also von Menschen ausgehen kann, was für die empirische Wirklichkeit allerdings nicht in dieser kategorialen Form gesagt werden kann.

Handeln nicht möglich ist, nicht selten in Sinnzusammenhängen stehen, sind sie, wie Weber in der oben zitierten Passage aus seinem „Objektivitätsaufsatz" mehrfach betont, in ihrer aktuellen Ausformung individuell und einzigartig. Sie haben eine besondere Qualität, weil sie eben nicht aus einem sozialen Gesetz abgeleitet werden können. Der Ansatzpunkt der interpretativen Soziologie ist also nicht das allgemeine Gesetz, sondern das Besondere jeder einzelnen Sinndeutung, die qua definitionem individuell und einzigartig ist und überraschender Weise dennoch gelegentlich dazu führt, dass soziale Beziehungen dauerhaft eingegangen werden. Diese Beziehungen sind das Produkt gegenseitiger Sinndeutungen, die vor allem Alfred Schütz in der Nachfolge von Weber untersucht hat, worauf ich gleich zurückkomme. Mit einer solchen Denkweise des subjektiven Sinns, der von Akteuren erzeugt wird, macht Weber jedenfalls die Unterscheidung zwischen deduktiv und induktiv für das soziologische Denken bedeutsam.

Dies geht nun auch einher mit der Unterscheidung zwischen quantitativer und qualitativer Soziologie. Die Zentrierung des soziologischen Denkens auf den Sinn, der von den sozialen Akteuren erzeugt wird, ist der Grund dafür, dass Weber unterscheidet zwischen einer quantitativen Messung, die für die Astronomie und andere Naturwissenschaften die Methode erster Wahl ist, und einer qualitativen Färbung der Vorgänge, die für die Soziologie wichtig sind (vgl. nochmals Weber 1988a, S. 173). Eben deshalb müssen die Daten zur Untersuchung der Sozialität nicht nur quantitativ, sondern auch und vor allem qualitativ erhoben werden. Hier entsteht also die bis heute sehr prominente qualitative Sozialforschung, die nicht primär nach den repräsentativen Daten sucht, sondern die Sinndeutungen der Akteure erfassen will, um daraus dann weitere Schlussfolgerungen und Forschungen abzuleiten. Diese Sinndeutungen sind qua definitionem einem ständigen Wandel unterworfen, weil die Sozialität kein statisches Gebilde ist, sondern immer wieder von den sozialen Akteuren durch soziale Handlungen hergestellt werden muss. Dies zwingt die sozialen Akteure wiederum dazu, ihre soziale Welt mithilfe von Sinndeutungen zu interpretieren. Das Ziel der Soziologie ist es, diese Bedeutungen zu erschließen, die Menschen mit ihren Handlungen verbinden. Dabei ist es wichtig zu sehen, dass sich dieser Sinn der Handlungen in kulturellen Formen und Symbolen materialisiert, die Weber noch Sinnzusammenhänge nennt.

Nur wenn diese interpretativen Deutungen der Sinndeutungen der sozialen Akteure von der Soziologie vorgenommen werden, lässt sich nach dieser Ausformung der soziologischen Denkweise Sozialität nicht nur erklären, sondern kann auch verstanden werden. Jede Soziologie ist also nach Webers Auffassung dieser Wissenschaft eine Kultursoziologie, die sich um ein Verständnis der Kulturbedeutungen bemüht, um auf diese Weise die Formen der Sozialität identifizieren und deutend verstehen zu können. Für eine soziologische Denkweise reicht folglich eine Erklärung niemals aus, weil sich ein Verständnis der Sozialität nur durch ein Verstehen der Sinndeutungen sozialer Akteure erreichen lässt. Dahinter steht die von Weber einmal sehr prägnant wie folgt formulierte Einsicht:

> Interessen (materielle und ideelle), nicht: Ideen, beherrschen unmittelbar das Handeln der Menschen. Aber: die Weltbilder, welche durch Ideen geschaffen wurden, haben sehr oft als Weichensteller die Bahnen bestimmt, in denen die Dynamik der Interessen das Handeln fortbewegte (Weber 1988d, S. 252).

Es geht Weber also gar nicht darum, die frühen Einsichten der Soziologie mit einer interpretativen Denkweise zu verwerfen, insbesondere die Einsichten von Karl Marx, der, um Gesellschaft besser verstehbar zu machen, wie oben bereits gezeigt, wesentlich auf die durch Produktionsmittel erzeugten Interessen insistiert, hält Weber für wichtige Grundlagen auch seines Denkens. Ihm kommt es aber darauf an zu sehen, dass die durch Marx geprägte Sicht durch die kultursoziologische Denkfigur, die er mit seiner verstehenden Soziologie entwickelt, ergänzt werden muss, um der Wirkungsweise und der historischen Genese der Sozialität gerecht werden zu können. Dazu müssen die durch Ideen geschaffenen „Weltbilder" in ihren Wirkungen kultursoziologisch untersucht und verstehend interpretiert werden, weil diese Weltbilder eben genau die Bahnen bereiten können, auf denen sich die kausal erklärbaren Interessen entfalten.

Dieses Diktum der verstehenden Soziologie demonstriert Weber sehr eindrucksvoll in seiner Kapitalismusthese, die er in seinem berühmten Aufsatz *„Die protestantische Ethik und der Geist des Kapitalismus"* (Weber 1988b) anhand einer Analyse religiöser Weltbilder entfaltet. Sie ist ein besonders berühmtes und prägnantes Beispiel für die Anwendung der verstehenden Soziologie. Zum Titelbegriff „Geist" des Kapitalismus sagt Weber ganz im Sinne seiner Wissenschaftstheorie, dass dieser nur „ein ,*historisches Individuum*' sein [kann], d. h. ein Komplex von Zusammenhängen in der geschichtlichen Wirklichkeit, die wir unter dem Gesichtspunkte ihrer Kulturbedeutung begrifflich zu einem Ganzen zusammenschließen" (Weber 1988b, S 30). Der Begriff „historisches Individuum" wird von Weber nicht nur in Anführung gesetzt, sondern auch durch Sperrung hervorgehoben, was darauf schließen lässt, dass er den „Geist" des Kapitalismus als einzigartige Erscheinungsform der okzidentalen Kultur begreift, die eine ganz besondere, durch soziologische Analyse verstehend zu erschließende Qualität hat. Hier wird sehr schön deutlich, wie sich Weber in seiner berühmten Kapitalismusthese vom Besonderen (ein spezifisches Weltbild, das als „Geist" bezeichnet wird) zum Allgemeinen (okzidentaler Kapitalismus mit globalen Wirkungseffekten) bewegt.

Vor Webers bahnbrechender Studie wäre sicher kaum jemand auf die Idee gekommen, dass es nun gerade spezifische religiöse Weltbilder sind, welche die okzidentale Form des Kapitalismus mit ermöglicht haben. Eigentlich wird kapitalistisches Wirtschaften mit Gewinnstreben und Geschäftigkeit in Verbindung gebracht, sodass es gemeinhin als im Gegensatz zur Religion stehend verstanden wird. Weber fragt nun aber etwas anders. Er will wissen, wie die okzidentale Form des Kapitalismus entstehen konnte, wo es doch Gewinnstreben schon immer und überall auf der Welt gegeben hat. Nur das Gewinnstreben der von Weber sogenannten westlichen Welt führt zum take off der für den Okzident prägenden Wirtschaftsform des Kapitalismus, die inzwischen die Lebensführung einer und eines jeden Einzelnen in allen Teilen der Welt in überwältigender Weise bestimmt. Der okzidentale Kapitalismus hat nämlich nach Weber spezifische, nur im Okzident aufgetretene Merkmale und Rahmenbedingungen, die Hans-Peter Müller (2007, S. 79) die „okzidentale Konstellation" nennt: Rationale Reinvestition des Gewinns, Kapitalakkumulation, doppelte Buchführung, freie Lohnarbeit, eine auf formalen Regeln beruhende Bürokratie mit einem Berufsbeamtentum, ein rationaler und an nachprüfbaren Regeln und Gesetzen ausgerichteter Staat, ein Wissenschaftssystem mit rationalen Grundsätzen, ein Rechtssystem mit positivem, der rationalen Verhandlung unterliegendem Recht, um nur die wichtigsten Merkmale dieser okzidentalen Konstellation zu nennen (vgl. hierzu zusammenfassend Müller 2007, S. 79).

All diese Ausdrucksformen der westlichen Gesellschaftsordnung sind nicht zufällig entstanden. Nach Weber muss es eine ganz spezifische Kulturbedeutung in der Geschichte gegeben haben, die mit den materiellen Bedingungen des Wirtschaftens in Relation gestanden hat und dadurch aus Gewinnstreben, Gier und ähnlichem eine Lebensführung hat werden lassen, die im Wesentlichen auf rationaler Methodik beruht und eine Form des Wirtschaftens hervorbringt, die aufgrund der genannten Konstellation als Kapitalismus bezeichnet werden kann. Die Frage ist einfacher formuliert, welche vor allem kulturellen Bedingungen im Westen anders waren als in den übrigen, oft materiell viel besser gestellten Teilen der Welt, von denen aus jedoch der Kapitalismus nicht in der uns bekannten Form ausgegangen ist, um eine so dominante und uns alle prägende Wirtschaftsordnung wie den Kapitalismus mit bis zur Neuzeit noch unvorstellbar hoher Wertschöpfung hervorbringen zu können.

Die Lösung dieses Problems findet Weber nicht allein in den materiellen Voraussetzungen des Wirtschaftens, wie dies vielleicht zunächst vermutet werden könnte. Er findet sie vielmehr bemerkenswerter Weise in den religiösen Wertideen nach der europäischen Reformation: Denn Weber stellt unter Zuhilfenahme von quantitativen Daten zur Gewinnquote und Einkommenssituation von Protestanten und Katholiken zunächst einmal fest, „dass die Protestanten (insbesondere gewisse späte besonders zu behandelnde Richtungen) *sowohl* als herrschende *wie* als beherrschte Schicht, *sowohl* als Majorität *wie* als Minorität eine spezifische Neigung zum ökonomischen Rationalismus gezeigt haben, welche bei den Katholiken *weder* in der einen *noch* in der anderen Lage in gleicher Weise zu beobachten war und ist" (Weber 1988b, S. 23). Weber schließt daraus zunächst einmal hypothetisch, dass es eine gegenseitige Einflussnahme, ein ungeheures Gewirr „gegenseitiger Beeinflussungen"[4] (ebd., S. 83) zwischen der Entfaltung der Produktivkräfte und bestimmten religiösen Doktrinen gegeben hat, die nach der Reformation entstehen. Damit will Weber klar zum Ausdruck bringen, dass er hier keinen kausalen Mechanismus oder gar ein übersituatives soziales Gesetz am Werke sieht, sondern eine komplexe Wechselbeziehung, die eben nur einmal in der Geschichte aufgetreten ist, deshalb eine besondere Qualität hat und schon aus diesem Grunde nicht verallgemeinert werden kann. Insbesondere der Puritanismus Calvins ist als „gewisse späte besonders zu behandelnde" (ebd., S. 23) Richtung des Protestantismus für dieses historische Beziehungsgeflecht mit besonderer Qualität von entscheidender Bedeutung.

Weber sieht nun, dass die Prädestinationslehre der Calvinisten die Sinnformen mit zu erzeugen weiß, die für den Kapitalismus entscheidend sind. Dies überrascht zunächst sehr, weil die Prädestinationslehre in radikaler Abkehr von der christlichen Praxis der Amtskirche dieser Zeit und vor allem der damaligen Päpste nicht mehr festlegt, als dass Gott bereits vorab entschieden hat, welches Schicksal dem oder der Einzelnen nach seinem bzw. ihrem Tod ereilt, ob er oder sie also zu den „Auserwählten" oder zu den „Verdammten" gehört. Diese Schicksalsentscheidung lässt sich nach Calvin nicht revidieren, sie kann nicht durch gute Taten, Beichte oder Ablasshandel beeinflusst werden. Denn gegen diese Praxis der Beichte und des damit verbundenen Ablasshandels wendet sich die Reformation ja bekanntlich entschieden, und die radikalste Ausprägung dieses Protestes gegen eine christliche Praxis, die von Päpsten ausgeht, ist die Prädestinationslehre Calvins. Jede Beichte ist demnach sinnlos, Gott lässt sich davon nicht beeinflussen, er hat bereits über das Schicksal eines jeden einzelnen Menschen entschieden.

---

[4]Von vielen Kommentatoren des Textes wird behauptet, dass Weber dieses Gewirr der Beeinflussung zwischen Protestantismus und Wirtschaftsleben als „Wahlverwandtschaft" (vgl. etwa Müller 2007, S. 86) bezeichnet habe, obwohl Weber (vgl. 1988b, S. 83) diesen wahrscheinlich von Goethes Romantitel adaptierten Begriff hier lediglich auf die Beziehung zwischen religiösem Glauben und Berufsethik bezieht.

Dieses bei genauerer Betrachtung eigentlich ziemlich verrückte Weltbild einer relativ kleinen protestantischen Sekte, das ja nicht zufällig, sondern in einer besonderen Konstellation der christlichen Dogmen und Gegendogmen in der Zeit der europäischen Reformation entsteht, hat nun bahnbrechende Wirkungen auf die Lebensführung der Puritaner. Denn die Konsequenz des genannten Weltbildes ist nicht Fatalismus, sondern besondere Wachsamkeit in der Führung des Lebens, um in der diesseitigen Welt Gewissheit über das jenseitige Schicksal erhalten zu können. Der Ratschluss Gottes rückt in unerreichbare Ferne, er kann nicht beeinflusst werden. Das Jenseits wird so zu einem unerreichbaren Ort, eine Hinwendung zur diesseitigen Welt wird zum Ausweg aus der „inneren Not", welche die Prädestinationslehre im Einzelnen erzeugt, der an sie glaubt. Denn es ist jetzt eine wichtige Lebensaufgabe, Indizien für das Auserwähltsein nicht im Jenseits zu finden. Der einzige Ausweg aus dem calvinistischen Dilemma ist die diesseitige Welt. Und mögliche Hinweise auf das Schicksal des Einzelnen werden in der Lebensführung gesucht und gefunden. Der weltliche Erfolg erscheint in dieser Glaubenslehre als wichtigstes Indiz für den Ratschluss Gottes. Wer im Leben erfolgreich ist, seine Zeit sinnvoll für den weltlichen Erfolg nutzt, seine Gewinne wieder reinvestiert und eine methodische Lebensführung verfolgt, kann diese Merkmale als Indizien verstehen, zu den Auserwählten zu gehören. Es entsteht eine reine Konzentration des Lebens auf die diesseitige Welt, sodass diese entzaubert wird, sie wird zum Prüfstein für das Schicksal des Einzelnen im Jenseits. Diese besondere, weil in der europäischen Geschichte erstmals aufgetretene Kulturform führt nun dazu, dass die Puritaner ein höchst methodisches Leben führen. Sie verschwenden ihre Zeit nicht, geben über jeden Zeitraum des Tages Rechenschaft ab, versuchen so viel Erfolg wie möglich zu haben, lehnen Gewinn aus Wirtschaftshandeln nicht mehr ab, sondern sehen ihn vielmehr als Ausdruck für den Erfolg, der ein Indiz für das Auserwähltsein ist. Es entsteht eine bis dahin nur für christliche Mönche vorgesehene asketische Lebensführung, die sich nicht mehr, wie bei diesen, auf das Jenseits, sondern auf das Diesseits ausrichtet. Die Askese verlagert sich von den Mönchzellen in das alltägliche Leben, sie wird zu einer Form der Lebensführung, die auch in weltlichen, nicht religiösen Zusammenhängen als Möglichkeit erscheint. Während die Puritaner durch ihr Weltbild noch zu einer solchen Lebensführung gezwungen werden, ist sie jetzt ein Vorbild auch für andere Gruppen und setzt sich am Ende als die herrschende Form der Lebensführung durch.

Und an dieser Stelle wird diese Analyse, die hier nur in aller Kürze dargelegt werden kann – ich empfehle sehr, den Text von Weber (vgl. 1988b) zum „Geist" des Kapitalismus einmal genau und ganz zu lesen, um einen Eindruck von einer frühen Form der soziologischen Fantasie zu bekommen –, für die

Entwicklung des Wirtschaftens interessant. Die durch die Prädestinationslehre ermöglichte Lebensführung, die sich methodisch auf die Nutzung der diesseitigen Zeit und anderer der Welt immanenter Ressourcen für den wirtschaftlichen Erfolg ausrichtet, passt sehr genau zu der Entfaltung der Produktivkräfte, sodass eine Wechselbeziehung zwischen den materiellen und kulturellen Bedingungen des Wirtschaftens entsteht, die zur Entfaltung des Kapitalismus führt, der sich nach Weber durch Kapitalakkumulation (also Reinvestierung des Gewinns), eine methodische Berufsethik, rationale, doppelte Buchführung, Bürokratie und weitere bereits oben genannte Merkmale auszeichnet.

Die religiösen Ursprünge dieser kulturell geformten Strukturen werden immer mehr vergessen und rücken in den Hintergrund, was dazu führt, dass wir alle eine methodische Lebensführung für richtig und gut halten, dass wir alle, wie bereits oben im dritten Abschnitt ausgeführt, zu Berufsmenschen des Kapitalismus werden, ohne es am Ende zu wollen. Religiöse Weltbilder haben letztlich mit dazu geführt, dass wir in einem „säkularen Zeitalter" leben, wie es Charles Taylor (2009) genannt hat. „Es ist ein Menschheitsgeschlecht entstanden, dem es gelingt, die Welt als etwas rein Immanentes zu erfahren" (Taylor 2009, S. 630). Und nur dies erlaubt es schließlich, dass der Kapitalismus sich in einer scheinbar nicht zu bändigenden Form entfaltet, die uns allen aus dem Alltag bekannt ist.

Auch wenn diese immer noch an vielen Stellen plausible Analyse Webers heute vielfach kritisiert und hinterfragt wird – sie lässt sich in dieser Form sicher nicht an allen Stellen halten, weil ja etwa auch Verschwendung und Ausbeutung wichtige Motoren der kapitalistischen Entwicklung waren und sind –, bleibt Webers Analyse ein besonderes Stück soziologischer Denkweise. Denn mit der hier dargelegten Argumentation gelingt es ihm ganz im Sinne der im zweiten Abschnitt umrissenen soziologischen Fantasie, sich von den bis dahin allgemeingültigen Gewissheiten fortzudenken und die Entstehung des Kapitalismus völlig neu zu sehen. Dies ist Weber nur möglich, weil er historisch einmaligen Kulturbedeutungen eine wichtige Qualität für die Entstehung des Kapitalismus zuspricht, sodass eine Kultursoziologie des Wirtschaftens entsteht, die bis heute ein zentraler Bestandteil der Wirtschaftssoziologie ist.

Halten wir an dieser Stelle zur von Weber geprägten soziologischen Denkweise allgemein fest: Weber bereitet durch die soziologische Aufwertung der durch Sinn erzeugten Kultur die Unterscheidung zwischen *quantitativer* und *qualitativer* Sozialforschung vor, wobei er zugleich zwischen *erklären* und *verstehen* unterscheidet. Das nacherlebende Verstehen hält er für den Königsweg der Sozialwissenschaften und sieht darin eine gänzlich andere Aufgabe als sie durch Formeln oder das Aufstellen von Gesetzmäßigkeiten gelöst werden könnte. Und die Soziologie muss sich dieser Aufgabe stellen, weil sie es eben nicht allein mit einem durch Formeln und Gesetzmäßigkeiten erfassbaren Gegenstand zu tun hat. Denn das soziale Handeln ist immer mit „Wertideen" verbunden, mit „Kulturbedeutungen", die sich nur qualitativ erfassen lassen, weil sie im Grunde immer entweder individuelle Hervorbringungen von einzelnen sozialen Akteuren oder, wie etwa die Wertideen des Calvinismus, geschichtlich einmalige Konstellationen sind. Deshalb muss das soziale Handeln von der Soziologie *deutend verstanden* werden, es lässt sich nie auf kausale Erklärungen reduzieren, obwohl diese selbstredend weiterhin wichtige Mittel der Soziologie bleiben. Sie dürfen aber nicht die einzigen Mittel sein.

Mit diesen wissenschaftstheoretischen Grundsätzen grenzt Weber die Soziologie und die Sozialwissenschaften eindeutig von den Natur- und anderen Wissenschaften ab, was die neue Wissenschaft, die Weber, wie wir oben im dritten Abschnitt bereits gesehen haben, selbstbewusst Soziologie nennt, zu einer eigenen Existenzberechtigung verhilft und das soziologische Denken als spezifische Denkweise qualifiziert.[5] Dieses Denken benötigt nun aber dringend eine Methode, damit es nicht beliebig wird. Als erstes empfiehlt Weber der Soziologie trotz oder gerade wegen ihres eigentümlichen Gegenstandes eine genaue Begriffsbildung:

> Jeder nur anschaulichen Schilderung haftet die Eigenart der Bedeutung künstlerischer Darstellungen an: ‚Ein jeder sieht, was er im Herzen trägt', – gültige Urteile setzen überall die logische Bearbeitung des Anschaulichen, das heißt die Verwendung von Begriffen voraus, und es ist zwar möglich und oft ästhetisch reizvoll, diese in petto zu behalten, aber es gefährdet stets die Sicherheit der Orientierung des Lesers, oft die des Schriftstellers selbst, über Inhalt und Tragweite seiner Urteile (Weber 1988a, S. 209).

In der Soziologie kommt es demnach nicht nur auf Leidenschaft für die Sache an, es geht immer auch darum, der Sache angemessene Begriffe zu entwickeln, damit

---

[5]In seinem „Kategorienaufsatz" (vgl. Weber 1988e) grenzt er die verstehende Soziologie explizit von der Psychologie (vgl. ebd., S. 432 ff.) und der Rechtsdogmatik (vgl. ebd., S. 439 ff.) ab, indem er die Kategorien der verstehenden Soziologie definitorisch festlegt. Gerade die Psychologie ist als aufstrebende Wissenschaft dieser Zeit immer wieder erklärtes Ziel der Abgrenzung durch die frühen Soziologen, etwa auch durch Durkheim. Dabei betont Weber explizit, dass eine Abgrenzung gerade zur Psychologie nur gelingt, wenn sich die Soziologie im Kern als verstehende, interpretative Wissenschaft versteht, die die Sinndeutungen nicht allein aus der naturgegebenen Psyche des Menschen, sondern aus seiner Fähigkeit ableitet, die Welt mannigfaltig sinnhaft zu deuten.

5 Entsteht Sozialität im sinnhaften Zusammenwirken von Menschen?

sich eine soziologische Beschreibung des Sachverhaltes auch nachvollziehen lässt und dem Alltagsverständnis etwas Neues, wissenschaftlich Fundiertes hinzufügt. Die wissenschaftliche Begriffsbildung, die diese soziologischen Ansprüche erfüllen soll, gelingt nach Weber über die Bildung von Idealtypen. Einer dieser Idealtypen ist der von Weber sogenannte Geist des Kapitalismus, der oben bereits dargelegt ist und zu einer ganz neuen Sicht von „rationalen" Wirtschaftsprozessen führt. Weitere sehr bekannte Idealtypen Webers sind die Typen des Handelns, die er zur Grundlegung der verstehenden Soziologie in den soziologischen Grundbegriffen (vgl. Weber 1980, S. 1–17) am Anfang seines Hauptwerkes Wirtschaft und Gesellschaft definiert.

Idealtypen sind, dies sei hier noch einmal in Erinnerung gerufen, aus der Realität abgeleitete Konstruktionen von Wissenschaftlerinnen, die in dieser reinen Form in der Wirklichkeit nicht vorkommen – nur insofern sind sie „ideal" –, zur Erforschung dieser aber an ihr angelegt werden, um die Typen dann gegebenenfalls neu zu konstruieren, also zu modifizieren (siehe Abb. 5.1). Erst dieser empirische Vergleich zwischen Idealtypen und sich wirklich ereignender Sozialität erlaubt es nach Weber, Erkenntnisse über die Sozialität zu erlangen. Vorgeführt wird dies sehr eindringlich am oben bereits nachgezeichneten Idealtypus des rationalen Wirtschaftshandelns, den Weber, wie gesehen, in seiner berühmten Kapitalismusthese umfänglich entwickelt und der ihm neue Erkenntnisse über den Kapitalismus ermöglicht.

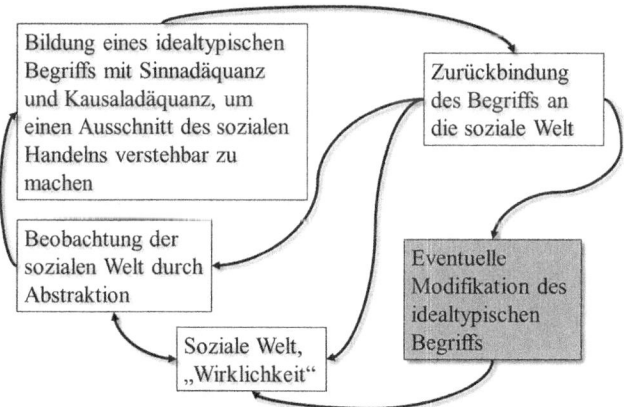

Abb. 5.1 Idealtypus nach Max Weber. (Vgl. 1988a, S. 191 f.)

Die Unterscheidung zwischen Kausal- und Sinn-Adäquanz ist für die Bildung von idealtypischen Begriffen von großer Bedeutung. Denn eine Konstruktion eines Idealtypus geschieht durch eine Abstraktion von der Wirklichkeit, die aber dennoch seine Basis bildet, weil der Idealtypus eben nicht nur in abstrakter Weise, also kausal-, sondern auch sinnadäquat gebildet werden muss. Insbesondere diese von Weber eingeführte Unterscheidung zwischen Kausal- und Sinn-Adäquanz ist in der Literatur sehr umstritten. Weber will mit ihr nach meiner Einschätzung verdeutlichen, dass ein idealtypischer Begriff in sich kausal schlüssig formuliert sein muss, damit er sich auch in messbarer Form, also adäquat, an die Wirklichkeit anlegen lässt, damit er also durch seine kausal adäquate, und das heißt widerspruchsfreie Konstruktion einen wirklichen Vergleichsgesichtspunkt zur Wirklichkeit darstellt. Gleichsam muss er aber auch einen Sinn ausdrücken, der tatsächlich in der Wirklichkeit vorkommt, der also in dieser Hinsicht adäquat ist. Nur so ist er im Sinne einer verstehenden Soziologie überhaupt ein brauchbarer Begriff, denn diese Art des soziologischen Denkens ist, wie ja bereits deutlich geworden sein sollte, immer auf die Deutung von Sinn ausgerichtet und kann daher nicht allein kausale Begriffe formulieren.

Betrachten wir zur Erläuterung dieses zentralen Arguments der verstehenden Soziologie noch einmal den von Weber grundlegend formulierten Idealtypus des rationalen Wirtschaftshandelns: Dieses Handeln hat einen Bezug zum Wirklichkeitssinn. Eine berechnende Kalkulation des Handelns würden in der Gegenwartsgesellschaft alle in irgendeiner Form als praktischen Sinn ihres Lebens anerkennen. In dieser Hinsicht ist der Idealtypus des rationalen Wirtschaftshandelns also sinnadäquat. Gleichsam ist er kausaladäquat formuliert. In seiner reinen Form, die in der Wirklichkeit nicht vorkommt – niemand würde behaupten können, vollständig rational handeln zu können –, wird der idealtypische Begriff vollkommen widerspruchsfrei und am Kausalschema orientiert formuliert, indem etwa so getan wird, als ob Menschen tatsächlich vollkommen rational handeln könnten. Erst diese völlige Widerspruchsfreiheit, die quasi als Modell konstruiert wird, erlaubt es der Soziologin bzw. dem Soziologen, den Begriff als Vergleichspunkt zur in der Wirklichkeit sich vollziehenden Praxis zu verwenden, um dann die Abweichungen zu registrieren und so gehaltvolle Aussagen zur sozialen Wirklichkeit zu erzeugen. Bezüglich des idealtypischen Begriffs vom „Geist" des Kapitalismus haben diese Methode der Begriffsbildung später Luc Boltanski und Ève Chiapello (vgl. 2003) angewendet, indem sie im Anschluss an Weber versucht haben, den „neuen Geist des Kapitalismus" anhand einer empirischen Analyse von Managementliteratur kausal- und sinnadäquat zu formulieren, was das Verständnis des „neuen" Kapitalismus erheblich präzisiert hat.[6]

Im weiteren Anschluss an Webers Grundlegung der verstehenden Soziologie wird von der interpretativen Soziologie neben der wissenschaftstheoretischen Arbeit Webers vor allem seine Handlungstheorie aufgegriffen. Die von ihm definierten vier Idealtypen des (sozialen) Handelns, die ja auch Parsons, wie weiter oben im vierten Abschnitt gezeigt wurde, zur Entwicklung seiner Systemtheorie der Gesellschaft aufgreift und erweitert, sind „affektuelles", „traditionales", „zweckrationales" und „wertrationales" Handeln. Zu jedem Handlungstyp gibt Weber eine eindeutige, kausaladäquate Definition dessen, was den mit ihm verbundenen Sinn ausmacht (vgl. Weber 1980, S. 12 f.). Und gleich danach definiert er den Begriff soziale Beziehung, den er merkwürdigerweise in Anführungszeichen setzt, wie folgt: „Soziale ‚Beziehung' soll ein seinem Sinngehalt nach aufeinander gegenseitig eingestelltes und dadurch orientiertes Sichverhalten mehrerer heißen." (Ebd., S. 13). Sehen wir hier einmal davon ab, dass der Begriff „Sichverhalten" nicht so richtig passen will, denn ein Verhalten, das mit „Sinngehalt" verbunden ist, ist nach Webers Definition ein Handeln, wird mit dieser Definition ein ganz wichtiger Themenbereich der interpretativen Soziologie vorbereitet, der dann vor allem von Alfred Schütz aufgegriffen wird. In seiner Dissertation von 1932 geht er im Anschluss an die Definitionen Webers davon aus, dass der Soziologie die soziale Welt immer schon als sinnhafte Wirklichkeit begegnet, dass die soziale Welt immer bereits sinnhaft aufgebaut ist (vgl. Schütz 1974). Mit anderen Worten liegt dem Sozialwissenschaftler, der Sozialwissenschaftlerin die Sozialwelt als eine im Voraus gegliederte und interpretierte vor, weil die sozialen Akteure jeder und jede für sich einen sinnhaften Aufbau der sozialen Welt als ihre *Lebenswelt* konstruieren (Konstrukt erster Ordnung). Nur wenn dies gesehen wird, lassen sich nach Schütz soziale Beziehungen, wie sie von Weber definiert werden, überhaupt als Möglichkeit denken. Die Lebenswelt des sozialen Akteurs

---

[6]Das hier präsentierte Argument zeigt im Übrigen, dass Weber „Rationalität" als eine historische Ausprägung des Sinns fasst, die eben nicht zeitlos gegeben ist. Jede andere Interpretation würde die historische Herleitung des Begriffs der Rationalität in Webers Studie zum Kapitalismus (vgl. Weber 1988b) schlicht ignorieren. Weber kann nicht als Vertreter einer Theorie der rationalen Handlungswahl fehlinterpretiert werden, weil er Rationalität als eine wirkmächtige Kulturform der Gegenwart definiert, die nicht zeitlos gegeben, sondern historisch generiert ist. Jede andere Sicht von Webers idealtypischer Begriffsbildung wäre ein unangemessener Modellplatonismus, der Rationalität als eine zeitlose, erst durch die Aufklärung freigelegte Kategorie ansieht, was Weber nach meiner Einschätzung für soziologisch naiv halten würde.

wird dabei als eine im alltäglichen Handeln und Wirken entstehende Wirklichkeit aufgefasst, die wiederum das Handeln der Akteure anleitet. Die Soziologie hat die sinnhaften Interpretationen der in einer Lebenswelt verankerten Akteure nun wieder zu interpretieren (Konstrukt zweiter Ordnung), was vollständig konform geht mit Webers Wissenschaftsauffassung der Soziologie (vgl. ebd., S. 12–15). Schütz fügt Webers Soziologie allerdings den wichtigen Begriff der *Lebenswelt* hinzu, den er aus Edmund Husserls Phänomenologie adaptiert, wobei Schütz die Lebenswelt nicht nur im Hinblick darauf analysiert, „wie sie im subjektiven Bewusstsein sinnhaft konstruiert wird; er begreift sie auch als durch die Wirkhandlungen der Menschen *produziert*" (Hitzler und Eberle 2008, S. 111). Dies erlaubt es Schütz, die Phänomenologie stärker auf solche Phänomene auszurichten, die in der Welt stattfinden, und dadurch eine soziologische Analyse der Lebenswelt vorzubereiten, an die dann in der Soziologie vielfältig, unter anderem auch, wie gleich noch gezeigt wird, von Jürgen Habermas angeschlossen wird.[7]

Der entscheidende Ausgangspunkt der soziologischen Phänomenologie der Lebenswelt von Alfred Schütz, die sich primär am innerweltlichen und nicht am transzendentalen Sinn orientiert, bleibt das Paradigma der verstehenden Soziologie Max Webers, nach dem die individuellen Sinndeutungen an den Anfang einer jeden soziologischen Forschungsarbeit stehen. Schütz sagt dazu ganz unmissverständlich:

> Zwar behalten alle komplexen Phänomene der Sozialwelt ihren Sinn, aber dieser Sinn ist eben derjenige, den die in der Sozialwelt Handelnden mit ihren Handlungen verbinden. Nur das Handeln des Einzelnen und dessen gemeinter Sinngehalt ist verstehbar, und nur durch die Deutung des individuellen Handelns gewinnt die Sozialwissenschaft Zugang zur Deutung jener sozialen Beziehungen und Gebilde, die sich in dem Handeln der einzelnen Akteure in der sozialen Welt konstituieren (Schütz 1974, S. 12 f.).

Schütz bleibt der Perspektive der verstehenden Soziologie treu, die sich an Webers Diktum orientiert, die Sozialität über den subjektiven Sinn verstehbar zu machen,

---

[7]Der wichtigste Bezugspunkt jeder Phänomenologie ist selbstredend Edmund Husserl, der in philosophischer Perspektive nach den transzendentalen Sinnformen sucht. Schütz schließt hier zwar an, geht aber mit Weber von den Sinnformen aus, die sich in der Wirklichkeit (mundan) konstituieren und verwendet zur Bezeichnung dieser den in der Soziologie sehr prominent werdenden Begriff der Lebenswelt, den er zwar von Husserls Transzendentalphänomenologie übernimmt, allerdings auf die soziale Wirklichkeit bezieht, sodass er von einem philosophischen zu einem soziologischen Begriff umgeformt wird (vgl. Hitzler und Eberle 2008, S. 112).

der immer ein individueller Sinn sein muss. Zwar haben, wie Schütz zunächst konstatiert, die komplexen Phänomene der Sozialität einen übersituativ wirksam werdenden Sinn, dieser ist aber das Produkt der einzelnen Sinndeutungen von sozialen Akteuren, er kann nicht anders in die Welt kommen. Anders als Talcott Parsons, der aus Webers Handlungstheorie, wie oben dargelegt, ein theoretisches System mit vier zeitlos gegebenen Funktionen entwickelt, aus dem heraus die soziale Wirklichkeit und letztlich auch der subjektive Sinn deduktiv abgeleitet wird, möchte Schütz die einzelne Sinndeutung des sozialen Akteurs in seiner Besonderheit untersuchen, um auf diese Weise Sozialität induktiv soziologisch zu erforschen. Gegen Parsons, mit dem er in einem Briefwechsel stand, sagt er in einem berühmt gewordenen Kommentar zu seiner Theorie sozialer Systeme unmissverständlich Folgendes:

> Das Festhalten an der subjektiven Perspektive ist die einzige, freilich auch hinreichende Garantie dafür, dass … soziale Wirklichkeit nicht durch eine fiktive, nicht existierende Welt ersetzt wird, die irgendein wissenschaftlicher Beobachter konstruiert hat (Schütz 1977, S. 65 f.; Auslassung von mir, F. H.).

Erst ein Bezug zur „alltäglichen Erfahrung" (ebd., S. 65) ist letztlich die Garantie dafür, dass sich die Soziologie angemessen der sozialen Wirklichkeit nähert, ohne unrealistische theoretische Modelle zu konstruieren, die zwar in sich logisch schlüssig sein können, mit der sozialen Wirklichkeit, der Lebenswelt und der sozialen Erfahrung aber nichts gemein haben, weil sie eben einer theoretischen Logik und nicht einer Logik des Handelns der einzelnen sozialen Akteure entstammen.

Alfred Schütz erweitert Webers Handlungstypologie um strukturelle Aspekte, durch die der Vollzug von Handlungen besser verstanden werden kann. Wichtig ist es nämlich für Schütz nicht nur, im Sinne Webers den jeweils einzigartigen Sinngehalt der subjektiven Perspektive qualitativ deutend zu verstehen und zur Konstruktion der Lebenswelt einzelner sozialer Akteure zu entschlüsseln, es müssen weitere Aspekte des Handelns soziologisch definiert werden, um eine angemessene Interpretation des sich vollziehenden Handelns, also der Sozialität, zu ermöglichen. Für Schütz sind Webers Kategorien und Idealtypen deutlich zu holzschnittartig, um dem Vollzug der Handlungen auf die Spur zu kommen. Sie müssen durch eine Phänomenologie des sozialen Handelns weiter verfeinert werden. Dazu unterscheidet Schütz zunächst zwischen ablaufendem Handeln und abgeschlossener Handlung. Er schreibt:

> Der wichtige Unterschied zwischen der Sinnstruktur des Handelns vor seinem Vollzug und der des vollzogenen Handelns liegt vor allem darin, dass im Entwurf des Handelns die Handlung modo futuri exacti als in einem Zeitpunkt bereits vollzogen fantasiert wird, in welchem sie noch nicht vollzogen ist. Es erfolgt also die reflexive

Zuwendung auf das als vollzogen fantasierte Handeln von einem Jetzt und So her, das in der Dauer *vor* der faktischen Vollziehung liegt (Schütz 1974, S. 86).

Schütz hebt hier gegen Webers Idealtypen des Handelns hervor,

> dass die Sinnstruktur sich mit dem jeweiligen Jetzt und So verändert, von dem aus die Betrachtung vollzogen wird. Deshalb kann auch von einem gemeinsamen Sinn schlechtweg, welcher mit dem Handeln verbunden wird, nicht gesprochen werden. Das Begriffsgebilde ‚gemeinter Sinn' ist vielmehr notwendigerweise ergänzungsbedürftig, es trägt immer den Index des jeweiligen Jetzt und So der Sinndeutung (Ebd., S. 87).

Weber übersieht nach Schütz (vgl. ebd.), dass es einen Unterschied gibt zwischen dem Handlungsentwurf, dem ein ganz spezifischer, oft reflektierter Sinn zugrunde liegt, und der sich vollziehenden Handlung, die im Vollzug einen neuen Sinn entstehen lässt. Vergleichbares gilt für eine tatsächlich abgeschlossene Handlung, die nach ihrem Abschluss mit neuem Sinn versehen wird. Das Handeln wird in seinem Ablauf durch einen Entwurf geleitet und ist dadurch kein Verhalten mehr. In einem solchen Entwurf wird stets eine zukünftig abgeschlossene Handlung als Zielpunkt vorgestellt. Die Handlung ist demnach zunächst das Produkt eines Bewusstseinsprozesses, der sich allerdings in der Interaktion vollziehen muss, um von der Soziologie als Handlung beobachtet werden zu können. Im Vollzug der Handlung ändert sich zwangsläufig der ursprüngliche Entwurf, weil die Situation eine eigene Dynamik hat, die niemals vom Bewusstsein vollständig antizipiert werden kann. Deshalb ist die Sinndeutung der subjektiv entworfenen Handlung niemals identisch mit der Sinndeutung der objektiv vollzogenen Handlung. Dementsprechend unterscheidet Schütz sehr genau zwischen der Handlung, die einem Entwurf entspricht, und dem Handeln, das sich situativ vollzieht.[8]

Ein soziologisches Verstehen der Handlung und des Handelns vollzieht sich für Schütz im Motiv-Verstehen. Denn erst wenn das Motiv der Handlung verstanden worden ist, lassen sich Schlussfolgerungen auf den Handlungsverlauf ziehen. Schütz entwickelt aus diesem ersten Paradigma seiner Soziologie eine Hermeneutik, also eine methodische Lehre vom Verstehen, die er über eine Beschreibung

---

[8]Dass die vollzogene Handlung nach Schütz eine eigene Qualität hat, wird heute vor allem von der soziologischen Praxistheorie mit anderen Begriffen neu formuliert. Hierbei geht es vor allem darum, dass die Praxis eine eigene Vollzugswirklichkeit darstellt, die niemals mit der Theorie über die Praxis verwechselt werden darf. Siehe zu diesem zentralen Argument der soziologischen Praxistheorie Hillebrandt (2014, S. 58 f. und 61 ff.).

der Struktur des Handelns gewinnen will. Er unterscheidet in diesem Zusammenhang also nicht nur zwischen Handlung und Handeln, sondern auch zwischen Um-zu-Motiven und Weil-Motiven. Erstere bezeichnen den Zweck, Zustand oder das Ziel, der oder das durch ein Handeln zukünftig hervorgebracht oder erreicht werden soll. Weil-Motive verweisen dagegen vom Standpunkt des Handelnden aus auf seine Vergangenheit und bezeichnen die Gründe, Erfahrungen und Umstände, die das Handeln des sozialen Akteurs motivieren. Die Motivlagen des Handelns lassen sich, ganz im Sinne der verstehenden Soziologie Webers, nur qualitativ erheben, wobei Schütz das Handeln als eine ganz besondere Erfahrung ansieht, die sich im situativen Vollzug bildet und eigentlich nicht antizipiert werden kann. Sie lässt sich nur retrospektiv schildern, sodass es in der qualitativen Sozialforschung vor allem darauf ankommt, diese Schilderungen zu erheben, die das Handeln erst verstehbar machen.

Besonders wichtig sind nun die Einlassungen von Alfred Schütz zum gegenseitigen Fremdverstehen, die über Webers Soziologie an einigen Stellen entscheidend hinausweisen und für die verstehende Soziologie so zentrale Begriffe wie Ego und Alter-Ego systematisch definieren. Erst mit dem Begriff des Fremdverstehens löst sich die Phänomenologie vom Begriff der Transzendenz, der sich ja in Husserls Version dieser Denkrichtung auf einen Bewusstseinszustand bezieht. Im Fremdverstehen, das sich auf die Sinndeutungen bezieht, die Ego dem Verhalten oder den Handlungen von Alter-Ego beimisst, geht es immer um die weltliche, also nicht-transzendente Beziehung der einzelnen Handelnden zu anderen Handelnden, die ihnen als Mit-Akteure begegnen. Und diese Beziehung stellt sich in der Sozialwelt immer ein, weil Schütz nämlich davon ausgeht, dass wir die anderen immer als „Alter-Ego", also als andere Ichs, wahrnehmen, dass wir also für das Fremdverstehen immer davon ausgehen müssen, dass die anderen ähnlich wie wir selbst die „Mit-Welt" erfahren und dadurch zu Mitmenschen werden. Ohne eine solche Erwartung, die bei genauerer Betrachtung auch eine Erwartung dieser Erwartung bei Alter-Ego mitenthält („Erwartungserwartung"), wären wir nicht in der Lage, mit anderen Menschen zu interagieren, weil wir ein dazu notwendiges Fremdverstehen nicht anstreben würden. Es gibt also bei jeder Begegnung so etwas wie eine gemeinsame Mit-Welt, auf die sich die Interaktionsteilnehmer beziehen können, die also ihre gemeinsame Lebenswelt sein kann, wenn eine Interaktion geschieht, die sich danach auf Dauer stellt. In einer solchen Konstellation entsteht dann so etwas wie ein intersubjektiv geteilter Sinn, der eine Interaktion immer wieder aktualisiert, indem er die sinnhafte Basis der Interaktion garantiert und dadurch dauerhafte Sozialität erzeugt (siehe Abb. 5.2). Diese geteilten Deutungsmuster der Interaktion sind nun nicht zeitlos gegeben, sondern werden durch Interaktion immer wieder neu geschaffen, sie sind das Produkt

5 Entsteht Sozialität im sinnhaften Zusammenwirken von Menschen?

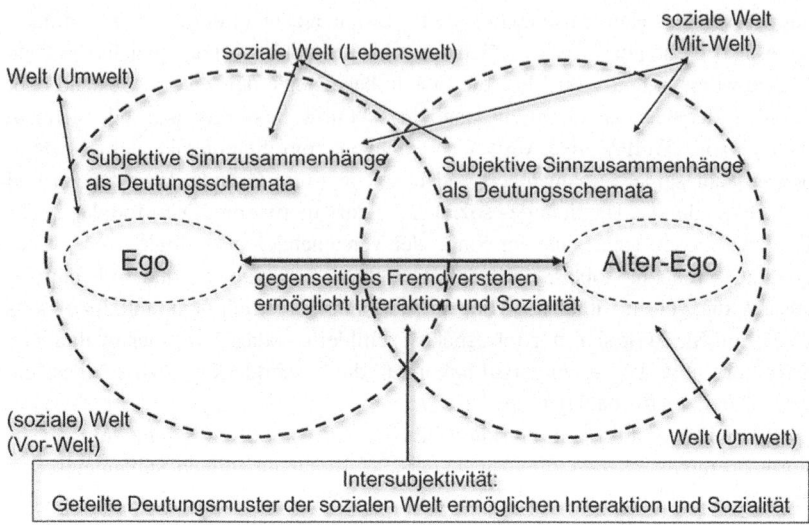

Abb. 5.2 Sinn- und Fremdverstehen nach Alfred Schütz

soziokultureller Evolution. Und genau dieses Argument zwingt die interpretative Soziologie nun immer wieder, den subjektiven Sinn, den die Einzelnen auch im Fremdverstehen erzeugen, zu erheben, weil sich die Strukturen der geteilten Deutungs- und Sinnmuster immerzu ändern können, was Schütz (vgl. 1972) in einem seiner vielen prägnant formulierten Aufsätze zur Theorie des sozialen Handelns dezidiert deutlich macht.

Wichtig ist nun zu sehen, dass sich das Fremdverstehen der einzelnen sozialen Akteure im sozialen Verhalten, Wirken und Handeln von Alter-Ego vollzieht, dass es also nicht nur in gemeinsam erlebten Situationen geschehen muss, wenn etwa das Wirken eines Menschen über seine vergangenen Taten zu verstehen versucht wird. Auch ist das Fremdverstehen durchaus auf Verhalten bezogen, dass keinem Motiv unterliegt aber dennoch für das Verständnis von Alter-Ego wichtig werden kann. Durch diese Aspekte ist das Fremdverstehen die Grundlage der Sozialität. Sie ist nur durch dieses Fremdverstehen möglich.

Die mit gegenseitigem Fremdverstehen entstehende Sozialität, also die Interaktion, kann auf objektiven Sinn („unechtes" Fremdverstehen), subjektiven Sinn („echtes" Fremdverstehen), Handlungen ohne Kundgabecharakter, Kundgabehandlungen, soziales Verhalten und soziales Wirken von Alter-Ego bezogen sein. Die mit dem Prozess des Fremdverstehens einhergehende Interaktion kann sich also auf objektive Themen ebenso beziehen wie auf das subjektive Erleben von Ego oder Alter-Ego. Es kann sich direkt auf die Handlungen der Interaktionsteilnehmenden beziehen, aber eben auch auf die Wirkungen, die Handlungen oder Verhaltensweisen von Ego oder Alter-Ego hervorgebracht haben. Der Prozess des Fremdverstehens ist also hoch komplex. Und es ist eine wichtige Aufgabe der verstehenden, interpretativen Soziologie, diesen Prozess durch eine methodische Interpretation des hierbei erzeugten Sinns zu analysieren, um auf diese Weise die mannigfaltigen Formen der Sozialität zu identifizieren.[9]

Die Mit-Akteure können durch die Prozesse des Mit-Seins, die sich im Fremdverstehen möglicherweise einstellen, zu vertrauten Interaktionspartnern werden, die eine gemeinsame *Lebenswelt*, die Schütz in Anschluss an Husserls Phänomenologie als zentralen Begriff seiner Soziologie definiert, erzeugen, „in der wir als Menschen unter Mitmenschen in natürlicher Einstellung Natur, Kultur und Gesellschaft erfahren, zu ihren Gegenständen Stellung nehmen, von ihnen beeinflusst werden und auf sie wirken" (Schütz 1971, S. 153). Auf dieser Grundlage – Schütz meint hier selbstredend eine quasi natürliche Einstellung – wird eine sichere Interaktion mit den Mit-Menschen möglich, weil der intersubjektiv geteilte Sinn nicht immer wieder aufs Neue hinterfragt werden muss. Deshalb kann Schütz dann auch von den „Strukturen der Lebenswelt" (Schütz 1971; Schütz und Luckmann 2003) sprechen, die sich in der Sozialwelt durch die Handlungen der einzelnen Mit-Akteure gebildet haben und von diesen immer wieder aktualisiert werden, sodass ein sinnhaftes Zusammenwirken unterschiedlicher sozialer Akteure wahrscheinlich wird. An dieser zentralen Stelle der soziologischen Phänomenologie setzt nun das berühmte Buch von Peter Berger und Thomas Luckmann zur „gesellschaftlichen Konstruktion der Wirklichkeit" (Berger und Luckmann 1980) an, das die Theorie von Schütz um einige Aspekte erweitert und noch weiter soziologisiert, indem die bewusstseinsphilosophischen Ausgangslagen der soziologischen Phänomenologie, die auch Schütz in seinem Spätwerk immer mehr zu überwinden sucht, noch stärker wissenssoziologisch reflektiert werden.

Peter Berger und Thomas Luckmann verfolgen im Anschluss an den Lebensweltbegriff von Schütz eine soziologische Analyse der „Alltagswirklichkeit", die als Wissenssoziologie angelegt und dadurch deutlich soziologischer gefasst

---

[9]Ähnlichkeiten zum symbolischen Interaktionismus nach George Herbert Mead lassen sich an dieser Stelle nicht übersehen, weil auch Mead, wie oben bereits gesagt, zwischen einem Ich („I") und einem mich („me") unterscheidet, um die gesellschaftliche Hervorbringung des Selbst hervorzuheben, die es den Einzelnen erst ermöglicht, mit anderen zusammenzuwirken. „Ego" und „Alter-Ego" zielen als Begriffe auf denselben Zusammenhang.

ist. Sie stellen fest, dass die Sinndeutungen der sozialen Akteure sich in Wissensvorräte (z. B. Erfahrungswissen) ablagern, durch welche die Akteure ihre spezifischen Handlungssituationen überschreiten, sie besitzen immer mehr Wissen, als sie in der konkreten Situation benötigen, in die sie durch ihr Handeln geraten. Das abgelagerte, „objektivierte" Wissen steht nicht nur für die aktuelle, sondern auch für diverse andere Handlungssituationen zur Verfügung. In Verbindung mit den ablaufenden Interaktionen bilden diese Wissensvorräte Institutionen (auf Dauer gestellte Handlungsmuster), die auf die Akteure einen äußeren Zwang ausüben und deshalb ganz ähnlich verstanden werden, wie Durkheim soziale Tatbestände definiert hatte, ohne dabei allerdings das zentrale Paradigma der interpretativen Soziologie aufzugeben, dass auf Dauer gestellte Institutionen wie Grußregeln, Höflichkeitsformen und andere Handlungsgewissheiten in erster Linie Hervorbringungen der sozialen Handlungen von sozialen Akteuren sind und von diesen immer wieder durch Handlungen hervorgebracht werden müssen. Durch die auf Dauer gestellten Institutionen des Handelns entstehen jedenfalls Routinehandlungen, die zu einer geordneten Reproduktion der Sozialität unumgänglich sind. Dennoch müssen sich auch Routinehandlungen immer wieder aufs Neue bilden, sodass auch sie der Variation ausgesetzt sind, indem die Wissensvorräte sich verändern.[10]

Die Ethnomethodologie, die wesentlich von Harold Garfinkel geprägt wird, radikalisiert die interpretative Soziologie dann noch weiter, indem sie ihr alle bewusstseinsphilosophischen Konnotationen nimmt und dadurch unter anderem den Anspruch verfolgt, den Begriff des sozialen Tatbestandes von Durkheim an die Akteure zurückzubinden, ohne dabei mit bewusstseinsphilosophischen Auswegen aus der Soziologie hinter Durkheim zurückzufallen. Denn auch die Ethnomethodologie geht im Einklang mit Weber, Schütz und Luckmann davon aus, dass Sozialität unmittelbar an die Handlungen der sozialen Akteure gebunden ist, wenn sie sagt, die Sozialität wird durch die „alltagsweltlichen Feststellungen"

---

[10]Interessant ist, dass Peter Berger und Thomas Luckmann (1980) in ihrem berühmt gewordenen Buch zur *gesellschaftlichen Konstruktion der Wirklichkeit* Thesen aufstellen, die inzwischen zur allgemeinen Gewissheit der Soziologie gehören, sodass wir sie heute kaum noch hinterfragen und beim Lesen des Buches ständig feststellen, dass die Autoren einfach nur etwas ausdrücken, das alle wissen. Sieht man jedoch das Erscheinungsjahr des Buches – es erscheint erstmals im Jahr 1969 –, wird sehr schnell deutlich, dass Berger und Luckmann eine notwendige Bündelung des Kenntnisstandes der interpretativen Soziologie vorgenommen haben, die sich als ein vorläufiger Abschluss dieser soziologischen Denkweise verstehen lässt. Es empfiehlt sich daher sehr, dieses sehr gut geschriebene und gut verständliche Buch einmal als klassischen Text der Soziologie (neu) zu lesen.

der sozialen Akteure möglich gemacht (Garfinkel 1973, S. 190). Sie nimmt das grundlegende Paradigma der interpretativen Soziologie aber nun ganz wörtlich, indem gesagt wird, dass die Sozialität nicht im Bewusstsein, sondern in der alltäglichen Praxis entsteht. Diese Praxis ereignet sich zwar nur dann, wenn Akteure Alltagswissen über die sozialen Strukturen besitzen, das Garfinkel als alltagsweltliche Feststellungen (propositions) bezeichnet. Diese Propositionen sind nun jedoch „szenisch" zu verstehen, d. h. sie werden nur in aktuellen Situationen relevant und können deshalb nur aus der Situation heraus erkannt werden. Damit wird das Diktum von Émile Durkheim, die Soziologie habe soziale Tatbestände zu erforschen, vollständig „durchgearbeitet", wie es Garfinkel (2002) in einem seiner späteren Werke bezeichnet, indem die sozialen Tatsachen in Aktion beobachtet und dabei auf die Fähig- und Fertigkeiten der sozialen Akteure zurückgeführt werden. In diesem sozialwissenschaftlichen Programm (vgl. Garfinkel 1967) wird hervorgehoben, dass die Akteure eigene Methoden entwickeln, die soziale Welt, mit der sie konfrontiert und in die sie hineingeworfen sind, zu bewältigen, sodass sie ständig soziale Tatsachen erzeugen. Wir sehen als Forschende in der Praxis, dass diese sozialen Tatsachen wirksam sind, wenn etwa eine bestimmte Lokalität nur von ganz bestimmten Menschen aufgesucht wird, eine Kaufhausschlange diszipliniert bleibt, selbst wenn die Wartezeit sehr lang und quälend ist, einer Beleidigung eines anderen Menschen mit Empörung begegnet wird, bei einer physischen Gewaltanwendung dem „Opfer" beigestanden wird, in einem Café immer nur bei den „richtigen" Menschen Bestellungen aufgegeben werden, in einer Zweierbeziehung immer wieder die gleichen Routinen wirksam werden, wenn es um die Bewältigung des Alltags geht, etc.

Wichtig ist es nun für die Ethnomethodologie, die Methoden des Alltagslebens zu entschlüsseln, welche die genannten sozialen Tatsachen möglich machen. Sie lassen sich nicht durch eine Befragung der sozialen Akteure allein erschließen, weil hier nur neue szenische Aussagen erzeugt werden, die lediglich neue Situationen erzeugen, ohne vergangene Situationen dabei erhellen zu müssen. Zudem geschehen die methodisch durchgeführten sozialen Tatsachen fast immer unbewusst, sie werden nicht reflektiert, sodass eine Befragung der Akteure wenig aufschlussreich sein kann. Ganz allgemein geht die Ethnomethodologie aufgrund solcher Argumente davon aus, dass es nicht nur unmöglich, sondern eben deshalb auch unnötig ist zu versuchen, in das Bewusstsein von sozialen Akteuren mit den geschicktesten Fragetechniken hineinzublicken. Wichtig ist dagegen nach Garfinkel zu sehen, dass die Akteure, obwohl sie über alltagsweltliche Feststellungen verfügen, die praktische Bedeutung von Interaktionen erst in den situativen sozialen Handlungen erzeugen. Damit radikalisiert Garfinkel letztlich die von Schütz eingeführte Unterscheidung zwischen Handlung und Handeln.

Kulturelle Sinngebungen, also Bedeutungen, entstehen im Vollzug der Praxis, sie können deshalb nicht auf Bewusstseinszustände zurückgeführt werden, denn sie sind immer an Handeln und nicht an Handlung gebunden. Aufgabe der Soziologie kann es daher nur sein, die kulturellen Bedeutungen, die sich in der Praxis als Propositionen der Akteure zeigen, qualitativ zu erforschen, indem die Soziologie eine dokumentarische Methode der Interpretation entwickelt, die durch das Sammeln von bestimmten Situationsanalysen und die dichte Beschreibung von Situationen Aufschluss über den Vollzug der Praxis gewinnt. Die Ethnomethodologie ist dem entsprechend eine der wichtigsten Ausgangspunkte der qualitativen Sozialforschung (z. B. der „Grounded Theory"), die sich um eine empirische Identifikation und soziologische Interpretation von kulturellen Sinndeutungen bemüht, die in der Praxis sichtbar werden. Um diese empirische Arbeit allerdings den theoretischen Grundsätzen der Ethnomethodologie angemessen betreiben zu können, muss das methodische Spektrum der klassischen, durch die bewusstseinsphilosophische Theorieanlage von Schütz inspirierte Qualitativen Sozialforschung erheblich erweitert werden, was inzwischen auch eine wichtige Grundannahme der soziologischen Praxistheorie ist (vgl. Schäfer et al. 2015), die sich in vielen Teilen sehr dezidiert auf die Ethnomethodologie bezieht, um die Praxistheorie als soziologische Forschungsrichtung zu fundieren (vgl. hierzu Hillebrandt 2014, S. 43 ff.; Meyer 2015).

Bevor ich nun die interpretative, am Begriff des Verstehens sich entfaltende soziologische Denkweise, die sich seit Max Weber über Alfred Schütz und Thomas Luckmann bis zu Harold Garfinkel in vielfältiger Form ausdifferenziert und im Kern seit Max Weber bis heute davon ausgeht, dass sich Sozialität in den Aktivitäten der sozialen Akteure bildet und deshalb nur über die Interpretation des Sinngehaltes verstanden werden kann, den die Akteure mit ihren Aktivitäten erzeugen, einer kritischen Prüfung unterziehe, möchte ich noch eine soziologische Variante des von Schütz für die Soziologie fruchtbar gemachten Lebensweltbegriffs diskutieren, die für eine in kritischer Absicht verfolgte soziologische Gesellschaftstheorie eine wichtige Grundlage bildet. Es handelt sich um die spezifische Verwendung des Begriffs der Lebenswelt von Jürgen Habermas. Dieser nimmt die Einsichten der frühen interpretativen Soziologie von Alfred Schütz in die Strukturen der Lebenswelt zum Anlass, die von Marx ausgehende und von Adorno und Horkheimer weiterentwickelte „Kritische Theorie" in soziologischer Perspektive neu auszurichten.

Habermas hat sich schon sehr früh intensiv und kritisch mit der Phänomenologie von Alfred Schütz auseinandergesetzt (vgl. etwa Habermas 1982, S. 234 ff.), um den Lebensweltbegriff noch stärker aus der bewusstseinsphilosophischen und transzendentalen Fassung der Phänomenologie herauszulösen, ohne dabei die konstruktiven Eigenleistungen der Einzelnen zur Bildung von Sozialität und Gesellschaft vollständig zu negieren. Diese Begriffsarbeit im Anschluss an Alfred Schütz erlaubt es Habermas dann, ein zweistufiges Gesellschaftsmodell zu entwickeln, in dem zwischen System und Lebenswelt unterschieden wird. Und dieses Gesellschaftsmodell setzt Habermas ein, um die „Kritische Theorie" der Gesellschaft auf ein neues Fundament zu stellen. Denn er steht vorrangig in der Tradition dieser von Marx geprägten Theorierichtung, die als „Frankfurter Schule" in ihrer sozialwissenschaftlichen Arbeit von der grundlegenden Einsicht also der Grundannahme der klassischen kritischen Theorie ausgeht, dass die moderne, industrialisierte Gesellschaft destruktiv auf den Menschen wirken kann, die in der Gesellschaftstheorie von Marx vorbereitet wird.

Max Horkheimer und Theodor W. Adorno, die wichtigsten Vertreter der frühen „Frankfurter Schule", von denen Habermas in seiner Theoriebildung vor allem ausgeht, versuchen in Abgrenzung zur traditionellen Theorie eine kritische Theorie der Sozialwissenschaften zu entwickeln, die die Verhältnisse nicht nur scholastisch beschreibt, sondern eben auch Kritik an gesellschaftlichen Verhältnissen zu formulierten imstande ist. In seiner Programmschrift von 1937 bringt Horkheimer (1988, S. 192) die Ausrichtung der kritischen Theorie mit Bezug auf Marx so auf den Punkt:

> Auch die Interessen des kritischen Denkens sind allgemein, aber nicht allgemein anerkannt. Die Begriffe, die unter ihrem Einfluss stehen, kritisieren die Gegenwart. Die Marxschen Kategorien Klasse, Ausbeutung, Mehrwert, Profit, Verelendung, Zusammenbruch sind Momente eines begrifflichen Ganzen, dessen Sinn nicht in der Reproduktion der gegenwärtigen Gesellschaft, sondern in ihrer Veränderung zum Richtigen zu suchen ist.

Indem kritische Theorie die gegenwärtigen Zustände der Gesellschaft kritisch beleuchtet und untersucht, beteiligt sie sich am „Kampf um die höhere Stufe des menschlichen Zusammenlebens" (ebd., S. 193). Das Ziel der kritischen Theorie ist eine „Assoziation freier Menschen, bei der jeder die gleiche Möglichkeit hat, sich zu entfalten" (ebd.).

In den 1940er Jahren wird diese dem Marxismus verpflichtete Ausrichtung der kritischen Theoriebildung zu einer negativen Geschichtsphilosophie radikalisiert, die besonders eindringlich und wirkungsvoll 1944 in der „Dialektik der Aufklärung" (Horkheimer und Adorno 1984) festgehalten wird. Dieses bedeutende Grundlagenwerk der kritischen Theorie beginnt ganz im Sinne der Prämisse, dass die Gesellschaft den Menschen destruiert:

Was wir uns vorgesetzt hatten, war tatsächlich nicht weniger als die Erkenntnis, warum die *Menschheit,* anstatt in einen wahrhaft *menschlichen* Zustand einzutreten, in eine neue Art von Barbarei versinkt (Horkheimer und Adorno 1984, S. 1; Hervorh. F.H.).

In einer Reflexion auf die Todeslager des NS-Regimes wird die Frage nach den Grenzen des gesellschaftlich Machbaren sehr eindringlich gestellt. Der Traum der gesetzgebenden Vernunft löst sich langsam aber sicher auf. Der Geist der Moderne, der mit der aufklärenden Vernunft alles zu lösen glaubte, verkehrt sich in sein Gegenteil. Die Rationalität des Grauens zeigt den Nachfolgegenerationen des Holocaust, dass mit der Vernunft allein nicht das Ziel einer guten Gesellschaft zu erreichen ist.

Unter dem Eindruck der menschenverachtenden und -vernichtenden Herrschaft des NS-Regimes wird die Kritik der „Dialektik der Aufklärung" total. Die moderne Gesellschaft befindet sich in einem Zustand, in dem sich nichts mehr dem instrumentellen Geist und damit dem Prinzip der Herrschaft entziehen kann. Der totalitäre Herrschaftszusammenhang entsteht in der Moderne mit der Ausweitung der durch die aufklärerische Aufwertung der Vernunft vorbereiteten instrumentellen Verfügungsgewalt auf Natur, Individuum und Gesellschaft. Die instrumentelle Vernunft ist in der Moderne ein universelles Prinzip, das eine systematische Steigerung der Kontrolle über die Natur, über das Subjekt und über die sozialen Verhältnisse ermöglicht. Besonders deutlich wird diese totalitäre Immanenz der Herrschaft im Kontext der modernen Konstituierung des menschlichen Selbst:

> Die Herrschaft des Menschen über sich selbst, die sein Selbst begründet, ist virtuell allemal die Vernichtung des Subjekts, in dessen Dienst sie geschieht, denn die beherrschte, unterdrückte und durch Selbsterhaltung aufgelöste Substanz ist gar nichts anderes als das *Lebendige,* als dessen Funktion die Leistungen der Selbsterhaltung einzig sich bestimmen, eigentlich gerade das, was erhalten werden soll (Horkheimer und Adorno 1984, S. 51; Hervorh. F.H.).

Alles, und damit auch die Kritik an der Gesellschaft, wird in der Moderne in den Dienst der Herrschaft gestellt. Das „Projekt der Moderne" (Habermas) wird damit vollständig und bedingungslos abgelehnt, ohne ein Ziel oder eine Utopie dieser totalen Kritik anzugeben. Die Kritik mündet somit in eine Aporie, da sie angesichts des diagnostizierten Immanenzzusammenhangs der Herrschaft den Ort, von dem aus die Kritik formuliert werden kann, nicht mehr ausweisen kann. Wenn in der Moderne alles in den Dienst der Herrschaft gestellt ist, so letztlich auch die Kritik an diesem Zustand.

5 Entsteht Sozialität im sinnhaften Zusammenwirken von Menschen?

Jürgen Habermas nimmt diese Aporie der „Dialektik der Aufklärung", die in der Paradoxie einer Kritik der Aufklärung mit aufklärerischen Mitteln (vgl. Gebauer und Kneer 1994, S. 109) besteht, zum Anlass, die kritische Theorie grundlegend neu zu formulieren, indem er diese Aporie mit den von der interpretativen Soziologie hergeleiteten Mitteln der Theorie des Kommunikativen Handelns überwindet. Zur Ausgangslage seiner Theorie der Gesellschaft sagt Jürgen Habermas in einem Interview unmissverständlich Folgendes:

> Ich meine zeigen zu können, dass eine Gattung, die ihr Leben in den Strukturen von sprachlicher Verständigung und kooperativem zweckrationalem Handeln erhalten muss, wesentlich auf Vernunft angewiesen ist. In den Geltungsansprüchen, an denen wir uns im kommunikativen Handeln, wie implizit auch immer, orientieren müssen, ist ein hartnäckiger, wenn auch immer wieder unterdrückter Vernunftanspruch angelegt (Habermas 1981b, S. 486).

Damit stellt sich Habermas ganz explizit in die Tradition der Aufklärung, allerdings mit dem sehr soziologisch geprägten Anspruch, die Aufklärungsphilosophie von bewusstseins- und subjektphilosophischen Engführungen befreien zu wollen, an denen auch Adorno und Horkheimer noch festhalten, indem sie einen bewusstseinsphilosophischen Vernunftbegriff formulieren, also behaupten, dass die Vernunft sich nur im Bewusstsein der Einzelnen durchsetzen kann. Um diese Engführung des Vernunftbegriffs, die nicht selten zu anmaßenden Ratschlägen an die normalen Bürger eines Gemeinwesens führen muss, zu überwinden, bedient sich Habermas unter anderem der Grundannahmen der interpretativen Soziologie nach Weber und Schütz, mit denen so zentrale Begriffe wie Rationalität und Lebenswelt stärker soziologisch, also im Hinblick auf das Zusammenwirken der Menschen, definiert und dadurch jenseits der Bewusstseinsphilosophie neu gefasst werden. Das Ziel der Theorie des kommunikativen Handelns, die Habermas 1981 in zwei umfangreichen Bänden vorlegt (vgl. Habermas 1987), ist dabei eine Lösung des Problems,

> wie man die Kritik der Verdinglichung, die Kritik der Rationalisierung so umformulieren kann, dass man einerseits theoretische Erklärungen anbietet für das Brüchigwerden des sozialstaatlichen Kompromisses und für die wachstumskritischen Potentiale der neuen Bewegungen, ohne doch andererseits das Projekt der Moderne preiszugeben (Habermas 1985a, S. 184).

Es handelt sich bei der Theorie des kommunikativen Handelns um den „Anfang einer Gesellschaftstheorie, die sich bemüht, ihre kritischen Maßstäbe auszuweisen" (Habermas 1987/1, S. 7). Dies ist mit einer Neufassung des Vernunftbegriffs verbunden, den Habermas nicht aufgeben will. Um „ein Äquivalent für das anzugeben, was einmal mit dem Begriff des guten Lebens gemeint war" (Habermas 1987/1, S. 112), versucht Habermas einen prozessualen Begriff der Vernunft zu entwickeln, die er kommunikative Rationalität (vgl. ebd., S. 113) nennt. Und diese Neukonzeption des Vernunftbegriffs gelingt ihm, indem er das durch Schütz systematisierte Theorem von der Intersubjektivität aufgreift und noch grundlegender von der Bewusstseinsphilosophie befreit, als dies Schütz in seiner phänomenologischen Tradition möglich ist. Ein intersubjektiv angelegter Begriff der Rationalität kann einer Kritik der gesellschaftlichen Verhältnisse nur dann zugrunde gelegt werden, „wenn sich nachweisen lässt, dass die Dezentrierung des Weltverständnisses und die *Rationalisierung der Lebenswelt* notwendige Bedingungen für eine *emanzipierte Gesellschaft* sind" (ebd.; Hervorh. F.H.). Dazu muss aber gesehen werden, dass „Schütz und Luckmann die Strukturen der Lebenswelt nicht im direkten Zugriff auf die Strukturen sprachlich erzeugter Intersubjektivität, sondern in der Spiegelung des subjektiven Erlebens einsamer Aktoren erfassen" (Habermas 1987/2, S. 198). Habermas will dagegen über den Paradigmenwechsel von der bewusstseinszentrierten zu einer kommunikativen Vernunfttheorie das Ideal einer unversehrten Intersubjektivität und den Entwurf einer freiheitlichen und egalitären Gesellschaft umreißen. Erst in den kommunikativ erzeugten Sprechakten lässt sich demnach erkennen, was als intersubjektiv anerkannt gilt und was nicht. Habermas versucht auf dieser Grundlage eine normative Basis der Kritik zu formulieren, indem er die Vernunfttheorie auf eine gesicherte sozialwissenschaftliche Grundlage stellt, die er eben im Begriff der Lebenswelt findet, den Schütz für die Soziologie fruchtbar gemacht hatte. Mit ihm in seiner von bewusstseinsphilosophischer Konnotation befreiten Form kann er ein zweistufiges Gesellschaftsmodell konstruieren, in dem die Lebenswelt dem System gegenübergestellt wird.

> Kommunikatives Handeln spielt sich innerhalb einer Lebenswelt ab, die den Kommunikationsteilnehmern im Rücken bleibt. Diesen ist sie nur in der präreflexiven Form von verständlichen Hintergrundannahmen und naiv beherrschten Fertigkeiten präsent (Habermas 1987/1, S. 449).

Die gesellschaftstheoretische Unterscheidung von System und Lebenswelt korrespondiert mit der Unterscheidung von System- und Sozialintegration (vgl. Habermas 1986, S. 379 ff.). Systemintegration geschieht dabei über die allein zweckrationalen Gesichtspunkten gehorchenden Steuerungsmedien Geld und politische Macht. Sozialintegration gelingt über Prozesse der sprachlichen Verständigung in der Lebenswelt. Die Lebenswelt erscheint dabei als Ort, an dem

5 Entsteht Sozialität im sinnhaften Zusammenwirken von Menschen?

Hintergrundfertigkeiten und Hintergrundgewissheiten herrschen, die ein geordnetes Zusammenwirken ermöglichen. Hier ist auch der Ort, an dem die Einzelnen ihre soziale Herkunft spüren und ausleben sowie ihre eigenen Selbstinterpretationen vornehmen. In einer auf Geld basierenden, industrialisierten Gesellschaft lösen sich nun nach Habermas grundlegende Funktionen des gesellschaftlichen Lebens – die der Produktion und der Herrschaft – von der Lebenswelt ab und bilden ein System, das sich zweckrational und funktional reproduziert und im idealen Fall mit der Lebenswelt mediatisiert ist. „Mit über Steuerungsmedien ausdifferenzierten Subsystemen schaffen sich die systemischen Mechanismen ihre eigenen, normfreien, über die Lebenswelt hinausragenden Sozialstrukturen" (Habermas 1987/2, S. 275). In pathologischer Ausformung dieser Ausdifferenzierung beginnen die Mechanismen des Systems in kolonialer Form Einfluss auf die Lebenswelt zu nehmen, sodass sich hier die instrumentelle Vernunft ebenso durchzusetzen beginnt wie sich diese im System notwendigerweise bereits als Steuerungsmodus durchgesetzt hat (vgl. Abb. 5.3).

Habermas' These ist, dass in der modernen, funktional differenzierten Gesellschaft die Systemintegration überwiege, während diese Gesellschaft ein Defizit an Sozialintegration aufweise. Im Kontext der These einer Kolonialisierung der Lebenswelt durch systemische Imperative greifen für Habermas die systemischen Steuerungsmedien in die Bereiche der gesellschaftlichen Lebenswelt ein, sodass die gesellschaftliche Entwicklung vollständig der reflektierten Steuerung durch

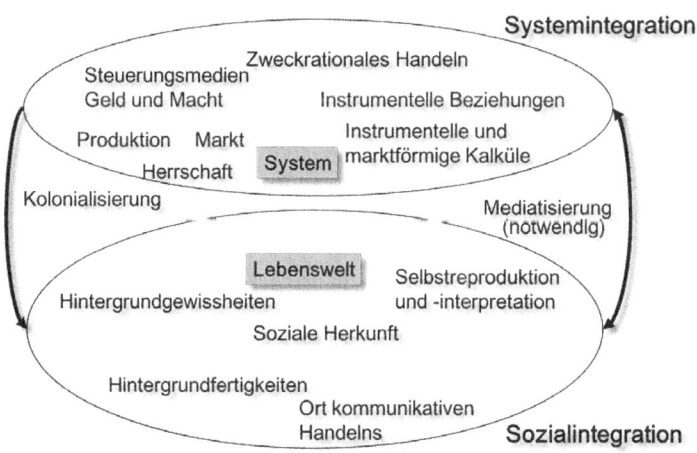

Abb. 5.3 Zweistufiges Gesellschaftsmodell nach Jürgen Habermas

sprachliche Verständigung entgleitet. Die Steuerung der Gesellschaft erfolgt zunehmend nach Gesetzmäßigkeiten der alles beherrschenden Systeme, die von den Menschen nicht mehr kontrolliert werden können. Ganz im Sinne der Entfremdungstheorie von Marx üben die Systeme somit eine Macht auf die Menschen aus, von der die Menschen nicht wissen, woher sie kommt und wohin sie führt. Dies geht mit einem Freiheits- und Sinnverlust einher, da die Menschen immer weniger die Möglichkeit haben, sich über den Sinn des gesellschaftlichen Geschehens in einem herrschaftsfreien Diskurs zu verständigen. Eine Lösung dieser für Habermas pathologischen Entwicklung einer sich verselbstständigenden Systemintegration kann nur gelingen, wenn der diskursiven Verständigung mehr Raum gegeben wird, sodass die Systeme über diese Prozesse kontrolliert werden können. Diese Verständigung in einem herrschaftsfreien Diskurs zur Bildung kommunikativer Vernunft wird als notwendige Bedingung zur Emanzipation angesehen und kann nach der Gesellschaftstheorie von Habermas nur in der Lebenswelt erreicht werden. Die von Habermas entworfene, sehr komplexe Gesellschaftstheorie, die hier nur in ihren ganz allgemeinen Grundzügen rekonstruiert werden kann, vertritt in ihrer Essenz über das Theorem der Kolonialisierung der Lebenswelt eine modifizierte Entfremdungsthese, die sich auf die Aushöhlung eines selbstbestimmten Verständigungsprozesses durch systemische Imperative bezieht.

Die Lösung der Pathologien der Moderne wird in einer mediatisierenden Verschränkung von Sozial- und Systemintegration gesehen. Mit anderen Worten: Eine Verbesserung der gesellschaftlichen Verhältnisse lässt sich nach Habermas nur durch ein spezifisches Verfahren erreichen, welches das Zusammenwirken von sich definitiv unterscheidenden Individuen und weltanschaulichen Gemeinschaften formal regelt. Genau deshalb kann die Moderne von Habermas (1981a) nur als „unvollendetes Projekt" vorgestellt werden, in dem immer wieder aufs Neue Kompromisse zwischen den divergierenden Weltanschauungen und Interessen in einem rechtsstaatlichen und demokratisch programmierten Verfahren ausgehandelt werden. „Die in der strukturell ausdifferenzierten Lebenswelt etablierten Verfahren diskursiver Willensbildung sind dazu bestimmt, gerade durch die gleichmäßige Berücksichtigung der Interessen eines jeden Einzelnen die soziale Bindung aller mit allen zu sichern" (Habermas 1985b, S. 401). Folgerichtig ist diese Theorie der Modernität der Gegenwartsgesellschaft, wie sich exemplarisch an der neukantianischen Interpretation von Webers Zeitdiagnose durch Habermas (vgl. 1987/2, S. 447–488 und 548–593) zeigt, darauf bezogen, die Möglichkeiten auszuloten, wie die kulturelle Pluralität in einer rationalisierten Lebenswelt, die von Habermas (vgl. 1985b, S. 416) kommunikationstheoretisch gefasst wird, sozial hergestellt werden kann, ohne die unveräußerlichen Rechte des Einzelnen

5 Entsteht Sozialität im sinnhaften Zusammenwirken von Menschen?

zu verletzen. Die Lösung dieser Frage findet Habermas im Begriff des kommunikativen Handelns, der die subjekt- und bewusstseinsphilosophische Ausrichtung der Kritischen Theorie überwinden will, indem der Vernunftbegriff kommunikativ und das heißt als sozial erzeugt gedacht wird. Vernunft benötigt folglich kein „richtiges" Bewusstsein, sondern ein besonderes, am Begriff des kommunikativen Handelns ausgerichtetes Verfahren, um sich bilden zu können. Und Habermas sieht gerade in der Etablierung dieser diskursiven, sich im kommunikativen Handeln herausbildenden Verfahrensweise das entscheidende Merkmal der modernen Gesellschaft, das sie von allen traditionalen Gesellschaften unterscheidet.

> Die intersubjektivitätstheoretischen Denkfiguren machen also verständlich, warum kritische Prüfung und fallibilistisches Bewusstsein die Kontinuität einer Überlieferung, die ihre Naturwüchsigkeit abgestreift hat, sogar verstärken; warum abstrakt-universalistische Verfahren diskursiver Willensbildung die Solidarität in Lebenszusammenhängen, die nicht mehr traditional legitimiert sind, sogar festigen; warum erweiterte Spielräume für Individuierung und Selbstverwirklichung einen Prozess der Vergesellschaftung, der sich von fixen Mustern der Sozialisation gelöst hat, sogar verdichten und stabilisieren (Habermas 1985b, S. 402).

Der „normative Gehalt der Moderne" (ebd., S. 424) manifestiert sich also im „Fallibilismus, Universalismus und Subjektivismus, der die Kraft und konkrete Gestalt des jeweiligen Besonderen unterminiert" (ebd.). Habermas sieht dabei den demokratischen Rechtsstaat, der eine kritische Öffentlichkeit hervorbringt, als historisch einzigartigen Garanten des Verfahrens zur Herstellung kommunikativer Vernunft, wie die folgende Aussage unmissverständlich zeigt:

> Der aus der französischen Revolution hervorgegangene demokratische Verfassungs- und Nationalstaat war bisher die einzige, welthistorisch erfolgreiche Identitätsformation, die diese Momente des Allgemeinen und Besonderen miteinander zwanglos vereinigen konnte (Ebd.).

Insofern vertritt Habermas eine spezifische Art von Modernisierungstheorie, die sich darauf bezieht, die demokratischen und rechtsstaatlichen Grundlagen des gesellschaftlichen Zusammenlebens nicht nur überall auf der Welt herzustellen, sondern auch in den Regionen, in denen dies gelungen ist, ständig einer kritischen Prüfung zu unterziehen und gegebenenfalls zu reformieren. Dazu gehört dann auch, nach neuen Möglichkeiten der Partizipation an dem Aushandlungsprozess zur Etablierung einer gültigen Vernunft der Gesellschaft auch für diejenigen zu suchen, die aufgrund ihrer prekären Lebenslage oder aufgrund von gesellschaftlich bedingten Ungleichheitsstrukturen ihre Interessen und Bedürfnisse nicht in

Tab. 5.1 Universalpragmatisches Sprechaktmodel nach Jürgen Habermas. (Siehe zu dieser Tabelle die Vorlage von Annette Treibel 1993, S. 161)

Realitätsbereich	Erscheinungsform	Impliziter Geltungsanspruch	Allgemeine Funktion
äußere Natur	Objektivität	Wahrheit	Darstellung von Sachverhalten
Gesellschaft soz. Ordnung	Normativität	Richtigkeit	Herstellung von interpersonalen Beziehungen
innere Natur	Subjektivität	Wahrhaftigkeit, Aufrichtigkeit	Austausch subjektiver Erlebnisse
Sprache	Intersubjektivität	Verständlichkeit	–

den kommunikativen Prozess der Aushandlung der Vernunft einbringen können. Modernisierung heißt somit für Habermas im Kern Demokratisierung, also die Herstellung von demokratischen Verfahren, die es erlauben, die Vernunft unter möglichst vielen Partizipanden kommunikativ auszuhandeln.[11]

Diese in kritischer Absicht formulierte Gesellschaftstheorie wird durch eine soziologische Sprechakttheorie – dem universalpragmatischen Sprechaktmodell – fundiert, mit der im Anschluss an John Austin (vgl. 2002) Sprechakte anhand der Realitätsbereiche, auf die sie sich beziehen, der Erscheinungsformen, in denen sie sichtbar werden, der Geltungsansprüche, die in ihnen jeweils impliziert sind, und der Funktion, die sie für die gesellschaftliche Reproduktion und Integration übernehmen, differenziert werden (vgl. die Tab. 5.1).

Wichtig ist nun, dass das kommunikative Handeln zwar Realitätsbereich, Erscheinungsform und impliziten Geltungsanspruch kennt, jedoch keine allgemeine Funktion, weil es sich auf die Metakommunikation der anderen Sprechakte fokussiert, also darauf, wie über die anderen Realitätsbereiche kommuniziert wird. Dadurch ist kommunikatives Handeln das prototypische intersubjektive Handeln. Es ist nicht strategisch, nicht erfolgsorientiert und dennoch auf ein gemeinsames Ziel der Beteiligten hin ausgerichtet. Dieses Ziel lautet intersubjektive Verständigung. Das argumentierende Sprechen schafft es also, dass sich in der Lebenswelt eine Vernunft kommunikativ bildet, die der Maßstab des gesellschaftlich Mach- und Wünschbaren sein muss. Dies meint Habermas mit einer Rationalisierung der Lebenswelt, in der die Akteure in die Lage versetzt werden

---

[11]Siehe zur Kritik an dieser Modernisierungstheorie Hillebrandt (2010).

müssen, über die gesellschaftlichen Problemlagen verständigungsorientiert zu argumentieren. Um diese Rationalisierung der Lebenswelt zu erreichen, benötigt die Gesellschaft entsprechende Instanzen, die sie ausbilden und pflegen muss. Dazu gehört zuerst eine kritische Öffentlichkeit und eine deliberative Demokratie, die eine Partizipation möglichst vieler Gesellschaftsmitglieder sicherstellt.

Hier ist nicht der Ort, dieses Gesellschaftsmodell und seine moralischen Konnotationen ausführlich zu diskutieren, wichtig ist für den hier verfolgten Zusammenhang, dass Habermas eine soziologische Denkweise vertritt, die davon ausgeht, dass sich die Sozialität in der Lebenswelt durch Kommunikation bildet und gleichsam sich verselbstständigende Systeme dadurch in enge Grenzen verwiesen werden. Mit dieser Begriffsbildung von System- und Sozialintegration verbindet Habermas die Tradition der von Marx geprägten Kritischen Theorie mit der der interpretativen Soziologie. Er koppelt also die soziologische Denkweise, die im Anschluss an Marx und Durkheim eine Verselbstständigung der Sozialität annimmt und dieser Sozialität eine Emergenz unterstellt – Habermas sieht dies sehr genau in diesem Sinne für die Systemintegration – mit der soziologischen Denkweise, die davon ausgeht, dass Sozialität im Wesentlichen durch das intersubjektive Zusammenwirken von Akteuren entsteht – Habermas sieht dies sehr genau in diesem Sinne für die Lebenswelt, die eine Sozialintegration bewirkt. Habermas geht bei dieser Theorieleistung nicht nur davon aus, dass es eine rationale Verständigung gibt, die mehr ist als das Aushandeln von systemisch bedingten Interessen. Er begreift vielmehr die Lebenswelt als die primäre Form der Sozialität, aus der heraus sich in der Moderne die Systeme notwendigerweise entkoppelt haben, was eben nicht nur die Chancen einer Rationalisierung der Lebenswelt, sondern auch die Gefahren einer Kolonialisierung derselben nach sich zieht.

Die Theorie von Jürgen Habermas ist dann auch ein guter Startpunkt zur konstruktiven Kritik an der interpretativen Soziologie, die der Soziologie zunächst einmal einige neue Möglichkeiten eröffnet. Der Alltag und seine Kultur sowie – eng damit verbunden – die Eigenleistungen der Einzelnen werden mit dem interpretativen Paradigma der Soziologie erstmals zu wirklich wichtigen Komponenten der soziologischen Forschung erhoben. Die Soziologie löst sich dadurch heraus aus dem von Parsons geprägten Strukturfunktionalismus, der die soziologische Perspektive auf die Sozialität vor allem in seinem Spätwerk immer zunächst von den übergeordneten sozialen Strukturen aus entwickelt und in den 1960er Jahren so etwas wie den orthodoxen Konsens der soziologischen Theorie bildet. Mit der interpretativen Soziologie werden induktive Forschungsansätze für die Soziologie fruchtbar gemacht, die sich nicht vom Allgemeinen zum Besonderen bewegen, sondern ganz umgekehrt verfahren, indem sie in verstehender

Weise von der Einzigartigkeit der individuellen Sinnbildung ausgehen, um daraus dann verallgemeinerbare kultursoziologische Schlüsse ziehen zu können. Und genau diese Perspektive zwingt nun, wie wir gesehen haben, Jürgen Habermas zu einer Neuvermessung der interpretativen Soziologie. Denn nach ihm neigt diese soziologische Theorierichtung vor allem in ihrer durch Schütz phänomenologisch angelegten Form dazu, die einzelne Erfahrung zu generalisieren, indem die Erforschung der Sozialität auf die individuelle Sinndeutung der Einzelnen reduziert und mithilfe eines von Husserl abgeleiteten Transzendenzverständnisses generalisiert wird. Auch wenn Garfinkel diese transzendentalphilosophische Ausrichtung im Anschluss an das Spätwerk von Schütz, in dem unter dem Einfluss des US-amerikanischen Pragmatismus nach John Dewey und anderen die Besinnung auf die Vollzugswirklichkeit der Sozialität ja bereits vorbereitet ist, dadurch überwindet, die Sinndeutungen als in Praxis sich vollziehend zu begreifen, und dadurch weitgehend nicht nur aus transzendental-, sondern auch aus bewusstseinsphilosophischen Engführungen zu befreien, wird die soziologische Perspektive der interpretativen Soziologie immer vorrangig von den Sinndeutungen der Einzelnen aus entwickelt. Und genau diese Ausrichtung ihrer Forschung handelt dieser soziologischen Denkweise regelmäßig den Vorwurf ein, einen Subjektivismus zu betreiben, welcher der Sozialität, die sich immer auch in überindividuellen Strukturen reproduziert, schlicht nicht gerecht wird. Diese Kritik wird z. B. wiederholt von Pierre Bourdieu und Anthony Giddens vorgetragen, obwohl es nun gerade Giddens ist, der die interpretative Soziologie zunächst sehr dezidiert für seine Theorie der Strukturierung fruchtbar macht (vgl. Giddens 1984). Er warnt aber meines Erachtens zurecht davor, die Erfahrungswelt der Einzelnen zum alleinigen Ausgangspunkt soziologischer Theoriebildung zu nehmen, weil dies dazu führt, die Soziologie auf eine Erfahrungswissenschaft zu reduzieren, die den praktischen Vollzug der inneren Dispositionen aus dem Blick verliert. Ganz ähnlich argumentiert auch Bourdieu mit seiner Theorie des Habitus, die in neomarxistischer Perspektive davon ausgeht, dass die Dispositionen Produkte der Sozialität sind, die sich in Praktiken ausdrücken und deshalb nur im Vollzug der Praxis identifiziert werden können (vgl. hierzu etwa Bourdieu 2001, S. 165 ff.).

Wir haben es an dieser Stelle mit dem klassischen Akteur-Struktur-Problem der Soziologie zu tun, das wir bereits weiter oben kennengelernt haben. Die Frage ist in diesem Zusammenhang immer, welche Komponente der Sozialität wie gewichtet wird. Und diese Problematik findet sich auch in den zentralen Werken der interpretativen Soziologie wieder. So ist etwa der in der Tradition von Weber und Schütz stehende Harold Garfinkel (vgl. 2002) alles andere als ignorant gegenüber der Durkheimschen Denkrichtung der Soziologie, die in seiner und in der Sicht der herrschenden sozialwissenschaftlichen Lehrmeinung primär holistisch und strukturalistisch angelegt ist. Garfinkel möchte die dort vertretenen Thesen methodisch einholen, indem er mit seiner Ethnomethodologie zeigt, wie die von Durkheim positivistisch postulierten Werte und Normen der Sozialität, also die sozialen Tatsachen, sich in der Praxis vollziehen, um auf diese Weise neue Einsichten in überindividuell wirksam werdende Strukturen zu gewinnen. An diese Denkrichtung der interpretativen Soziologie schließen aktuell Theoretiker wie Bruno Latour (vgl. 2007, S. 416 f. und öfter) zustimmend an, die ihre Theorie zunächst in großer Distanz zur interpretativen Soziologie entwickeln. Darauf komme ich im nächsten Abschnitt zurück.

Wichtig ist an dieser Stelle aber auch zu sehen, dass sich eine bedeutende Kritik an der interpretativen Soziologie daran entzündet, dass diese Denkrichtung die Sozialität primär als Produkt der einzelnen Akteure begreift, dass sie also die Eigenleistung der Einzelnen zur Entstehung der Sozialität in gewisser Weise überbetont und überschätzt, indem sie sich als Handlungstheorie versteht. Anders gesagt, formuliert die Interpretative Soziologie das klassische Akteur-Struktur-Problem vor allem vom Einzelnen her, was ihr den Vorwurf des Subjektivismus einhandelt. Denn gegen diese Einsicht der interpretativen Soziologie spricht die immer wieder zu konstatierende Empirie, dass die Sozialität nicht in allen Teilen durch die intentionalen Handlungen der Einzelnen erzeugt und bestimmt wird. Gleichsam ist es eine aus der Aufklärungsphilosophie abgeleitete und letztlich nicht hintergehbare Erkenntnis der Soziologie, dass sich diese Sozialität nur schwer ohne die Leistungen der Einzelnen vorstellen lässt, dass es also darauf ankommt, die Sinndeutungen, die mit dem Handeln oder den Aktivitäten der Einzelnen verbunden sind und der Soziologie als Kultur sichtbar werden, zu identifizieren und letztlich auch zu interpretieren. Diese Schwierigkeit jeder soziologischen Theorie bringt der bereits genannte Kritiker der interpretativen Soziologie, Pierre Bourdieu, mit dem Begriff des praktischen Sinns (vgl. Bourdieu 1987) auf den Punkt. Und genau deshalb lassen sich auch von der zunächst sehr weit von der interpretativen Soziologie entfernten Bourdieuschen Praxistheorie durchaus fruchtbare Bezüge zum interpretativen Paradigma der Soziologie herstellen (vgl. hierzu Hillebrandt 2014, S. 87 ff.). Der praktische Sinn ist zwar immer an den Vollzug der Praxis gebunden, bleibt aber dennoch eine Eigenleistung der mit Habitus ausgestatteten Akteure, weil ohne diese ein Aufleben des in den Strukturen angelegten Sinns zu einem praktisch wirksam werden Sinn nicht vorstellbar ist. Die Einzelnen müssen wissen, was bestimmte Zeichen in der sie umgebenden (Lebens)Welt bedeuten, damit sie mit ihrer Umgebung und letztlich auch mit ihren Mitmenschen praktisch umgehen können. Ohne diese Sensibilität für den Sinn des Alltags, die sich im praktischen Sinn ausdrückt, ist ein Leben praktisch unmöglich. Es stellt sich dennoch die Frage, warum eine soziologische

Theorie davon ausgehen muss, dass die Sozialität aus den Handlungen der Einzelnen entsteht. Der Begriff des praktischen Sinns zwingt jedenfalls nicht zu einer solch handlungstheoretischen Engführung der Soziologie. Ganz im Gegenteil lässt die soziologische Praxistheorie den Handlungsbegriff genau wegen der Betonung des praktischen Sinns fallen, weil sie mit diesem Begriff die Sozialität nicht auf die Intentionen der Akteure, die seit Max Weber in der Soziologie immer als Ausgangspunkte der Handlungen begriffen werden, reduziert sehen möchte. Solche Intentionen sind nach Bourdieu der Sozialität nicht äußerlich, weil sie als habitualisierte Dispositionen Produkte der Sozialität sind, die sich in der Praxis als praktischer Sinn ausdrücken und deshalb nicht voraussetzungslos an den Anfang einer soziologischen Theorie gestellt werden können, sodass eine Handlungstheorie letztlich nur noch wenig Sinn ergibt (vgl. hierzu auch Hillebrandt 2014, S. 87 ff.).

Ein weiterer Schwachpunkt der interpretativen Soziologie wird in ihrer Verankerung in der Aufklärungsphilosophie gesehen, der vor allem und wiederholt von der soziologischen Systemtheorie nach Luhmann herausgestellt wird. Demnach ist diese soziologische Denkrichtung von Weber über Schütz, Luckmann, Garfinkel bis zu Habermas weniger eine Soziologie als eine am Begriff des Bewusstseins und der Transzendenz ausgerichtete Sozialphilosophie, die ihre Theoriebildung – und diese Kritik zielt selbstredend vor allem auf die Kritische Theorie von Habermas – vorrangig normativ ausrichtet. Das Argument lautet in etwa wie folgt: Wird mit dem Theorem des kommunikativen Handelns ein Abstreifen der transzendenz-, subjekt- und bewusstseinsphilosophischen Ausrichtung der interpretativen Soziologie und der Kritischen Theorie praktiziert, um so den „normativen Gehalt der Moderne" in kommunikationstheoretischer Absicht zu betonen, öffnet diese, zentral auf die Sozialdimension, weil an der sozialen Aushandlung des Vernunftpotenzials einer Gesellschaft ausgerichtete Variante einer aufklärerisch angelegten Theorie der Moderne nicht nur neue Möglichkeiten in der soziologischen Theoriebildung, sondern schließt sie auch genau über die Sozialdimension: „Kulturelle Rechte bedeuten", wie Habermas (2005, S. 277) in einem seiner neueren Texte prägnant formuliert, „nicht nur ‚mehr Differenz' und Eigenständigkeit. Diskriminierte Gruppen gelangen nicht ‚kostenlos' in den Genuss der kulturellen Gleichberechtigung. Sie können nicht die Nutznießer einer Moral der gleichberechtigten Inklusion sein, ohne sich diese ihrerseits zu Eigen zu machen."

Ganz in diesem Sinne sieht sich Habermas (2005, S. 279–323) in der Pflicht, den normativen Gehalt der Moderne gegen Vorstellungen des „Postmodernen Liberalismus" (ebd., S. 279) zu verteidigen. Dies zeigt sich an einer Kontroverse zwischen ihm und Christoph Menke (vgl. 2000, 2002), der im modernen, auf den Vernunftbegriff der Aufklärung zurückzuführenden Bestreben, soziale Gleichheit der Teilhabe, also soziale Gerechtigkeit durchzusetzen, einen „Schritt zerstörender Abstraktion" (Menke 2000, S. 99) sieht. Menke (2002, S. 898) stellt in seiner Dekonstruktion der Habermasschen Modernisierungstheorie unter anderem fest: „In politischen Ordnungen, die umfassende Versionen des Liberalismus zur Grundlage haben, geschieht eine Verletzung der Gleichheit im Namen der Gleichheit." Habermas sieht nun sein Verständnis von Modernität von derartigen Dekonstruktionen deshalb herausgefordert, weil sie fundamental bezweifeln, dass die gegenwärtige Gesellschaft durch ein ausgefeiltes Demokratie- und Rechtsstaatsverfahren ein allgemeines Vernunftpotenzial entfalten kann, das alle Mitglieder einer Gesellschaft gleichberechtigt beteiligt. Das zentrale Argument Menkes ist in diesem Zusammenhang, dass der politische Liberalismus seit seiner Entstehung als wichtiges Narrativ der Gesellschaft immer Akteure von der Gleichheit ausgeschlossen hat und dass dies erst retrospektiv erkannt werden kann. Wer sagt uns also, ob nicht auch im heutigen Liberalismus, durch den, zumindest in der Habermasschen Diktion dieses Narrativs der Moderne, angeblich alle am Prozess der Vernunft beteiligt werden sollen, spezifische und subtile Ausschlussmechanismen wirksam sind, die uns erst in späteren Zeiten vorgerechnet werden, so wie es gegenwärtig mit dem Ausschluss von Frauen oder mit der Möglichkeit der Sklavenhaltung im Namen des Liberalismus geschieht? Und diese Rechnung wird bezüglich der Modernitätsvorstellung von Habermas sicher nicht ausbleiben, weil sie, wie sich an der folgenden Aussage von Axel Honneth (2000, S. 141) ablesen lässt, höchst voraussetzungsreich ist: Wenn

> eine moralische Norm ... nur unter den Bedingungen als gerechtfertigt gelten darf, dass alle potenziell Betroffenen ihr zugestimmt haben, dann muss dabei im Prinzip schon immer vorausgesetzt werden können, dass jedem von ihnen in der gleichen Weise die Chance einer ungezwungenen Stellungnahme zugekommen ist; denn ohne eine solche Unterstellung wären wir nicht in der Lage, die erzielte Übereinkunft als den Ausdruck der Interessen aller Beteiligten anzusehen.

Werden die Bedingungen für die Geltung der kommunikativ erzeugten Vernunft dermaßen hoch und idealistisch angesetzt, verdeckt diese Version des Liberalismus – beispielhaft und prominent von Habermas vertreten – die Probleme, die ein vernunftbasiertes Modernitätsverständnis mit sich bringt, was etwa an der sogenannten Flüchtlingskrise von 2015/2016 oder an der sogenannten Finanzkrise von 2007 deutlich wird. Obwohl Habermas diese Probleme durch die normative Einforderung einer Modernisierung moderner Gesellschaften, in der demokratische und rechtsstaatliche Verfahren einer ständigen Reflexion und damit verbundenen Revision ausgesetzt sein sollen, lösen will, kann er die Dekonstruktion des politischen Liberalismus etwa durch Menke letztlich nicht entkräften. Keine Demokratie vermag es etwa zu verhindern, dass in den letzten Jahren täglich Menschen, die vor Hunger, Krieg und Vertreibung fliehen müssen, im Mittelmeer bei dem Versuch ertrinken, die europäischen Demokratien zu erreichen. Das am Begriff der kommunikativ erzeugten Vernunft ausgerichtete Modernitätsnarrativ des politischen Liberalismus untergräbt die Lösung derartiger Probleme demokratischer Verfassungen der Gesellschaft, indem es sie idealistisch verschleiert. Dies sollte jedoch nicht dazu führen, die „immanente Kritik" an der Gegenwartsgesellschaft aufzugeben: So schreibt etwa Axel Honneth zu Beginn seines ganz aktuellen Versuches, die Idee des Sozialismus für die kritische Theorie erneut fruchtbar zu machen:

> Es mag hier der Hinweis darauf weiterhelfen, dass sich die wirtschaftlich-sozialen Vorgänge dem öffentlichen Bewusstsein heute als viel zu komplex und daher undurchschaubar darstellen, um noch als gezielten Eingriffen zugänglich gelten zu können; vor allem durch die Prozesse der ökonomischen Globalisierung mit ihren in ihrer Schnelligkeit kaum mehr überblickbaren Transaktionen scheint sich eine Art von Pathologie zweiter Ordnung herausgebildet zu haben, die darin besteht, dass die Bevölkerung die institutionellen Bedingungen des Zusammenlebens nur noch als ‚dingliche' Verhältnisse, als jedem menschlichen Eingriff entzogene Gegebenheiten ansieht (Honneth 2015, S. 18).

Ganz in diesem Sinne gibt es für eine Kritische Theorie der Gesellschaft, die sich, wie Honneth vorschlägt, in neuer, den gegenwärtigen Verhältnissen gerecht werdender Weise an Marx erinnern könnte, noch und immer wieder eine Menge zu tun. Eine Kritische Theorie der Gesellschaft ist und bleibt eine wichtige Aufgabe der Soziologie. Denn nur ein sozialwissenschaftlicher Blick auf die sozialen Verhältnisse wird es vermögen, die komplexen sozialen Vorgänge in neuer Weise zu beschreiben, sodass eine kritische Perspektive auf Ungerechtigkeiten entstehen kann. Das in dieser Weise neu thematisierte kritische Potenzial der Soziologie ist ganz tief in der Tradition der Aufklärung verankert und stellt deshalb eine interessante Fortführung einer traditionellen soziologischen Denkweise dar.[12]

---

[12]Ein wenig hilflos scheint mir dagegen der aktuelle Versuch Hartmut Rosas (vgl. 2016, S. 633 ff.) zu sein, das kritische Potenzial der Soziologie über einen positiven Begriff der Resonanz zurückzugewinnen, denn wer sollte etwa problemlos bestimmen können, wann Resonanz gelingt und wann nicht, wann also eine „Weltbeziehung" gelingt und wann nicht. Die Theorie der Anerkennung von Axel Honneth (vgl. erstmals 1992), auf die sich auch Rosa (vgl. 2016, S. 591 ff.) bezieht, ohne sie allerdings für ausreichend zu halten, was meiner Ansicht nach eine Fehleinschätzung ist, erscheint mir hier deutlich hilfreicher zu sein, weil sie es ermöglicht, Formen der Anerkennung in der Tradition der Aufklärung zu bestimmen, um dann die Verhältnisse und Situationen zu identifizieren, die diese Formen

Damit komme ich zum Abschluss der Auseinandersetzung mit dem interpretativen Paradigma der Soziologie, das sich über die Theorie des kommunikativen Handelns tief in die Kritische Theorie eingeschrieben hat. Die Adaption dieses soziologischen Paradigmas durch Habermas erlaubt es jedenfalls, dies so festzustellen. Mit der interpretativen Soziologie wird schlussendlich auch in der kritischen Soziologie nach Habermas und Honneth eine ganz spezifische Perspektive auf die Sozialität eingenommen, die sich als wirkmächtige soziologische Denkweise erweist, indem sie davon ausgeht, die Sozialität lasse sich besser verstehen, wenn die Sinndeutungen der Einzelnen zu ihrer Erforschung kultursoziologisch erhoben, identifiziert und interpretiert werden. Nach dieser soziologischen Denkweise besteht die Sozialität aus den Handlungen der Akteure, die mithilfe der qualitativen Methoden der Soziologie erforscht werden müssen. Die Kritik am interpretativen Paradigma entzündet sich zunächst an dem mit ihm angeblich verbundenen Subjektivismus, der die überindividuellen Eigenschaften der Sozialität unterschätzt, und an der nicht selten mit dem interpretativen Paradigma verbundenen Normativität des soziologischen Denkens, durch die eine Erforschung des wirklichen Vollzugs der Sozialität idealistisch verschleiert wird. Bei dieser Kritik kommt es aber, wie meine Ausführungen zeigen wollten, sehr darauf an, die unterschiedlichen Ansätze des interpretativen Paradigmas der Soziologie zu unterscheiden und jeweils gesondert zu würdigen. So ist etwa die Ethnomethodologie deutlich weniger normativ angelegt wie die Kritische Theorie von Jürgen Habermas, die sich letztlich nur in Teilen dem interpretativen Paradigma zuordnen lässt, während sie zu einem großen Teil aus einer Systemtheorie besteht, die vor allem an Parsons Systembegriff anschließt. Insofern vereinigt die Theorie von Habermas viele soziologische Denkweisen in sich – sie ist etwa auch nicht ohne Max Weber vorstellbar, auf den sich Habermas immer wieder positiv bezieht –, was sie ihrerseits vor allem in Deutschland zu einer sehr typischen soziologischen

---

der Anerkennung verunmöglichen. Gerade die konsequente, weil immanente Haltung, die Honneth in seinen zahlreichen Schriften gegenüber der Tradition der Aufklärung und des hier entwickelten Freiheitsbegriffs einnimmt, scheint mir für eine kritische Theorie unerlässlich zu sein, was Hartmut Rosa mit dem lapidaren Hinweis darauf übersieht, dass die „Moderne" eben eine „Resonanzkatastrophe" (vgl. ebd., S. 517 ff.) verursacht habe – dass folglich vor der Moderne noch echte Resonanz geherrscht haben muss –, ohne dabei hinreichend genau zu sehen, dass ein Begriff der Resonanz erst in der Aufklärung überhaupt möglich wird. Auch Rosas relativ unreflektierte Verwendung des Begriffs „Moderne" zur Bezeichnung der Gegenwartsgesellschaft ist eigentümlich anachronistisch angesichts der massenhaften berechtigten Kritik an den Ansprüchen auf westliche Hegemonie, die mit diesem Begriff unweigerlich verbunden sind.

Denkweise werden lässt, die wie die interpretative Soziologie ganz allgemein in der Aufklärungsphilosophie verankert ist. Diese Verankerung zeigt sich auch und vor allem darin, dass die interpretative Soziologie im Einklang mit Habermas Sozialität auf die Handlungen der Einzelnen zurückführt, sodass Sozialität wesentlich als das Ergebnis des handelnden und kommunikativen Zusammenwirkens von Menschen verstanden wird. Die Sozialität ist dadurch etwas, das in der Verantwortung des Einzelnen entsteht, sie geht notwendig immer von Menschen aus, die handeln, kommunizieren oder interagieren. Dass man dies nicht zwingend so sehen muss, um soziologisch denken zu können, zeigt der nächste Abschnitt.

- **Verdeutlichen Sie, warum Max Weber die Soziologie primär als Kultursoziologie sieht.**
- **Was ist der Unterschied zwischen erklärenden und verstehenden Ansätzen in der Soziologie?**
- **Was ist mit der Unterscheidung zwischen induktiv und deduktiv gemeint?**
- **Was ist mit der Unterscheidung zwischen qualitativ und quantitativ gemeint?**
- **Wie sind Idealtypen nach Max Weber zu verstehen?**
- **Warum ist die Kapitalismusthese Webers ein besonders prägnantes Beispiel für die verstehende Soziologie?**
- **Erläutern Sie die Begriffe kausal- und sinnadäquat.**
- **Inwiefern geht Alfred Schütz über Max Weber hinaus? Finden Sie Gemeinsamkeiten und Unterschiede zwischen diesen beiden wichtigen Vordenkern der interpretativen Soziologie.**
- **Was meint Alfred Schütz mit dem Begriff des Fremdverstehens?**
- **Wie wird der Begriff der Lebenswelt von Alfred Schütz definiert?**
- **Inwiefern radikalisieren Peter Berger und Thomas Luckmann die soziologische Phänomenologie von Alfred Schütz?**
- **Was ist damit gemeint, dass Alfred Schütz seine Theorie von der Bewusstseinsphilosophie aus entwickelt und inwiefern ist dieses Erbe für die interpretative Soziologie von großer Bedeutung?**
- **Wie unterscheidet sich die Ethnomethodologie von der klassischen interpretativen Soziologie?**
- **Wie versteht Jürgen Habermas die Unterscheidung zwischen Lebenswelt und System und inwiefern ist die interpretative Soziologie für diese Unterscheidung von großer Bedeutung?**

5 Entsteht Sozialität im sinnhaften Zusammenwirken von Menschen?

- Vergegenwärtigen Sie sich allgemeine Kritikpunkte am interpretativen Paradigma der Soziologie.
- Inwiefern ist die Theorie von Habermas normativ ausgerichtet und wie begründet sich die Kritik an der normativen Ausrichtung der Theorie des Kommunikativen Handelns von Jürgen Habermas?
- Diskutieren Sie Möglichkeiten und Grenzen einer kritischen Theorie der Gesellschaft. Wozu wird sie benötigt? Wann ist sie gefährlich? Wann ist sie nützlich? Wie muss sie angelegt sein, damit sie nicht in offensichtliche Aporien oder Sackgassen führt?
- Diskutieren Sie die Unterschiede und Gemeinsamkeiten zwischen den beiden im vierten und fünften Abschnitt vorgestellten soziologischen Denkweisen.
- Versuchen Sie sich *in Vorbereitung auf den nächsten Abschnitt* eine soziologische Denkweise vorzustellen, die zur Bestimmung der Sozialität nicht von den Handlungen, Kommunikationen oder Interaktionen ausgeht, die also nicht vorab festlegt, woraus die Sozialität besteht. Versuchen Sie sich zu fragen, welche Bestandteile neben dem Bewusstsein des Menschen eigentlich wichtig sind für das, was in der Soziologie als Sozialität bezeichnet wird.

Woraus besteht Sozialität? Poststrukturalistisch denken

6

Eine Einführung in die soziologische Denkweise damit abzurunden, eine Spielart des soziologischen Denkens vorzustellen, die nicht im Vorhinein definiert, woraus die Sozialität besteht, mag vielen zunächst als völlig verfehlt erscheinen. Dies war doch eigentlich eine Grundlage aller Soziologie, dass sie einen ganz spezifischen Gegenstand hat, den keine andere Wissenschaft vor oder nach ihr untersuchen kann und den folglich nur sie als Handlung, Kommunikation, Interaktion oder kurz als soziale Tatsache bestimmen kann. Interessanterweise gibt es aber in der Entstehung der Soziologie als Wissenschaft durchaus einige Ansätze, die genau diese Lehrmeinung nicht vertreten und Sozialität eben nicht exklusiv definieren und zum alleinigen Gegenstand der neu entstehenden Wissenschaft Soziologie erklären. Neben Gabriel Tarde, der in den letzten Jahren vor allem von Bruno Latour als Gegenspieler Durkheims neu entdeckt wird, ist es vor allem Marcel Mauss, der Neffe und bekannteste Schüler von Émile Durkheim, der in der Entwicklung seiner soziologischen Denkweise ganz eigene, für die gegenwärtige Soziologie höchst anschlussfähige Wege geht.[1]

In für ihn typischem Understatement sagt Marcel Mauss mit deutlicher Distanz zu Durkheims positivistischem Diktum einer systematisch wissenschaftlichen Soziologie von sich selbst: „Ich lege nicht viel Wert auf wissenschaftliche Systeme und habe kein anderes Bedürfnis, als nur partielle Wahrheiten auszudrücken." (Mauss 2006, S. 349). Diese Unvollkommenheit, mit der Mauss hier kokettiert, wird ihm bereits 1950 von Claude Lévi-Strauss (vgl. 2010, S. 7–47)

---

[1] Die folgenden Ausführungen zu Mauss basieren auf einen Essay, den ich 2012 zur deutschen Neuausgabe von *Soziologie und Anthropologie* (vgl. Mauss 2010a, b) verfasst habe (vgl. Hillebrandt 2012).

in seiner die Mauss-Rezeption der 1950er und 1960er Jahre prägenden Einleitung in das Werk von Mauss als Manko angekreidet. Heute ist dieses „Manko" eher ein Hinweis darauf, dass Mauss wissenschaftlichen Systemen, die konkrete Forschung zugunsten einer übergeordneten, scholastischen Theorie vernachlässigen, mit großer Skepsis gegenübersteht. Und genau dies macht ihn für die heutige Theoriediskussion der Soziologie interessant. Mauss schreibt, anders als alle bisher diskutierten Theorien der Soziologie, keine universelle soziologische Theorie. Stattdessen ist er bestrebt, einzelne Phänomene als totale soziale Tatsachen umfassend zu durchdringen und zu erforschen. Und genau dies übt auf die gegenwärtige deutsche Soziologie eine besondere Faszination aus, die sich vor allem auf den berühmten Gabenessay (siehe Mauss 2010b, S. 9–144) bezieht (vgl. exemplarisch Hillebrandt 2009, S. 126 ff.; Miklautz 2010), in dem Mauss die Gabe als totales soziales Phänomen beschriebt und durchdringend erforscht.

Nun ist jedoch die meines Erachtens immense Bedeutung von Mauss für die gegenwärtige Soziologie und damit auch für die gegenwärtige soziologische Denkweise nicht nur mit der herausragenden Stellung des Gabenessays zu begründen, sondern auch mit der spezifischen Art, mit der Mauss Soziologie betreibt. Wer seinen innovativen Forschungs- und Theoriestil in seiner Bedeutung für die gegenwärtige Soziologie richtig einschätzen will, sollte Mauss folglich nicht nur als Autor des berühmten Gabenessays lesen, mit dem er die soziologischen Vorstellungen zum Tausch und zur Reziprozität nachhaltig prägt. Denn neben dem Gabenessay (Mauss 2010b, S. 9–149) finden sich bei diesem frühen Soziologen sehr viele mehr oder weniger bedeutsame Arbeiten zu den unterschiedlichsten Themen, durch die er als herausragender Vordenker soziologischer Forschung erscheint. Wer einen Blick wirft in die Œuvres von Mauss (vgl. 1968, 1969, 1974), die Ende der 1960er Jahre in Frankreich erscheinen, findet diverse hoch interessante Abhandlungen zu den unterschiedlichsten Themen.[2] Und andererseits mag die Einschätzung, dass Mauss als bedeutender Klassiker der *Soziologie* angesehen werden muss, bei einem oberflächlichen Blick auf das Inhaltsverzeichnis seines Werkes zunächst auch überraschen. Denn es lässt sich selbstverständlich berechtigterweise fragen, warum sich die Soziologie mit so skurrilen Themen wie „den jahreszeitlichen Wandel der Eskimogesellschaften"

---

[2]Ich werde mich im Folgenden vor allem auf die deutsche Ausgabe von *Soziologie und Anthropologie* beziehen, die in zwei Bänden erschienen ist (Maus 2010a, b), nicht ohne darauf hinzuweisen, dass ich es für ein großes Versäumnis halte, dass die Werke von Mauss nicht vollständig ins Deutsche übertragen sind. Inzwischen ist diese große Lücke kleiner geworden, weil Stephan Moebius und andere zumindest die religionssoziologischen Schriften von Marcel Mauss in deutscher Übersetzung vorgelegt haben (vgl. Mauss 2012).

(Mauss 2010a, S. 183) beschäftigen sollte. Was meint Mauss mit dem Schlagwort „soziale Morphologie", unter dem die Eskimostudie firmiert? Was hat die äußere, physische Gestalt von etwas mit der Sozialität zu tun? Handelt es sich bei Mauss am Ende um einen frühen Soziologen, der sich auf Abwege des Fachs begeben hat und deshalb jenseits soziologiehistorischer Interessen getrost vergessen werden kann? Denkt man allerdings etwas genauer über die von Mauss aufgeworfenen, dem herrschenden soziologischen Sachverstand zunächst scheinbar zuwiderlaufenden Fragen nach, sieht man schnell, dass es dabei um Themen geht, welche die gegenwärtige Soziologie stark beschäftigen oder beschäftigen sollten und die Mauss bereits zu Beginn des 20ten Jahrhunderts dezidiert bearbeitet: Er thematisiert die „morphologische Gestalt der Gesellschaft" (Mauss 2010a, S. 214) der Eskimos und untersucht beispielsweise „Wettertechniken" (Mauss 2010a, S. 238) als wichtige Praktiken, welche die Sozialität entscheidend bestimmen. Er beschreibt dezidiert die physische Beschaffenheit der Zelte und Häuser der Eskimos, die sie entweder im Sommer (Zelte) oder im Winter (Häuser) bewohnen. Dabei geht es ihm um Themen wie die Anordnung der Dinge im physischen Raum, den Einfluss des Klimas auf die Sozialität oder die Folgen der spezifischen Anordnung der physischen Körper im physischen Raum. Mauss untersucht hier, wie er gleich eingangs seiner Eskimostudie sehr schön sagt, „das Ensemble der Dinge, in denen das kollektive Leben seinen Sitz hat" (Mauss 2010a, S. 183).

Wenn man nun bedenkt, dass Mauss mit dem Begriff des „kollektiven Lebens" nichts anderes meint als die Sozialität, sieht man, dass er selbst mit seiner Eskimostudie, die man zunächst für randständig halten kann, im Zentrum der gegenwärtigen Theoriediskussion um die Frage steht, wie die materiellen Dinge angemessen zum Gegenstand der soziologischen Forschung werden können. Dabei zeigt sich die besondere Sensibilität, die Mauss bezüglich dieser Dinge entwickelt, wenn er etwa im Gabenessay die Gaben so beschreibt: „Ein jedes dieser kostbaren Dinge besitzt [...] Zeugungskraft in sich selbst." (Mauss 2010b, S. 86). Die Dinge sind also nicht nur bloße Objekte genauso wenig wie sie die Sozialität vollständig determinieren. Sie sind aktive Bestandteile des „kollektiven Lebens", also der Sozialität, weil sie von der Sozialität durchdrungen sind und wiederum auf diese zurückwirken.

Mit dieser Denkweise des Physischen will Mauss keineswegs die Bedeutung der Sozialität marginalisieren. Denn obwohl sich Mauss dezidiert mit den physischen Dingen und den menschlichen Körpern (Mauss 2010b, S. 199–220) beschäftigt, ist er zutiefst von der Wirksamkeit und der immensen Macht der Sozialität überzeugt. Für Mauss sind Sozialität und Materialität nichts Gegensätzliches, wie sich unmissverständlich in seiner Abhandlung über die Todesvorstellung

(Mauss 2010b, S. 175–195) zeigt. Das Soziale schreibt sich dermaßen radikal in die physischen Körper der Individuen ein, dass dies zum Tode führen kann. Mauss untersucht hier Fälle, „in welchen die soziale Natur des Menschen ganz direkt mit seiner biologischen Natur verbunden ist." (Mauss 2010b, S. 194). Selbst der Tod, also das Ende des physischen Körpers, ist demnach ein Produkt der Sozialität. Damit nimmt Mauss einen zentralen Gedanken der gegenwärtigen Praxistheorien der Soziologie vorweg, der besagt, dass die Körper durch die Praxis geformt werden und eben deshalb nicht als der Sozialität vorgängige Natur gefasst werden können. In weniger dramatischer Weise, weil nicht mehr primär auf das Ende der physischen Existenz bezogen, führt Mauss diesen Gedanken einer Körpersoziologie dann in seinem Aufsatz über die „Techniken des Körpers" fort. Hier finden sich so bemerkenswerte Aussagen wie die folgende:

> Ich hatte also während vieler Jahre diese vage Vorstellung von der sozialen Natur des ‚habitus'. Ich bitte Sie zu bemerken, dass ich in gutem Lateinisch, das in Frankreich verstanden wird, ‚habitus' sage. Dieses Wort ist weitaus besser als ‚Gewohnheit', ‚das Bestehende', ‚das Erworbene' und ‚die Fähigkeit' im Sinne von Aristoteles (der ein Psychologe war). Es bezeichnet nicht jene metaphysischen Gewohnheiten, jene mysteriöse ‚Erinnerung', Thema umfangreicher Bücher oder kurzer berühmter Abhandlungen. Diese ‚Gewohnheiten' variieren nicht nur mit den Individuen und ihren Nachahmungen, sie variieren vor allem mit den Gesellschaften, den Erziehungsweisen, den Schicklichkeiten und den Moden, dem Prestige. Man hat darin Techniken und das Werk der kollektiven praktischen Vernunft zu sehen, da wo man gemeinhin nur die Seele und ihre Fähigkeiten zur Wiederholung sieht (Mauss 2010b, S. 202 f.).

Dass Mauss hier ein zentrales Theoriestück von Pierre Bourdieu vorweg nimmt, ist offensichtlich und muss hier nicht weiter ausgeführt werden – die Theorien von Mauss und Bourdieu ähneln sich, wie dieses Beispiel zeigt, in ihren Grundanlagen in bemerkenswerter Weise. Die Abhandlung über die Techniken des Körpers bezeichnet Bourdieu in einer Würdigung von Mauss dann auch als die Skizze einer Theorie der Praxis (vgl. Bourdieu 2004, S. 18).

Ganz so wie Bourdieu überwindet Mauss, der sich ganz selbstbewusst als Soziologe sieht (siehe etwa Mauss 2010b, S. 147 f.), mit der Thematisierung von physischen Dingen und menschlichen Körpern die Grenzen der Disziplinen, vielleicht gerade weil er sich vollends als Soziologe definiert. Er ist möglicherweise der erste Wissenschaftler, der vollständig soziologisch ausgebildet wurde, der also nicht, wie etwa sein Lehrer Émile Durkheim und alle anderen Pioniere der Soziologie, über eine andere Disziplin zur Soziologie kommt. Erst ein bewusstes Selbstverständnis, Soziologe und nichts anderes zu sein, erlaubt es Mauss, Themenbereiche zu erschließen, die von der Soziologie lange Zeit auch nach Mauss noch als Gegenstände anderer Disziplinen behandelt werden. Die strikte Trennung der Gegenstandsbereiche und ihre eindeutige Zuordnung zu den Teildisziplinen beginnt Mauss zu lösen und er entfernt sich dadurch von Durkheim, der eine eindeutige Abgrenzung des Gegenstandes der Soziologie, von ihm als soziale Tatsachen bezeichnet, für die beste Strategie hält, die Soziologie als eigenständige Wissenschaft zu etablieren. Das diese Strategie überwindende Ausloten einer Art transdiziplinärer Themenvielfalt soziologischen Denkens macht die Aktualität des Werkes von Mauss aus. Auch wenn er noch ganz im Sinne Durkheims vom „Kollektivbewusstsein" (Mauss 2010b, S. 148) als Gegenstandsbereich der Soziologie auszugehen scheint, gelingen ihm doch Beobachtungen, welche seinen Arbeiten eine hohe Relevanz für die gegenwärtige Theoriediskussion geben. Denn wenn Mauss das Kollektivbewusstsein bezeichnet, spricht er immer zugleich von „Kollektivvorstellungen und -praktiken", also von „habituellen Akten und Ideen" (Mauss 2010b, S. 155). Nach Mauss ist es die Aufgabe der Soziologie, die sozialen Tatsachen morphologisch, statistisch und historisch zu untersuchen (vgl. Mauss 2010b, S. 152). „Es gibt Dinge und Menschen, also Physikalisches, Materielles zunächst, sodann Zahlenmäßiges" (Mauss 2010b, S. 151). Dieses Diktum erlaubt es ihm, das Physiologische als wichtigen Aspekt der Sozialität zu deuten (vgl. Mauss 2010b, S. 153). Die „Physiologie" gehört nach Mauss zur „Wirkungsweise der Gesellschaft" (Mauss 2010b, S. 151). Mit solchen Aussagen löst er sich von Durkheim und steht dadurch am Anfang einer Soziologie der Praxis, die sich genau im Mausschen Sinne als poststrukturalistischer Materialismus versteht.

Die hier genannten Axiome der Mausschen Soziologie machen verständlich, warum er bei seiner Definition des Fachs im Vergleich mit der Psychologie die Soziologie als Lebenswissenschaft fasst. Für Mauss sind die „soziologischen Phänomene … solche des Lebens" (Mauss 2010b, S. 149). Folglich ist die „Soziologie […] ein Teil der Biologie, denn [sie] […] hat es mit Menschen aus Fleisch und Knochen zu tun, die leben oder gelebt haben" (Mauss 2010b, S. 149). Die Soziologie ist demnach ein besonderer Teil der Anthropologie, die ein besonderer Teil der Biologie ist (vgl. Mauss 2010b, S. 149). Diese Charakterisierung des Fachs mag eine Soziologie zunächst befremden, die im Verlauf ihrer Geschichte immer mehr als Wissenschaft von der immateriellen Kommunikation erscheint und dadurch den Bezug zu dem verliert, was praktisch geschieht. Genau diesem Trend kann mit Mauss' Definition des Fachs begegnet werden, ohne dabei hinter den Erkenntnisstand der gegenwärtigen Soziologie zurückfallen zu müssen. Verdeutlichen lässt sich dies am Prinzip der totalen sozialen Tatsache, welches Mauss einführt, um den Gegenstand der Soziologie zu begreifen.

Der Begriff der sozialen Tatsache, mit dem Durkheim den Gegenstandsbereich der Soziologie eindeutig zu bestimmen versuchte, wird bei Mauss zur totalen sozialen Tatsache oder zum totalen sozialen Phänomen (fait social totale). Diese Verschiebung des Begriffs ist nun von zentraler Bedeutung für das Verständnis der Soziologie Mauss'. Denn gerade die strikte Trennung des soziologischen Gegenstandsbereiches von den Gegenstandsbereichen anderer Wissenschaften, die Durkheim mit dem Begriff der sozialen Tatsache so vehement betrieben hat, um die Soziologie als eigenständige Wissenschaft zu etablieren, hebt Mauss mit seiner neuen Begriffsfassung weitgehend auf. Totale soziale Phänomene (Mauss 2010b, S. 12) – wie etwa das der Gabe – *vereinigen* oder *versammeln* unterschiedliche, von der Soziologie häufig auseinanderdefinierte Bereiche (religiöse, rechtliche und moralische, Politik und Familie etc.), sie sind keine Teilungs-, sondern vielmehr *Versammlungsprinzipien* der Sozialität. Bis heute fällt es große Teile der Soziologie schwer zu verstehen, was dies für das soziologische Denken bedeutet, wenn im genannten Sinne von einem totalen sozialen Phänomen, von einem „fait social totale" gesprochen wird. Diese Erscheinungsformen der Sozialität sind immer Symbole, in denen sich diverse Aspekte versammeln, die in ihrem Zusammenwirken emergente praktische Effekte erzeugen: „Die Worte, die Begrüßungen, die feierlich ausgetauschten, empfangenen und unter Strafe des Krieges obligatorisch erwiderten Geschenke, was sind sie anderes als Symbole?" (Mauss 2010b, S. 163). Insofern ist Mauss auch Kultursoziologe, der sich allerdings nicht mit der Identifikation symbolischer Formen zufrieden gibt, sondern vielmehr nach den praktischen, also materiellen, Vollzügen sucht, welche die Symbole als totale soziale Tatsachen virulent werden lassen. Der Unterschied zwischen dem Symbolbegriff als totale soziale Tatsache von Mauss und dem Begriff der sozialen Tatsache von Durkheims ist folglich nicht etwa graduell, wie man zunächst meinen könnte, sondern fundamental. Dies ist entscheidend für das Verständnis der Soziologie nach Mauss. Es muss deshalb mit all seinen Konsequenzen für die soziologische Forschung nachvollzogen werden. Denn der „größte Vorteil" des Begriffs der „totalen gesellschaftlichen Tatsachen" ist nach Mauss (2010b, S. 139).

> der der Realität: wir sehen die gesellschaftlichen Dinge selbst, konkret, so wie sie sind. Wir erfassen nicht nur Vorstellungen oder Regeln, sondern auch Menschen und Gruppen und ihre Verhaltensweisen. Wir sehen sie in Bewegung, so wie ein Mechaniker Massen und Systeme sieht, oder wie wir im Meer Polypen und Seerosen sehen. Wir entdecken Gruppen von Menschen und Triebkräfte, eingetaucht in ihr Milieu und ihre Gefühle.

Genau in diesem Sinne ist auch der etwas skurril wirkende Begriff des „totalen Menschen" (Mauss 2010b, S. 203) von Mauss zu verstehen. Mit diesem Kraftausdruck weist er auf das Vorhaben einer allumfassenden Anthropologie hin, die als Ausgangspunkt soziologischen Denkens fungieren soll. Der Mensch ist demnach Psyche, Körper und Gesellschaft zugleich. Er ist immer diese Dreiheit, weil er nie ohne einen dieser Teile agieren kann. Im Menschen versammeln sich diese drei Aspekte, die in ihrem Zusammenwirken menschliche Verhaltensformen als Praktiken erzeugen. Auch bezüglich seiner Anthropologie zeigt sich also, dass das Denken von Mauss ein konkretes Denken ist. Es bezieht sich immer auf praktische Vollzüge und versucht, die für die Praxis wichtigen Aspekte zu versammeln, zu denen dann eben die Physis des Menschen genauso gehört wie seine Psyche und sein „Habitus" als inkorporierte Gesellschaft. Mauss sucht nicht nach den Teilungsprinzipien der sozialen Welt. Er versucht die sozialen Kräfte zu finden, die diverse Aspekte des physischen Lebens versammeln und in Aktion bringen. Besonders bekannt ist hier die Gabe, die es schafft, alles Mögliche in sich zu vereinen. Ähnliches schaffen auch andere Symbole, die als totale soziale Tatsachen Praktiken affizieren, sodass Rituale als Regelmäßigkeiten der Praxis entstehen.

Das Sakrale erscheint bei Mauss beispielsweise als rituelle Praxis, die nicht ohne materielle Dinge und menschliche Körper, die sich bewegen, vollzogen werden kann. Das Religiöse wird folglich nur in der Praxis als Vollzugswirklichkeit sichtbar, es lässt sich nicht, wie die gegenwärtige Religionssoziologie mit Bezug vor allem auf Luhmann annimmt, abstrakt bestimmen. Dies gilt für Mauss ganz allgemein: Es sind allein die Praktiken, welche die rituelle Praxis aufrechterhalten, egal, ob es sich hierbei um das Ritual des Gabentausches oder um die Anbetung von Göttern handelt. Hinter diesen Praktiken steckt nichts Unerklärliches, sondern eine Magie, die es von der Soziologie zu entschlüsseln gilt. „Die Magie ist wesentlich eine Kunst des Machens und die Magier haben ihre Kenntnisse, ihre Kunstgriffe und ihre manuelle Geschicklichkeit mit Sorgfalt eingesetzt" (Mauss 2010a, S. 173). Und weiter: „Vom magischen Standpunkt aus gesehen, ist die Magie ein opus operatum, und zugleich ist sie, vom technischen Standpunkt aus gesehen, ein opus inoperans." (Mauss 2010a, S. 173). Spekulationen welcher Art auch immer verbieten sich für Mauss. Alles, was geschieht und deshalb beobachtet werden kann, lässt sich auf die Praktiken und Entstehungsmechanismen zurückführen, die hier in Aktion gebracht werden. Die soziologische Forschung muss nun so viel Wissen wie möglich darüber zusammentragen, wie diese praktischen Vollzugswirklichkeiten möglich werden, wie sie sich also ereignen.[3] Denn totale soziale Tatsachen sind, wie Stephan Moebius (2006, S. 103) richtig

---

[3]Hier könnte der Grund dafür liegen, dass Mauss' Zeitgenossen, wie Lichtblau (vgl. 2010) sagt, den Eindruck haben, dass Mauss alles weiß.

herausstellt, nicht nur durch ihre für ein Kollektiv allumfassende Wirksamkeit gekennzeichnet. Sie vereinigen zudem, wie bereits gesagt, mehrere Aspekte und Dimensionen der Sozialität, die es in der soziologischen Erforschung der totalen sozialen Tatsachen zu identifizieren gilt. Darüber hinaus sind totale soziale Tatsachen immer konkrete Ausformungen dieser Versammlungen, die von der Soziologie angemessen nachgezeichnet werden müssen. Denn totale soziale Tatsachen sind als Symbole, die sehr viel in sich vereinen, nur als Praxis vorstellbar, die ein Eigenleben entfaltet: „[D]as Symbol – zur Erscheinung gebrachter Geist – hat ein Eigenleben; es handelt und reproduziert sich unbegrenzt." (Mauss 2010b, S. 163).

Mauss ist folglich alles andere als ein Symbolist oder Strukturalist, zu dem ihn Claude Lévi-Strauss in seiner den Strukturalismus prägenden *„Einleitung in das Werk von Marcel Mauss"* (Lévi-Strauss 2010) formen will. Er ist vielmehr ein Soziologe der Praxis, der mit dem Begriff der totalen sozialen Tatsache die konkreten Vollzüge symbolischer Formen untersuchen möchte. Insofern nimmt er, wie unter anderem Bourdieu (vgl. 2004) feststellt, wichtige Ideen der poststrukturalistischen Praxistheorie vorweg.[4]

Dies gilt beispielsweise für seine Idee der Versammlung unterschiedlicher Aspekte in totalen sozialen Tatsachen, um sie durch die Identifikation ihrer unterschiedlichen Bestandteile umfassend beschreiben und verstehen zu können. Denn diese Wissenschaftsauffassung der Versammlung möglichst vieler Seiten der Sozialität, die nur scheinbar antiquiert ist, verfolgt gegenwärtig sehr erfolgreich die Akteur-Netzwerk-Theorie im Anschluss an Bruno Latour (vgl. 2007). Latour ist sich der Bedeutung von Mauss für seine eigenartige Weise, Soziologie zu betreiben, durchaus bewusst, was er dadurch dokumentiert, ihn neben Gabriel Tarde als einen der wichtigsten Vordenker seiner *„neuen Soziologie für eine neue Gesellschaft"* zu benennen (vgl. ebd., S. 363). Dies könnte damit zusammenhängen, dass Latour Netzwerke ähnlich fasst, wie Mauss totale soziale Tatsachen. Denn ein Netzwerk ist in der Sicht Latours eine Versammlung unterschiedlicher Aktanten, die in spezifischer Weise miteinander assoziiert sind. Hier erscheinen uns also diverse, von Latour variabel bezeichnete Entitäten, Mittler, Panoramen, Propositionen etc., die in Latours Sicht nur dann aktiv werden können, wenn sie miteinander assoziiert sind.

> Somit ist ein Akteur-Netzwerk das, was zum Handeln gebracht wird durch ein großes sternförmiges Geflecht von Mittlern, die in es und aus ihm herausströmen. Es wird durch seine vielen Bande zum Existieren gebracht: Zuerst sind die Verknüpfungen da, dann folgen die Akteure (ebd., S. 375).

---

[4]Ich gehe gleich unten genauer darauf ein, was mit Poststrukturalismus gemeint ist.

Latour will mit den Begriffen Assoziation und Akteur-Netzwerk die Bewegung der Versammlung von unterschiedlichen Aktanten nachzeichnen. Denn die Bestandteile des Akteur-Netzwerkes erzeugen nur durch und in ihrer Versammlung Aktivitäten. So gesehen sind die Netzwerke Latours totale soziale Tatsachen, die sich praktisch vollziehen müssen, um der soziologischen Forschung sichtbar zu sein. Die Akteur-Netzwerke Latours sind nämlich – ganz so wie Mauss beispielsweise die Gabe versteht – Verdichtungen von Praktiken, die durch spezifische Assoziationen von Aktanten ereignishaft werden und aus denen dann immer wieder neue Aktivitäten – also Praktiken – entstehen. Latour vermeidet es durch eine derartig prozessuale Fassung des Netzwerkbegriffs, die zu untersuchenden Praktiken als essenziel gegeben zu verstehen. Mit diesem für seine Theorie zentralen Argument betont Latour ganz im Sinne von Mauss, dass die Entstehung und Verkettung von materiellen Praktiken als dynamischer Prozess verstanden werden muss, der Akteur-Netzwerke als Praxisformationen hervorbringen kann, die zu einer bestimmten Zeit Wirkungen in Form von Praxiseffekten entfalten. Weil nun in der poststrukturalistischen Begrifflichkeit Latours gerade das Physische von der Prozesshaftigkeit der Versammlung von Akteur-Netzwerken konstitutiv nicht ausgeschlossen wird, muss die Praxistheorie Latours ganz so wie die Soziologie von Mauss als *poststrukturalistischer Materialismus* (vgl. Hillebrandt 2016) verstanden werden.

Diese Analogie zwischen Latour und Mauss, die angesichts der begrifflichen und theoriebautechnischen Unterschiede zwischen beiden Ansätzen selbstredend nicht zu weit getrieben werden kann, zeigt neben den anderen von mir hervorgehobenen Punkten, dass es sich lohnt, Mauss neu zu lesen. Diese Re-Lektüre sollte sich trauen, Mauss als Vordenker einer Soziologie der Praxis zu verstehen und ihn damit aus dem Gefängnis des Strukturalismus' zu befreien, in das er von Lévi-Strauss bereits 1950 gesperrt wurde. Denn es ist gerade die Skepsis von Mauss gegenüber allumfassenden Theoriesystemen, die ihn für die heutige Soziologie so interessant macht. Denn gerade diese Skepsis führte Mauss dazu, Praxisformen als totale soziale Tatsachen zu identifizieren und durchdringend zu beschreiben. Diese Beschreibungen etwa der Gabe, der Magie, der religiösen Praxis oder anderer Rituale sind deshalb bis heute so faszinierend, weil sie zeigen, dass sich die Sozialität nie von ihren physischen Bedingungen abgelöst verstehen lässt. Sie ist immer zugleich dinglich und körperlich und kann deshalb nur verstanden werden, wenn sich soziologische Forschung als poststrukturalistischer Materialismus versteht, wenn sie also Kultur und Materialität nicht mehr trennt, indem sie mit Mauss feststellt, dass sich jedes praxisrelevante Symbol, in dem sich diverse Aspekte der Sozialität in spezifischer Weise versammeln, dinglich und körperlich als totale soziale Tatsache materialisieren muss, um sichtbar zu werden.

Bevor ich nun auf diese neue Form des Materialismus in der soziologischen Praxistheorie zurückkomme, die sich, obwohl sich die neue Praxistheorie auch positiv auf das Frühwerk von Marx bezieht, deutlich vom strukturdeterministischen Materialismus des Marxismus unterscheidet, möchte ich erläutern, was mit dem Begriff Poststrukturalismus gemeint ist. Denn das soziologische Denken ist heute sehr stark von dieser Denkströmung geprägt, die sich von Frankreich aus auf den gesamten soziologischen Diskurs auswirkt (vgl. dazu etwa die Beiträge in Moebius und Reckwitz 2008 sowie Stäheli 2000). Claude Lévi-Strauss (1908–2009) ist uns ja bereits als wichtigster Vertreter des Strukturalismus begegnet, der in der Mitte des zwanzigsten Jahrhunderts eine sehr wirkmächtige, das soziologische Denken vor allem in Frankreich stark beeinflussende Theorie aufstellt, die nach den zeitlosen Strukturen der Praxis sucht. Der zeichentheoretisch orientierte Linguist Ferdinand de Saussure (1857–1913) liefert Lévi-Strauss die entscheidende Idee zu seiner ethnologischen Sozialtheorie, indem Saussure in seiner allgemeinen Sprachwissenschaft (vgl. Saussure 2013) das Zeichen (signifikant) von dem unterscheidet, was es bezeichnet (signifikat) und dadurch eine Theorie des Zeichensystems entwickelt, die das einzelne Zeichen nur in seinem es als Einzelnes überschreitenden Zusammenhang, also in seiner Struktur, gefasst sehen will. Dieses System der Sprache, das Saussure *langue* nennt und von der Verwendung der Sprache als *parole* unterscheidet, lässt sich als Struktur erfassen. Und dieser Strukturalismus ist nach Saussure nötig, weil das Zeichen *(signifikant)* allein nicht auf das Bezeichnete *(signifikat)* zurückgeführt werden kann, sodass es als Einzelzeichen beliebig wäre und deshalb willkürlich verwendet werden könnte. Erst die Struktur der Zeichen erlaubt es, wissenschaftliche Aussagen über das Bezeichnete zu fassen, weil die Sprachstruktur die einzelnen Zeichen der Sprache aus der Beliebigkeit hinausführt. Wird etwa eine Pflanze mit dem Wort Rose bezeichnet, ist dies nur so lange völlig beliebig, wenn nicht ein Sprachsystem Rosen von anderen Pflanzen klar unterscheidet, sodass Rosen dann eben keine Nelken, Astern oder Margeriten mehr sein können, weil diese Pflanzen anders bezeichnet sind. Dieses Argument gilt gleichsam für das Wort Pflanze, das in einem Sprachsystem eben bestimmte Lebewesen von anderen Lebewesen wie etwa Tieren unterscheidet, und so weiter und so fort. Das Sprachsystem, also die Struktur der Sprache *(langue),* macht die Verwendung der Sprache *(parole)* erst möglich.

Diese strukturalistische Idee nimmt Lévi-Strauss als Grundlage seiner Sozialtheorie, die nicht nach den Einzelphänomenen sucht, sondern nach der zeitlos geltenden Struktur, die die Einzelphänomene und Ereignisse hervorbringt und dadurch zusammenhält. Er entwickelt seine Sozialtheorie aus der Theorie der Sprachstruktur von Ferdinand de Saussure und in Abgrenzung zum Gabenessay von Marcel Mauss. Denn Lévi-Strauss möchte die Einzelelemente des Tauschens, also das Geben, Nehmen und Erwidern, die Marcel Mauss noch isoliert betrachten will, als Verkettung verstanden wissen, also als Reziprozität, die eine Grundstruktur der Sozialität darstellt. Und genau dies ist der zentrale Gegenstand der Kritik, die Lévi-Strauss (vgl. 2010) im Jahr 1950 an den Gabenessay von Marcel Mauss heranträgt, sodass seine Kritik an Marcel Mauss zu so etwas wie dem Gründungstext des sozioethnologischen Strukturalismus wird.

In seinem ersten großen Buch über die elementaren Formen der Verwandtschaft, das um 1949 als Reflexion einer langen, in den 1930er Jahren durchgeführten Forschungsreise zu den Stammesgesellschaften im Amazonasgebiet erscheint, findet Lévi-Strauss (vgl. 1981) die entscheidende Struktur der Sozialität nun nicht allein in der Sprache, sondern in den Verwandtschaftsbeziehungen, die ganz bestimmte Praktiken der Reziprozität hervorbringen, weil das Inzestverbot einige elementare Austauschbeziehungen kategorisch ausschließt und deshalb eine Familien übergreifende Reziprozität möglich wird.[5] Somit ist nicht die Bedeutung einer einzelnen Praktik des Gebens, Nehmens oder Erwiderns entscheidend, sondern die Verknüpfung der Bedeutungen von verschiedenen Praktiken zu einer Struktur, die sich in den Regeln der Verwandtschaftsbeziehungen zeigt. Erst über die Erforschung der Struktur lässt sich die wahre Bedeutung der Einzelpraktiken überhaupt entschlüsseln. Dies gilt in gleicher Weise für die Reziprozität wie auch für die von Lévi-Strauss in seinem späteren Werk untersuchten Mythen, die sich nur in ihrer strukturellen Ausformung, also in der Verknüpfung der in ihnen wirksam werdenden Zeichen, verstehen lassen. Mythen sind demnach in allen Kulturen nie als einzelne Zeichen wirksam, sie bilden sich in und durch eine Struktur und sind deshalb nur zu verstehen, wenn diese Struktur entschlüsselt wird. Dies ist dann die zentrale Aufgabe jeder Sozialwissenschaft. Sozialität ist für Lévi-Strauss also immer Struktur. Mit dieser Kulturtheorie der Sozialität als Struktur geht er über den Strukturalismus von Marx hinaus, weil er Struktur nicht nur materiell fasst, sondern gerade auch als Kultur, die sich durch Zeichenstrukturen in Reziprozität und Mythen manifestiert.

Die Theorie der Dekonstruktion von Jaques Derrida löst diesen Strukturalismus nun wieder auf, indem er als Poststrukturalismus neu formuliert wird. Nach Derridas Auseinandersetzung mit den Texten von Lévi-Strauss (vgl. Derrida 1976, S. 427 ff.) sind diese Texte ebenfalls als Zeichen zu sehen, die auf der Suche nach

---

[5]Zur Amazonasreise von Claude Lévi-Strauss siehe auch seinen erstmals 1955 erschienen Forschungsbericht mit dem Titel *Traurige Tropen* (Lévi-Strauss 1978), der eine Pflichtlektüre für alle an Soziologie und Ethnologie interessierte Menschen ist.

dem absoluten Anfang sind und diesen auch bezeichnen wollen, was aber eben nicht vorstellbar ist, weil ein Zeichen, also auch eine Bezeichnung, eben reine Willkür ist. Auch eine völlig ausgefeilte Theoriestruktur, etwa die Mythologie von Lévi-Strauss, kann nicht hinter diese Einsicht zurückfallen. Alles Bezeichnende kann nicht endgültig sein, weil es eben nicht mit dem Bezeichneten gleichgesetzt werden kann. Diese Differenz lässt sich nicht wegtheoretisieren. In den Worten Derridas (ebd., S. 433 f.):

> Es gibt keine Einheit oder absolute Quelle des Mythos. Brennpunkt oder Ursprung sind immer nur Schatten oder ungreifbare, nicht artikulierbare oder vorerst nicht existierende Virtualitäten. Alles nimmt seinen Ausgang von der Struktur, der Konfiguration oder der Relation. Der Diskurs über diese a-zentrische Struktur, als die der Mythos zu verstehen ist, kann selbst kein Subjekt oder absolutes Zentrum haben. Will er die Form und die Bewegung des Mythos nicht verfehlen, muss er die Gewaltsamkeit vermeiden, die darin bestünde, eine Sprache zu zentrieren, die eine a-zentrische Struktur beschreibt. Man muss hier also auf den wissenschaftlichen und philosophischen Diskurs, auf die *episteme,* verzichten, die die absolute Forderung stellt, zur Quelle, zum Zentrum, zum Grund, zum Prinzip usf. zurück[zu] gehen. Im Gegensatz zum epistemischen Diskurs muss der strukturelle Diskurs über die Mythen, der *mytho-logische* Diskurs selbst *mythomorph* sein. Er muss die Form dessen haben, worüber er spricht.[6]

Die Suche nach dem Ursprung in der ahistorischen Struktur ist sprachlogisch – übrigens auch nach einer konsequenten Auslegung der Sprachphilosophie Saussures – unmöglich, weil sie etwas bezeichnet, das eben immer auch anders gedeutet werden kann. Bezeichnendes (signifikant) und Bezeichnetes (signifikat) können nicht zusammenfallen. Auch die Bezeichnung der Differenz zwischen beiden lässt sich eigentlich nicht vornehmen, sodass wir uns erneut in einem Regress befinden, der jeden Strukturalismus letztlich unmöglich macht, weil er als wie immer bezeichneter Diskurs immer in sich selbst wieder vorkommt. Dies ist der Regress des Strukturalismus nach Derrida.

Ein „epistemischer Diskurs", wie ihn Derrida nennt, sucht als Dekonstruktion des Zeichengebrauchs nun nach diesen Aporien, um letztlich zu zeigen, dass die diskursive Bezeichnung der Struktur als dem Zentrum, aus dem alles entsteht, logisch unmöglich ist.

---

[6]Der hier zitierte Text von Derrida (1976), der 1967 erstmals im Französischen erscheint, mit dem Titel: *Die Struktur, das Zeichen und das Spiel im Diskurs der Wissenschaften vom Menschen,* gilt als ein zentraler Grundlagentext poststrukturalistischen Denkens und sei hier deshalb sehr zur Lektüre empfohlen. Er ist im Übrigen ausgesprochen literarisch formuliert und es ist ein Genuss, ihn zu lesen.

Man kann das Zentrum nicht bestimmen und die Totalisierung nicht ausschöpfen, weil das Zeichen, welches das Zentrum ersetzt, es *supplementiert,* in seiner Abwesenheit seinen Platz hält, – weil dieses Zeichen sich als *Supplement* noch hinzufügt. Die Bewegung des Bezeichnens fügt etwas hinzu, sodass immer ein Mehr vorhanden ist; diese Zutat aber bleibt flottierend, weil sie die Funktion der Stellvertretung, der Supplementierung eines Mangels auf Seiten des Signifikats erfüllt (Derrida 1976, S. 437).

Alles Bezeichnen des Ursprungs, Zentrums oder der Struktur fügt den Zeichen als Signifikaten nur etwas hinzu (Supplement), man erreicht damit nie das Signifikant, also das, was bezeichnet wird, das lediglich durch die Signifikaten umkreist und damit diskursiv erzeugt wird. Es gibt folglich immer und ausschließlich einen „Mangel auf Seiten des Signifikats", wie es Derrida nennt. Essenzielle Festlegungen schließen sich damit logisch aus. Nichts kann endgültig als wahr bezeichnet werden, weil dies die vorhandene Differenz zwischen Bezeichnetem und der Bezeichnung aufheben würde, was unmöglich ist. Genau deshalb kann jede Bezeichnung im Diskurs unterschiedlich gedeutet werden, es gibt folglich keine zeitlose, immer gültige Bedeutung eines Zeichens. Mit solchen Argumenten generiert sich der Poststrukturalismus als eine Denkweise, die den Essenzialismus nachhaltig überwinden will. Der damit postulierte Anti-Essenzialismus ist der Ausgangspunkt des Poststrukturalismus in den Sozialwissenschaften, den Derrida im Anschluss an seinen Lehrer Michel Foucault in hier dargestellter Weise auf den Punkt bringt.

Vor Derrida hatte nämlich bereits Michel Foucault zu bahnbrechenden Neuausrichtungen des soziologischen Denkens Anlass gegeben, indem er den Diskurs als wichtigsten Gegenstand seiner frühen Theorie etabliert. Dazu sagt er etwa mit Bezug auf sein Buch *„Die Ordnung der Dinge"* (Foucault 1971; französisch 1966) in seiner dieser Arbeit nachfolgenden Untersuchung aus dem Jahr 1969 mit dem Titel *„Die Archäologie des Wissens"* (Foucault 1981) Folgendes:

> Die Wörter sind in einer Analyse wie der, die ich erstelle, ebenso bewusst fern wie die Dinge selbst; nicht mehr Beschreibung eines Wortschatzes als Rückgriff auf die lebendige Fülle der Erfahrung. Man kommt nicht mehr zum Diesseits des Diskurses zurück – dorthin, wo noch nichts gesagt worden ist und wo die Dinge kaum ins Dämmerlicht ragen; man geht nicht darüber hinaus, um die Formen wiederzufinden, die er angeordnet und hinter sich gelassen hat: man hält, man versucht, sich auf dem Niveau des Diskurses selbst zu halten. Da man mitunter Punkte auf der Iota der immerhin manifesten Abwesenheiten setzen muss, werde ich sagen, dass ich in all den Untersuchungen, mit denen ich erst so wenig weit voran gekommen bin, zeigen möchte, dass die ‚Diskurse', so wie man sie hören kann und so wie man sie in ihrer Textform lesen kann, nicht, wie man vielleicht erwarten könnte, eine reine und einfache Verschränkung der Dinge und der Wörter sind: dunkler Rahmen der Dinge,

greifbare, sichtbare und farbige Kette der Wörter; ich möchte zeigen, dass der Diskurs keine dünne Kontakt- oder Reibefläche einer Wirklichkeit und einer Sprache, die Verstrickung eines Lexikons und einer Erfahrung ist; ich möchte an präzisen Beispielen zeigen, dass man bei der Analyse der Diskurse selbst die offensichtlich sehr starke Umklammerung der Wörter und der Dinge sich lockern und eine Gesamtheit von der diskursiven Praxis eigenen Regeln sich ablösen sieht. Diese Regeln definieren keineswegs die Summe der Existenz einer Realität, keinesfalls den kanonischen Gebrauch eines Wortschatzes, sondern die Beherrschung der Gegenstände. ‚Die Wörter und die Sachen' [so der eigentliche Titel des Vorgängerbuches von Foucault mit dem deutschen Titel ‚Die Ordnung der Dinge'; F. H.] ist der – ernst gemeinte – Titel eines Problems, ist der – ironische – Titel der Arbeit, die dessen Form verändert, die Gegebenheiten verlagert und letzten Endes eine ganz andere Aufgabe freilegt. Eine Aufgabe, die darin besteht, nicht – nicht mehr – die Diskurse als Gesamtheiten von Zeichen (von bedeutungstragenden Elementen, die auf Inhalte oder Repräsentationen verweisen), sondern als Praktiken zu behandeln, die systematisch die Gegenstände bilden, von denen sie sprechen. Zwar bestehen diese Diskurse aus Zeichen; aber sie benutzen diese Zeichen für mehr als nur für die Bezeichnung der Sachen. Dieses *mehr* macht sie irreduzibel auf das Sprechen und die Sprache. Dieses mehr muss man ans Licht bringen und beschreiben (Foucault 1981, S. 73 f.).[7]

> **Bevor Sie nun meine Interpretation dieser für das poststrukturalistische Denken in der Soziologie bedeutsamen Textpassage lesen, möchte ich Sie wie oben bezogen auf Webers Text zur „Objektivität" sozialwissenschaftlicher Erkenntnisse bitten zu bestimmen, was denn so bahnbrechend neu an dieser Aussagen von Foucault sein könnte. Welche Begriffe und Bedeutungen benutzt Foucault und was will er mit dieser komplexen Aussage letztlich festschreiben? Will er überhaupt noch etwas festschreiben?**

Foucault geht in seinem Text vom Diskurs als zentralem Gegenstand der Sozialwissenschaften aus. Er will damit festhalten, dass die Gegenstände der Wissenschaften nicht zeitlos gegeben sein können. Sie sind immer nur über die Brechung im wissenschaftlichen Diskurs erfahrbar, sodass es den Sozial- und Humanwissenschaften unmöglich ist, zum Grund der Dinge vorzustoßen; letztlich kann es diesen Grund der Dinge demnach logisch nicht geben. Die Diskurse unterliegen in ihrer Hervorbringung von Wissensformen (Epistemen) immer einem diskursiven Wandel. Es gibt keine diskursive Form, die die Wahrheit ein für allemal festhält. Die Wahrheit lässt sich durch den Diskurs ebenso wenig finden wie über

---

[7]Mit „Iota" ist hier das kleinste Ding gemeint, abgeleitet von Iota als kleinsten Buchstaben des griechischen Alphabets.

irgendeine andere Praktik. Das meint der etwas ominös wirkende Ausdruck, dass die Wörter der Diskursanalyse ebenso bewusst fern sind wie die Dinge, die mit den Wörtern bezeichnet werden (Signifikant und Signifikat). Der Diskurs, der aus Wörtern besteht, schreibt zwar fest, was als wahr gilt, dies ändert sich jedoch im weiteren Verlauf der diskursiven Praktiken, wie sich an allen als zeitlos festgeschriebenen Erkenntnissen der Wissenschaft (Episteme) ablesen lässt. Keine wissenschaftliche Erkenntnis, kein wissenschaftlich erzeugtes Wissen hat die Zeit als wahr überlebt, selbst solche von so bahnbrechenden Wissenschaftlern wie Einstein und Newton oder Hobbes und Rousseau. Wissenschaftliche Erkenntnisse werden eben deshalb als Episteme (Wissensformen) gefasst, die nicht auf bestimmte Subjekte wie Newton, Einstein, Rousseau und Hobbes zurückgeführt werden können. Diskurse erscheinen somit als Prozesse, die sich durch die Verkettung von diskursiven Praktiken ereignen und reproduzieren. Foucault geht es also in dieser Phase seines Werkes ausschließlich um die Texte, die sich als diskursive Formationen quasi unabhängig von den Autoren der Texte im Diskurs als „wahr" erweisen, oder besser, vom Diskurs als wahr bestimmt werden. Diese diskursiven Formationen sind dann zumeist die, an welche neue diskursive Formationen anschließen. Der Diskurs erzeugt sich somit selbst.[8]

Die auf diese Weise vom Subjekt- und Handlungsbegriff nachhaltig gelösten Diskurse bringen trotz oder gerade wegen ihrer Eigenschaften, keine zeitlosen Wahrheiten festschreiben zu können und immer wieder neue diskursive Ereignisse hervorzubringen, die Gegenstände, von denen sie handeln, immer erst hervor. Deshalb ist das Einzige, was tatsächlich untersucht werden kann, die Frage, wie es diskursiven Formationen gelingen kann, für eine bestimmte Zeit die diskursiven Praktiken der Gegenwart zu bestimmen. Dazu entwickelt Foucault vor allem in seiner 1971 erstmals erschienen Programmschrift über die *„Ordnung des Diskurses"* (Foucault 1992) – seine Antrittsvorlesung am College de France – entsprechende methodische Vorschläge, die eine poststrukturalistische Diskursanalyse möglich machen sollen. Hier schreibt Foucault beispielhaft:[9]

---

[8]Diese Einsicht der poststrukturalistisch angelegten Diskurstheorie ist nun wiederum ein zentrales Argument gegen eine soziologische Handlungstheorie, die von handelnden Menschen ausgeht, um Sozialität zu untersuchen, und genau deshalb mit der soziologischen Praxistheorie, die sehr dezidiert auf Foucault Bezug nimmt (vgl. etwa H. Schäfer 2013, S. 121 ff.), überwunden werden soll.

[9]Foucaults Programmschrift mit dem Titel *„Die Ordnung des Diskurses"* (Foucault 1992) ist eine der wichtigsten Grundlagentexte des Poststrukturalismus und kann zur Lektüre empfohlen werden, weil mit ihr die Denkweise dieser Denkrichtung studiert werden kann.

> Ich setzte voraus, dass in jeder Gesellschaft die Produktion des Diskurses zugleich kontrolliert, selektiert, organisiert und kanalisiert wird – und zwar durch gewisse Prozeduren, deren Aufgabe es ist, die Kräfte und die Gefahren des Diskurses zu bändigen, sein unberechenbar Ereignishaftes zu bannen, seine schwere und bedrohliche Materialität zu umgehen (Foucault 1992, S. 10 f.).

Aufgabe der Diskursanalyse ist es, genau diese „Prozeduren" zur Strukturierung der Kräfte des Diskurses zu identifizieren und zu untersuchen. Und während nun vor allem der bereits zitierte Jacques Derrida an die diskurstheoretischen Arbeiten Foucaults, vor allem an sein Buch *„Die Archäologie des Wissens"* (Foucault 1981) anschließt, indem er eine ausgefeilte Diskursanalyse des Zeichengebrauchs als Dekonstruktion der in Texten vorhandenen Supplements betreibt, entwickelt Foucault selbst seine Diskursanalyse weiter zu einer Dispositiv-Analyse, die sich um die Erforschung der Auswirkungen von Diskursen auf die Praxis bemüht und sich von daher von der strikten Begrenzung auf die Analyse des wissenschaftlichen Diskurses löst. Foucault erweitert seine Archäologie des Wissens zu einer Genealogie der Dispositive, die sehr viel mehr materiell gefasst werden als die diskursiven Formationen, die von der Archäologie des Wissens untersucht werden.[10]

Dispositive, wie etwa das Gefängnis als prägnantestes von Foucault untersuchtes Beispiel (vgl. Foucault 1977), sind in genealogischer Perspektive Versammlungen unterschiedlicher diskursiver und nicht-diskursiver Formationen, die sich in spezifischer Weise miteinander verbinden und sich in einer ganz bestimmten Zeit als prägend für die materielle Praxis einer Gesellschaft herausstellen. So ist etwa das Gefängnis alles andere als eine logische Folge einer geschichtlichen Entwicklung, es ist vielmehr eine ganz spezifische Konstellation, die sich als Dispositiv unter ganz bestimmten, von der Dispositiv-Analyse zu untersuchenden, Bedingungen als die Sozialität prägendes Prinzip materialisiert. Neben den systematisch verfassten Ideen der Aufklärung, die als wichtiger Diskurs das Gefängnis als humane, den Straftäter bessernde Anstalt beschreibt und begründet, kommen diskursive Formationen etwa aus der Architektur, aus der Erziehungslehre und aus der Staatslehre in einer ganz spezifischen Weise zusammen, sodass sich die diskursiv erzeugte Lehre der Disziplinierung als gesellschaftstragendes Strukturierungsprinzip durchzusetzen beginnt. Dies hätte, und das ist das zentrale Argument des Poststrukturalismus, auch völlig anders geschehen können, denn es

---

[10]Den Weg des Denkens von der Diskurs- zur Dispositiv-Analyse zeichnen Andrea Bührmann und Werner Schneider nachvollziehbar und verständlich nach (vgl. Bührmann und Schneider 2008). Siehe zur Bedeutung der Diskurstheorie von Foucault für die Soziologie zudem die ausgezeichnete Abhandlung von Franka Schäfer (2018).

gibt keinen tieferen Plan der Geschichte oder einen absoluten Ursprung oder eine immer geltende Struktur. Alles, was geschieht, ist historisch zufällig. Wichtig ist es nur, vom Standpunkt einer Geschichte der Gegenwart die Ereignisse herauszufinden, die zu einer die Gegenwartsgesellschaft prägenden Serie geworden sind und deshalb strukturierend auf die Sozialität wirken. Das Prinzip der Disziplinierung kann als ein solches Ereignis mit Seriencharakter gefasst werden. Es wird zu einem Prinzip des Strafsystems, das sich vor allem im Panoptikum nach Jeremy Bentham materialisiert und dann auf alle möglichen Bereiche der Gesellschaft wie Schule, Wissenschaft, Staat, Medizin, Ökonomie, Familie etc. serienmäßig ausbreitet, sodass sich die Menschen in der Gegenwartsgesellschaft inzwischen selbst überwachen und disziplinieren. Dies alles ist nicht das Ergebnis einer zeitlosen Logik, die zu sich selbst kommt, sondern einer praktischen Logik, die sich in der Geschichte herausbildet, wozu es Bedingungen bedarf, die von einer Genealogie der Gegenwart – so nennt Foucault seine Dispositiv-Analysen – identifiziert und untersucht werden müssen. Ebenso wenig wie die eine Gesellschaft prägenden Dispositive also einem zeitlos geltenden Prinzip entspringen, sind sie das Produkt von planenden Subjekten, die mit ihren intentionalen Zielen die Welt gestalten wollen. Das Strafsystem zeigt das sehr deutlich, denn die diskursive Formation der Aufklärung sieht im Panoptikum eine humane Verbesserung des Strafsystems, während das Dispositiv Gefängnis zu mehr Überwachung und Ausbeutung nun auch von den Menschen führt, die nicht als Straftäter oder psychisch Kranke definiert worden sind.[11]

Woraus die Sozialität besteht, ist also alles andere als festgelegt. Sie besteht aus diversen Elementen, die im Verlauf der Zeit immer wieder variieren. So ist die Skizze des Panoptikums des Aufklärungsphilosophen Jeremy Bentham erst seit der Aufklärung Teil der Sozialität, vorher war sie es eben nicht. Eine poststrukturalistische Soziologie sieht folglich davon ab, zeitlos zu bestimmen, woraus Sozialität besteht. Sie wird nicht als Handlung, Kommunikation, Interaktion oder Diskurs (obwohl dies beim frühen Foucault noch so scheinen mag) bestimmt, sondern als Praxis, die sich aus diversen, immer wieder neu zu identifizierenden Elementen zusammensetzt. Was Sozialität ist, kann nicht mehr

---

[11]Es empfiehlt sich nach meiner Einschätzung sehr, „*Überwachen und Strafen*" (Foucault 1977) als klassischen Text des poststrukturalistischen Denkens (neu) zu lesen. Dieses Buch trainiert in sehr bedeutender Weise soziologisches Denken, weil es ein herausragendes Beispiel für die „Kunst des Misstrauens" der Soziologie darstellt. Hier werden alle bedeutenden Gewissheiten, die im Alltag mit dem Strafsystem der Gegenwartsgesellschaft verbunden sind, hinterfragt und in soziologischer Weise gefasst.

bestimmt werden, es kommt jetzt vielmehr darauf an zu untersuchen, *wie* Sozialität entsteht, *wie* also bestimmte Entitäten zu Formen der Praxis werden, indem sie sich aufeinander beziehen.

Das poststrukturalistische Denken, das in seiner ersten Phase, also im Anschluss an Claude Lévi-Strauss und im Zusammenhang mit der Archäologie des Wissens von Michel Foucault, sehr stark auf die Sprache sowie auf den Diskurs und seine quasi immateriellen Zeichen konzentriert ist, wird inzwischen immer deutlicher als poststrukturalistischer *Materialismus* formuliert (vgl. hierzu Hillebrandt 2016). Die poststrukturalistische Denkweise wendet sich, anders gesagt, mit dem Begriff der Praxis gegenwärtig sehr stark der Materialität der Sozialität zu. Dispositive, wie etwa das von Andreas Reckwitz in den Mittelpunkt einer an Zeitdiagnose orientierten Soziologie gestellte Kreativitätsdispositiv (vgl. Reckwitz 2012), sind als materielle Formen der Praxis gefasst, die sich im Zeitverlauf durch die Verkettung von Ereignissen herausbilden und sich in Serie reproduzieren. Dabei schälen sich durchaus unterschiedliche Formen der Theoriebildung heraus. Während etwa Judith Butler im Anschluss an die Dispositiv-Analyse Foucaults sehr dezidiert danach fragt, wie Diskurse sich produktiv materialisieren – dies fragt sie bekanntlich zuerst für die Unterschiede zwischen den Geschlechtern, die sich nach ihr erst durch den Diskurs materialisieren[12] –, untersucht Bruno Latour sehr viel stärker die produktive Kraft der Materialität, indem er die Dinge als „Aktanten" der Sozialität bestimmt.

Diese beiden Denkrichtungen des Poststrukturalismus schließen nun beide wesentlich mit ein, Sozialität nicht aus einer inneren Eigenschaft von Menschen bestimmen zu wollen. Das Begriffspaar Innen- und Außenwelt wird als

---

[12]Eine beispielhafte Aussage Butlers zu diesem Argument ist die folgende: „Die Naturalisierungen der Heterosexualität wie auch der männlichen sexuellen Aktivität sind diskursive Konstruktionen." (Butler 1991, S. 74). Und noch deutlicher wird dieses Argument in der folgenden Aussage, in der sich Butler direkt auf Foucault bezieht: „Die Kategorie des ‚*sex*' ist von Anfang an normativ; sie ist, was Foucault ein ‚regulierendes Ideal' genannt hat. In diesem Sinne fungiert das ‚biologische Geschlecht' demnach nicht nur als Norm, sondern ist Teil einer regulierenden Praxis, die die Körper herstellt, die sie beherrscht, das heißt, deren regulierende Kraft sich als eine produktive Macht erweist, als Macht, die von ihr kontrollierten Körper zu produzieren – sie abzugrenzen, zirkulieren zu lassen und zu differenzieren. Das ‚biologische Geschlecht' ist demnach also ein regulierendes Ideal, dessen Materialisierung erzwungen ist, und zu dieser Materialisierung kommt es (oder kommt es nicht) infolge bestimmter, höchst regulierender Praktiken. Anders gesagt, *das ‚biologische Geschlecht' ist ein ideales Konstrukt, das mit der Zeit zwangsweise materialisiert wird.*" (Butler 1997, S. 21).

Unterscheidung ebenso abgelehnt wie Subjekt und Objekt, Natur und Kultur[13] oder modern und vormodern[14] (vgl. hierzu etwa Latour 2014, S. 273 ff.). Statt den Ursprung der Sozialität über die Unterscheidung zwischen Innen- und Außenwelt, die eng mit der Unterscheidung zwischen Subjekt und Objekt verbunden ist, im Inneren von Menschen zu suchen, versucht eine poststrukturalistisch angelegte Soziologie herauszuarbeiten, wie dieses Innere überhaupt zu einer so wichtigen diskursiven Formation werden kann, der selbst die Soziologie mit ihrer Handlungstheorie zuweilen zu unreflektiert folgt, indem sie zeitlose Intentionen der Menschen festlegt, die außerhalb der Sozialität stehen und dennoch die sozialen Handlungen der Akteure ursprünglich erzeugen sollen. Bei genauerer, dekonstruktiver Betrachtung handelt es sich bei einer solchen Aussage um ein Supplement, das einen Ursprung der Sozialität bezeichnen will, obwohl dies ja eigentlich völlig unmöglich ist.

Michel Foucault (vgl. etwa 1986, S. 55 ff.) zeigt in diesem Zusammenhang, dass die Konzentration des Diskurses auf das Innere des Menschen bereits in der Antike als „eine Kultur seiner selber" beginnt, die sich als eine „Sorge um sich" (Foucault 1986) herausbildet und die Praxis der Gegenwart in Form von Selbstpraktiken sehr stark bestimmt. Diese Erkenntnis stützt im Anschluss an Foucault unter anderem Eva Illouz (vgl. 2009, S. 292 ff.) in einer Untersuchung der Praxis der Psychoanalyse, die uns nach Illouz alle dazu bringt, uns ein Menscheninneres, eine Psyche, ein Unterbewusstsein zu konstruieren, auf das wir immer wieder Bezug nehmen müssen. Der Mensch mit innerer Psyche ist folglich ein Dispositiv der Gegenwartsgesellschaft, das sich massenhaft materialisiert. Damit dies gelingt, bedarf es selbstredend weiterer Dispositive wie Therapiegruppen, durch das Aufkommen von günstigen Taschenbüchern beförderte, massenhafte Verbreitung von

---

[13]Zur Überwindung dieser Unterscheidung in den Kultur- und Sozialwissenschaften siehe das sehr instruktive Buch von Philippe Descola (2011) mit dem Titel „Jenseits von Natur und Kultur". Descola schließt an die Ethnologie von Claude Lévi-Strauss an und stellt zum Ausgangspunkt seines Buches u. a. folgendes fest: „In zahlreichen Gegenden des Planeten werden Menschen und Nicht-Menschen nicht als Wesen aufgefasst, die sich in unvereinbaren Welten und nach getrennten Prinzipien entwickeln; die Umwelt wird nicht als autonome Sphäre objektiviert; Pflanzen und Tiere, Flüsse und Felsen, Meteore und Jahreszeiten existieren nicht in ein und derselben durch ihr Fehlen an menschlicher Natur definierten ontologischen Nische." (Descola 2011, S. 60 f.). Diese Aussage erinnert sehr an Marcel Mauss.

[14]Nach der poststrukturalistischen Wende in den Sozialwissenschaften scheinen Meta-Erzählungen der Moderne, also über eine sich im Prozess der Modernisierung befindliche Gesellschaft, die, wie oben gezeigt, zu den Gründungsnarrativen der Soziologie gehören,

Beratungsliteratur, eine psychiatrische Profession, die sich regelmäßig auf Kongressen und Tagungen ihrer selbst als wichtig versichert, etc. Wichtig ist nun, dass die mit diesen Dispositiven verbundene Konstruktion des Inneren, wie vor allem Latour (vgl. 2014, S. 273) in Abgrenzung zu Freud sehr eindringlich betont, außerhalb unserer selbst geschieht, dass also die Praxis immer etwas den Menschen Äußeres ist, das sich dann aber durchaus in die Körper der Menschen einschreiben kann, wie vor allem Pierre Bourdieu (vgl. etwa 2001, S. 165 ff.) mit seiner Theorie des Habitus herausstellt. Denn wer würde ernsthaft bezweifeln, dass die „Entdeckung" des Menscheninneren, also der Psyche und des „Unterbewussten", dazu geführt hat, dass wir uns alle neue Formen des Umgangs mit uns selbst angeeignet haben, die Foucault (vgl. 2004) in seinem Spätwerk als Selbstpraktiken bezeichnet.

Diese Beispiele zeigen etwas sehr wichtiges für den gegenwärtigen Diskurs der Soziologie an: Das poststrukturalistische Denken, das häufig mit dem „cultural" bzw. „linguistic turn" in den Sozialwissenschaften zusammengedacht wird, entwickelt sich interessanter Weise von einer Theorie der diskursiven und sprachlichen Zeichen hin zu einer Theorie der materiellen Praktiken, die eben nicht nur diskursiv verstanden werden können (vgl. hierzu Hillebrandt 2016). Der Poststrukturalismus findet also über den Umweg des „linguistic turn" zurück zu einem seiner Ausgangspunkte, der in einem nicht deterministischen Materialismus gefunden werden kann. Und an dieser Stelle sind wir dann wieder bei Marcel Mauss, der ganz im poststrukturalistischen Sinne Sozialität als physischen

---

schon deshalb nicht mehr zeitgemäß, weil sie zu stark generalisieren und dadurch die spezifischen Ausformungen gesellschaftlicher Praxis nicht hinreichend genau in den Blick nehmen können. Sie produzieren ständig Supplements, die es zu dekonstruieren gilt. Dieses Problem der Modernitätsnarrative, das im Übrigen ein wichtiger Impuls einer postkolonialen Soziologie (vgl. etwa Boatca und Costa 2009) ist, macht bereits die Diskussion um den Begriff der Postmoderne in den 1980er Jahren sichtbar. Und die provokative Aussage Bruno Latours (vgl. 2008), dass wir nie modern gewesen sind, kann letztlich nur vor dem Hintergrund der Dekonstruktion des Begriffs der Modernität durch den Diskurs um die Postmoderne verstanden werden. In einer Zeit der Erschlaffung der Axiome der Modernität – so kann im Anschluss an eine berühmte Formulierung von Jean-Francois Lyotard (vgl. 1979) gesagt werden – ist es nicht verwunderlich, dass Latour (vgl. 2008) herausstellt, die frühe Soziologie habe sich lediglich eingeredet, sie habe es mit einer modernen, im Vergleich zu vormodernen Gesellschaften hoch komplexen, weil sachlich differenzierten Gesellschaft zu tun, um sich selbst als Wissenschaft der gesellschaftlichen Modernität zu konstituieren. Eine Beobachtung der Praxis zeigt nach Latour jedoch, dass sich Akteur-Netzwerke, die Praxis generieren, nicht ohne eine Vermischung der von den Theorien der Moderne strikt voneinander getrennten Bereiche bilden können, sodass eine Grundannahme der Theorien der Modernität nicht haltbar ist (vgl. hierzu Hillebrandt 2010).

Prozess fasst, ohne dabei im Vorhinein festzulegen, aus welchen Elementen diese Physis besteht, die den Prozess der Sozialität erzeugt. In manchen Praxisvollzügen können der Schnee und der Frost entscheidend sein für die Sozialität, wenn etwa die Eskimokultur untersucht wird, in anderen Praxisvollzügen sind es möglicherweise ganz andere physische Elemente, welche die Praxis bestimmen. Was die Sozialität ist, lässt sich in der poststrukturalistischen Denkweise also nicht bestimmen, wie sie sich bildet, jedoch sehr wohl. Dazu müssen die Bestandteile der Sozialität identifiziert und in ihrem Zusammenwirken analysiert werden. Selbstredend bleibt es dabei wichtig, Menschen, die als „sozialisierte Körper" (vgl. Bourdieu 1997, S. 64) definiert werden können, als solche Bestandteile zu identifizieren, dann kommt es aber darauf an zu untersuchen, wie diese mit Habitus, also mit inkorporierter Sozialität, ausgestatteten Menschen überhaupt in der Lage sind, an Sozialität, also an Vollzügen der Praxis, zu partizipieren.

Dies ist bekanntlich das Hauptthema einer Kultursoziologie sozialer Ungleichheit nach Bourdieu (vgl. 1982), die jenseits des Strukturalismus danach fragt, wie sich Ungleichheit praktisch vollzieht und dabei über eine empirische Studie herausarbeitet, dass es alltägliche Praktiken der Über- und Unterordnung sind, die die soziale Ungleichheit erzeugen und reproduzieren. Diese Praktiken generieren eine bestimmte Kultur, in der sich Lebensstile bilden, die es nur bestimmten Menschen mit einer ganz spezifischen Kapitalausstattung erlauben, an ihnen zu partizipieren. Dabei unterscheidet Bourdieu zwischen ökonomischem, kulturellem und sozialem Kapital, dass sich in die Körper einschreibt. Der Geschmack der Notwendigkeit entsteht beispielsweise als Lebensstil der beherrschten Klasse, an dem eben nur die Menschen teilhaben können, die ganz bestimmte Formen und Ausprägungen von ökonomischem, sozialem und kulturellem Kapital als Vermögen, also Fähig- und Fertigkeit, inkorporiert haben, wobei der Geschmack der Notwendigkeit sich gerade darin auszeichnet, als einfach definierte Inkorporierungen einzufordern, die vielen Angehörigen der mittleren Klasse abhandengekommen sind oder von diesen, die einen Lebensstil der (Bildungs-)Beflissenheit ihr eigen nennen, bewusst abgelehnt werden. Dagegen zeichnet sich der „Sinn für die Distinktion" als Geschmack der herrschenden Klasse durch Exklusivität aus, weil hier nur sehr seltene Kulturfähigkeiten inkorporiert sein müssen, um an diesem Lebensstil partizipieren zu können.

In Bourdieus Kultursoziologie wird Kultur nicht – wie in der marxistischen Soziologie – als Überbau der ökonomischen Basis der Gesellschaft verstanden, ebenso wie sie nicht – im Sinne von Talcott Parsons – als abgehobener Werte- und Normenhimmel gefasst wird, der die Gesellschaft ordnet, integriert und zusammenhält. Kulturelle und symbolische Formen werden nicht als außeralltägliche abstrakte Wertideen begriffen. Kultur wird vielmehr als *alltägliche* symbolische

Dimension der Praxis definiert. Sie ist als Repertoire der Sozialität zu verstehen. Kultur steht deshalb nicht im Gegensatz zur Gesellschaft, da sie als notwendiger Bestandteil der Strukturierung der die Gesellschaft konstituierenden Praxis verstanden wird. Kulturelle Schemata und Symbole, durch die Praktiken für den soziologischen Beobachter sichtbar werden, sind für eine kultursoziologische Theorie der Praxis nur dann relevant, wenn sie im Vollzug der Praxis regelmäßig durch Praktiken erzeugt und reproduziert werden. Diese Fokussierung auf die praktische Erzeugung und Aktualisierung von symbolischen Formen und kulturellen Schemata impliziert die Annahme, dass sich durch die Aktivitäten der sozialen Akteure kulturelle Erscheinungsformen der Praxis per definitionem wandeln, weil jede, auch eine routinisierte Bezugnahme auf bereits geformte Symbole mit Variationen der Symbole verbunden ist. Eine Trennung zwischen Kultur und Materialität, wie sie in der Soziologie sehr häufig vorgenommen wird, ergibt nach Bourdieu nur wenig Sinn, weil sich Kultur immer in Artefakten und Dingen materialisieren beziehungsweise verkörpern, also in die Körper einschreiben muss, um wirksam zu sein.

Bezogen auf die Ungleichheit ist die Verdichtung der kulturellen Formen und Symbole in Lebensstilen entscheidend. Diese Lebensstile werden zum einen inkorporiert, sie bilden also einen Habitus. Zum anderen materialisieren sie sich in Artefakten und Dingen, die sie dem soziologischen Beobachter sichtbar machen. Die Lebensstile grenzen sich nun eben physisch voneinander ab, sodass die soziale Ungleichheit sich gerade durch die Lebensstile praktisch vollzieht. Das beste Beispiel dafür ist die Verdichtung bestimmter Lebensstile in bestimmten Stadtteilen der europäischen Großstädte, welche die Soziologie mit dem Begriff Segregation bezeichnet. Solche und ähnliche Beispiele der Kultursoziologie sozialer Ungleichheit zeigen sehr eindringlich: Die Frage nach der physischen Teilhabe an bestimmten Vollzügen der Sozialität ist alles andere als formal festlegbar, denn soziale Teilhabe ist abhängig von den Inkorporierungen, die sozialisierte Körper als Dispositionen mit sich tragen. Und ein Blick in unsere soziale Wirklichkeit zeigt sehr schnell, wie plausibel eine Soziologie der Praktiken sozialer Ungleichheit ist. Denn soziale Teilhabe an bestimmten Praxisvollzügen ist alles andere als selbstverständlich. Sie ist jedenfalls nicht schon dadurch gegeben, dass formal bestimmt wird, Menschen mit Intentionen seien immer bereits Teilhabende an sozialen Handlungen. Wer an welchen Praxisvollzügen beteiligt ist, ist vielmehr eine offene soziologische Frage, die von der Soziologie immer wieder neu gestellt werden muss.

Einer am Praxisbegriff ausgerichteten Soziologie ist es dabei besonders wichtig zu betonen, dass Teilhabe physisch, also körperlich geschieht, dass sie also nicht als Akt des Bewusstseins missverstanden werden darf. Formal ist eine Teilhabe als Intention immer sehr gut vorstellbar, praktisch ereignet sie sich aber sehr häufig nicht, weil die zuständliche Leiberfahrung, also nach Maurice Merleau-Ponty (vgl. 1966, S. 273, 2003, S. 33) die leibliche Erfahrung meiner selbst in der Welt (von Bourdieu wird dies Habitus genannt), eine Teilhabe unmöglich macht. Denn wenn sich bestimmte Menschen in bestimmten Situationen schlicht leiblich unwohl fühlen, werden sie diese Situation vermeiden, sodass sie eben von einer Teilnahme absehen. Und derartige Formen der körperlichen Abneigung (hier ganz wörtlich verstanden) führen nun gerade dazu, dass sich soziale Ungleichheit manifestiert.[15]

Es geht in dieser praxissoziologischen Sicht sozialer Ungleichheit also nicht mehr nur um eine sozialtopografische Vermessung der Ungleichheit, die sich nur an den Besitz- und Eigentumsverhältnissen (ökonomisches Kapital) orientiert, es geht jetzt darum, die Stabilität der Ungleichheit über die Praktiken der Distinktion zu bestimmen. Dabei macht die Untersuchung Bourdieus sichtbar, dass Ungleichheit ein sozialer Prozess ist, der sich über Praktiken ereignet. Nur so lässt sich schlussendlich bestimmen, wie sich Ungleichheit in einer Gesellschaft der Gegenwart bildet, die doch in der gesellschaftlichen Selbstbeschreibung seit der Aufklärung die formale Gleichheit aller Menschen als Basis des gesellschaftlichen Zusammenlebens fasst. Dass diese postulierte Chancengleichheit lediglich eine Illusion der Gegenwartsgesellschaft ist, lässt sich durch eine kultursoziologisch mit dem Lebensstilbegriff angelegte Ungleichheitstheorie der Distinktionspraktiken sehr viel besser verdeutlichen als mit einer Theorie, die lediglich die Unterschiede in den Einkommen und Besitzverhältnissen zwischen den Menschen sozialtopologisch bestimmt.[16]

---

[15]Hier ist ein wichtiger Grund dafür zu sehen, dass sich die Soziologie inzwischen immer mehr dem Leib und dem Körper zuwendet, um Sozialität zu erforschen, sodass sich eine neue körpersoziologische Denkweise ausdifferenziert, die in der Gegenwart sehr einflussreich ist (vgl. hierzu grundlegend und initiierend Gugutzer 2004).

[16]An dieser Stelle führt es zu weit, die Ungleichheitstheorie Bourdieus, die eines dieser vielen Beispiele für den riesigen Erfolg der soziologischen Fantasie darstellt, im Einzelnen zu diskutieren. Wer es nicht schafft, die Studie Bourdieus zu den „feinen Unterschieden" (Bourdieu 1982) zu lesen, sei auf die vielfältige Sekundärliteratur über Bourdieus sehr einflussreiches Werk verwiesen. Siehe hierzu vor allem Fuchs-Heinritz und König (2005). Dass Bourdieu ein Vertreter des Poststrukturalismus ist, wird als Einschätzung seines Werkes sicher nicht von allen geteilt, weil Bourdieu eben nicht wie Derrida primär vom Diskurs und der Sprache ausgeht, um Sozialität zu verstehen. Sicher ist aber m. E., dass er einen genetischen Strukturalismus verfolgt, der sich dezidiert von Claude Lévi-Strauss abwendet und jenseits von Objektivismus (methodischem Strukturalismus) und Subjektivismus (methodischem Individualismus) nach neuen Wegen der Soziologie sucht. Nachdem der Poststrukturalismus inzwischen auch mit einem neuen Materialismus korrespondiert ist, eröffnet sich eine neue Lesart Bourdieus, der nämlich eigentlich einen poststrukturalistischen Materialismus verfolgt, der sehr stark am menschlichen Körper orientiert ist, wobei er den Körper als wandelbares Produkt der Sozialität fasst, der zugleich die Quelle der Sozialität ist.

Was sich wie in einer Praxis zusammenfindet und dadurch Praktiken ermöglicht, ist also eine offene Frage der poststrukturalistischen Soziologie. Und dies gilt eben nicht nur für die sozialisierten Körper, sondern auch für die Dinge und Artefakte, die sich mit den Köpern assoziieren. Bestimmte Dinge sind für den Vollzug der Praxis, wie wir ja gleich eingangs am Beispiel des Kaffee-Trinkens in einem Berliner Café gesehen haben, unerlässlich – ohne Kaffee kein Kaffee-Trinken. Hier setzt vor allem die Akteur-Netzwerk-Theorie von Bruno Latour (vgl. 2007, 2014) an. Erst die Vernetzungen zwischen verschiedenen Dingen, Artefakten und Menschen, die Latour unter dem Begriff Aktant versammelt, bringen etwas ins Werk, wie gesagt werden könnte. Diese Werknetze sind es, die Praktiken ermöglichen. „Handeln ist nicht das Vermögen von Menschen, sondern das Vermögen einer Verbindung von Aktanten" (Latour 2000, S. 221).

Es kommt also darauf an zu bestimmen, wie bestimmte Aktanten zusammenwirken, wie sie sich zu Werknetzen mit Wirkung zusammenfinden und dadurch zu Tat-Sachen werden. Woraus die Praxis besteht, ist und bleibt also immer eine offene Frage, die von der Soziologie immer wieder in neuer Weise untersucht werden muss. In dieser soziologischen Denkweise wird also nicht essenziell bestimmt, was die Sozialität ist. Sie ist nicht das soziale Handeln, die Kommunikation, die Interaktion oder irgendeine andere mysteriöse Substanz. Sie ist ein „Kollektiv" aus Aktanten (menschliche und nicht-menschliche), die sich durch Mittler zusammenfinden. Dazu gehören dann auch diskursive Formationen, die sich materialisiert haben etwa in Krankenhäusern, Therapieformen, Theoriebüchern oder auch in Kommunikationsmaschinen wie dem Computer. Auch symbolische Formen, die sich materialisiert haben, sind als Aktanten in Werknetzen zu verstehen – etwa rote Fahnen, Werbeschilder und -clips, Embleme, Statuen, Fotos und Filme von besonderen Ereignissen etc. Diese Entitäten werden sehr häufig zu Aktanten in Werknetzen, sie sind es aber eben nicht per se. Es geht also um die „Aufgabe, Verbindungen nachzuzeichnen" (Latour 2007, S. 426). Das bedeutet nicht weniger, als dass wir, wie Latour es formuliert, „von neuem studieren müssen, woraus wir gemacht sind" (ebd.). Und dies hat erhebliche Konsequenzen für die soziologische Denkweise, der ihre klassische Gegenstandsbestimmung abhandenkommt, weil zunächst einfach offen bleibt, woraus die Sozialität besteht. Sie ist kein sozialer Tatbestand mehr, der einfach vorausgesetzt werden kann, keine Kommunikation, die sich per se ereignet, keine soziale Handlung, die immer geschieht, wenn Akteure zusammenkommen. Bruno Latour sagt es so: „Sozial zu sein, ist nicht länger eine sichere und unproblematische Eigenschaft, sondern eine Bewegung." (Ebd., S. 21). Und das bedeutet in letzter Konsequenz: „Sozial ist kein

Ort, kein Ding, keine Domäne oder irgendeine Art von Stoff, sondern eine provisorische Bewegung neuer Assoziationen." (Ebd., S. 410).[17]

Das poststrukturalistische Denken der Soziologie hinterfragt also die klassischen soziologischen Denkweisen sehr gründlich und ist nun genau deshalb eine typische soziologische Denkweise, die sich eben nicht mit Gewissheiten zufrieden gibt, sondern nach den Bedingungen für bestimmte diskursive Gewissheiten fragt. Nimmt man diese spezifische Fragerichtung der Soziologie ernst, indem man wie Latour und auch Bourdieu nicht nur nach dem Erkenntnis- sondern auch nach dem Entstehungszusammenhang des Wissens fragt, wird man es sich nicht einfach machen mit der soziologischen Forschung. Und genau dies ist der Anspruch einer Soziologie, die sich nicht zeitlos festlegen kann, was ihr Gegenstand ist und wie dieser zu erforschen ist. Diese Bewegung des Denkens wird heute gemeinhin mit dem Begriff des Poststrukturalismus bezeichnet, weil hier jenseits (post) des Strukturalismus als einer wirkmächtigen soziologischen Denkweise neue Wege des Denkens beschritten werden, die sich gegen jede Form von Essenzialismus wenden und genau deshalb neues Wissen über die Sozialität erzeugen. Mit dem Poststrukturalismus entsteht so etwas wie ein „glücklicher Positivismus" (Foucault 1992, S. 44), der sich in neuer Weise der Wirklichkeit zuwendet, indem danach gefragt wird, woraus diese Wirklichkeit in bestimmten Situationen besteht und wie diese Bestandteile so zusammenwirken, dass sie Praktiken hervorbringen. Dies eröffnet völlig neue Fragen, die das soziologische Denken immer wieder neu inspirieren.

---

[17]Und für die bisherige soziologische Theorie heißt das nach Latour (2007, S. 327) dies: „Durkheims Gesellschaft ‚sui generis', Luhmanns ‚autopoietische Systeme', Bourdieus ‚symbolische Ökonomie' oder Becks ‚reflexive Modernisierung' sind ausgezeichnete Erzählungen, wenn sie uns darauf vorbereiten, nach Abschluss der Vorstellung [eines Spielfilms über die Einheit der modernen Gesellschaft; F. H.] die politische Aufgabe der Zusammensetzung aufzunehmen; sie sind irreführend, wenn sie als Beschreibungen dessen verstanden werden, worin die gemeinsame Welt besteht." Hier stellt sich selbstredend die kritische Frage, ob man es tatsächlich so weit treiben kann, alle soziologische Denkweise vor dem poststrukturalistischen Materialismus der Akteur-Netzwerk-Theorie – von ganz wenigen Ausnahmen, zu denen auch Marcel Mauss gehört, abgesehen – vollständig als antiquiert zu verwerfen. Dieser Gestus ist in der soziologischen Denkweise insgesamt ja nicht so neu, weil man ihn auch in Luhmanns Werk und davor sogar bereits bei den Klassikern des Fachs – etwa bei Durkheim und Weber – feststellen kann. Ein sinnvoller Umgang damit ist nach meiner Einschätzung zu fragen, wo und wann uns die „klassische" Denkweise der Soziologie noch helfen kann und wo und wann sie durch neue Ideen ergänzt werden muss, wobei die neuen Ideen eigentlich nur auf der Folie der und in Abgrenzung von den „klassischen" soziologischen Denkweisen entstehen können.

Der Poststrukturalismus entsteht zunächst als zeichen- und sprachtheoretische Denkrichtung, die Supplements in Texten aufzeigt, wendet sich dann aber mit Erinnerung an den unterschätzten Klassiker Marcel Mauss den materiellen Praktiken als Ereignissen zu, die sich eben nur in ganz bestimmten Assoziationen von Entitäten bilden, welche dann von der Soziologie erforscht werden müssen. Dies führt zu einer Hinwendung des soziologischen Denkens zu den Körpern und Dingen, also zur Materialität der Praxis, die nicht mehr als starr, sondern als beweglich verstanden wird. Die Frage ist dann, wie sich etwas materialisiert und wie sich etwas verkörpert oder inkorporiert, sodass es zu Körper-Ding-Assoziationen kommt, die Praktiken hervorbringen und dadurch dem empirischen Blick sichtbar werden. Damit sind wir an dieser Stelle bei der wirkmächtigen soziologischen Denkweise der Praxistheorie angelangt, die ich an anderer Stelle ausführlich diskutiere (vgl. Hillebrandt 2014). Wichtig ist mir an diesem Ort zu erwähnen, dass diese soziologische Denkweise ganz wesentlich auf empirische Forschung angewiesen ist, weil sie eben nicht nur von theoretischen Prinzipien auf die Praxis schließen will, sondern die Theoriebildung zentral aus der Empirie gewinnen möchte. Dies hat selbstredend auch Konsequenzen für die Methoden der empirischen Sozialforschung, die inzwischen bereits weiterführend diskutiert werden (vgl. hierzu nur die Beiträge in Schäfer et al. 2015).

Die soziologische Denkweise des Poststrukturalismus wird schon deshalb in der soziologischen Fachöffentlichkeit kritisch gesehen, weil mit ihr einige klassische Standards der Soziologie infrage gestellt werden. Vielen ist es nicht plausibel, dass sich die Sozialität nicht primär auf das menschliche Bewusstsein zurückführen lassen soll, wo doch die Soziologie gerade die Autonomie des einzelnen Akteurs entweder hervorhebt oder gegen die übermächtige Sozialität verteidigen will. Eine soziologische Theorie, die nicht von den Intentionen der Akteure, sondern von „sozialisierten Körpern" ausgeht, die sich als Speicher der Sozialität darstellen und von denen die Sozialität ausgehen soll, erregt selbstredend Widerspruch der Handlungstheorien, der sich dann noch intensiviert, wenn neben den sozialisierten Körpern auch Dinge und Artefakte als Quellen der Sozialität angesehen werden. Zwar ist es in der Soziologie seit Marx üblich, die Materialität deutlich wirkmächtiger zu fassen als die einzelnen menschlichen Individuen. Dies geschieht aber immer mit dem Gestus, Wege zur Handlungsfähigkeit gegen die wirkungsvollen materiellen Verhältnisse zurückzugewinnen, die Marx in der Bildung eines revolutionären *Bewusstseins* finden wollte. Sieht man nun aber etwas genauer hin, stellt die soziologische Praxistheorie in ihrem poststrukturalistischen Materialismus eigentlich Thesen auf, die Soziologinnen und Soziologen nicht dermaßen irritieren sollten. Alle Praxis ist mit materiellen Artefakten verbunden, wer wollte ernsthaft bestreiten, dass dies so ist? Es lässt sich überhaupt keine realistische Situation finden, in der ausschließlich Menschen miteinander soziale Praktiken erzeugen. Alle Menschen tragen in der Regel Kleidung, nutzen Verkehrsmittel, um zusammenzukommen, werden mit materiellen Umgebungen konfrontiert, wenn sie sich etwa im oben gleich eingangs beschriebenen Berliner Café begegnen. Gleichsam gibt es selbstredend Praxisvollzüge, die sich nicht durch die Beteiligung von mehreren Menschen kennzeichnen, wenn etwa ein Einzelner oder eine Einzelne ein Buch liest, einen Text schreibt, wie ich es gerade tue, oder allein eine Fernsehsendung anschaut. Diese Praxisvollzüge können selbstverständlich wichtig sein und es ist deshalb eine selbstverständliche Aufgabe der Soziologie, sie zu untersuchen. Die Frage ist dann schließlich nur, was alles an bestimmten Praxisvollzügen beteiligt ist und wie es dazu kommt, dass sich diese Elemente in einer Weise assoziieren, die Praktiken hervorbringt. Dann lässt sich sicher darüber streiten, welchen Elementen welche Bedeutungen für den Praxisvollzug zugeschrieben wird, was sich aber nur durch empirische Arbeit aufklären lässt. Artefakte und Dinge prinzipiell davon auszuschließen, Praktiken hervorzubringen, ist jedenfalls kein schlüssiges Argument angesichts der Tatsache, dass sie in allen Praxisvollzügen vorhanden sind.

Auch der Begriff des sozialisierten Körpers, der den handlungstheoretischen Begriff des Akteurs ersetzen kann, sagt eigentlich etwas für die Soziologie sehr eingängiges aus. Denn wer wollte als Soziologin oder Soziologe ernsthaft bestreiten, dass Menschen erst durch die soziale Prägung, also durch die Sozialisation, fähig werden, sich an Praxisvollzügen zu beteiligen. Wichtig ist ja eigentlich nur die Frage, wie diese Einschreibungen der Sozialität in die Körper mit einem Begriff des Habitus gehaltvoll erfasst werden können. Dass unsere Partizipation an Praxisvollzügen allein durch kognitive Prozesse, also durch Intentionen, gesteuert wird, scheint doch wenig plausibel zu sein. Noch weniger plausibel wird es, wenn diese Intentionen auch noch als zeitlos gegeben gefasst werden. Woher sollten sie denn kommen, wenn nicht aus den Erfahrungen, die Menschen mit der Sozialität gemacht haben? Und diese Erfahrungen schreiben sich in die Körper ein, sie sind nicht durch das Bewusstsein steuerbar, wie wir es in so vielen Situationen immer wieder erleben. Deshalb lässt sich eben nichts anderes sagen, als dass wir, wenn wir an Praxisvollzügen partizipieren, körperlich involviert sind. Wir spüren in solchen Situationen unsere Leiblichkeit. Und wenn wir ausgeschlossen werden, erleben wir auch dies körperlich, wir verarbeiten eine Zurückweisung nicht primär kognitiv, sondern leiblich. Der Begriff des sozialisierten Körpers bezeichnet also letztendlich etwas, das für eine soziologische Denkweise selbstverständlich sein müsste. Die handlungstheoretische Kritik muss sich dann darauf kaprizieren, dass mit der soziologischen Denkweise der Praxistheorien nicht mehr klar gesagt werden kann, wer noch für Praktiken verantwortlich gemacht werden kann. Dies ist jedoch eine ganz andere Frage als die nach einer plausiblen Beschreibung und Erforschung der Sozialität. Soziologische Forschung muss sie deshalb zunächst nicht in ihren Mittelpunkt stellen. Sie kann aber in einer poststrukturalistischen Soziologie der Praktiken durchaus beantwortet werden, wenn nach den Auslösern und Bestandteilen von bestimmten Praxisvollzügen gefragt wird.

Die Kritik am poststrukturalistischen Denken kann also nicht dort ansetzen, wo diese soziologische Denkweise der Soziologie lediglich empfiehlt, sich systematisch an Selbstverständlichkeiten zu erinnern, die Marcel Mauss bereits gegen den Soziologismus von Émile Durkheim stark gemacht hat, wobei klar gesehen werden muss, dass auch Durkheim es nicht bei der Definition der Sozialität als sozialem Tatbestand belässt und die Bedingungen für Praktiken deutlich vielschichtiger fasst, als dies Latour, der Durkheim zum zentralen Gegenpol seines Denkens aufbaut, ihm regelmäßig unterstellt. Kritisch ist an poststrukturalistischen Denkweisen vor allem, dass sie selten einen ausgefeilten Begriff der Gesellschaft mitführen, weil ein solcher Begriff eben zu viel generalisiert und deshalb nicht sehr gut mit der poststrukturalistischen Denkweise vereinbar zu sein scheint. Wenn Bourdieu etwa die Gesamtgesellschaft in den Blick nimmt, tut er dies eigentlich immer nur unter dem Gesichtspunkt von sozialen Ungleichheitsstrukturen, die übersituativ wirksam sind. Ein Begriff von Gesellschaft, der die Gesamtheit der Sozialität bezeichnet, wird durch ein solches Theorem nicht ersetzt. Zudem ist es natürlich fraglich, ob es wirklich ausreicht, alle gesellschaftliche Praxis als Kampf um den sozialen Vorteil zu bestimmen, wenn doch Praktiken zunächst einmal unabhängig davon entstehen können. Dennoch ist es selbstredend eine wichtige Aufgabe jeder Soziologie, auch die übersituativ wirksamen Praxisvollzüge, die es zweifellos in wirkmächtiger Form gibt – man denke nur an die globalen Ausformungen kapitalistischer Produktionsweise –, angemessen in den forschenden Blick zu nehmen, ohne dabei wieder in strukturalistische Denkformen zurückzufallen. Ein Weg aus dieser Schwachstelle der poststrukturalistischen Denkweise der Soziologie könnte es sein, nach den übersituativ wirksam werdenden Praxisformationen zu fragen, die immer wieder aufs Neue durch Praktiken erzeugt werden, etwa in Operationssälen von Krankenhäusern, Schulklassen in Schulen, Rockkonzerten im Kontext der Praxisformation des Rock und Pop etc. Dabei sollten die einzelnen Praxisvollzüge etwa in Schulklassen jeweils als echte Sonderfälle gefasst werden, durch einen Vergleich kann dann aber möglicherweise festgestellt werden, welche Elemente des Vollzugs von Unterricht in Schulklassen regelmäßig auftreten, sodass Aussagen über die *gesellschaftliche* Wirksamkeit des Schulunterrichts möglich werden. Eine in dieser Weise am Gesellschaftsbegriff ausgerichtete Theoriebildung der poststrukturalistischen Soziologie steht allerdings noch in ihren Anfängen.

Eine weitere Schwachstelle der frühen poststrukturalistischen Denkweise der Soziologie ist ihre starke Fixierung auf Diskurse. Diese Kritik ist durch die hier ausführlich dargelegte Hinwendung des Poststrukturalismus zur Materialität der Praktiken nicht vollständig aufgehoben, weil nämlich die primäre Denkrichtung vor allem einer an Foucault ausgerichteten Praxistheorie die ist, nach den Formen der Materialisierungen der Diskurse zu fragen. So ist das Gefängnis zuerst eine materielle Ausformung des aufklärerischen Diskurses über die Veränderung der feudalen Strafpraktiken, sowie die materielle Ausformung der Geschlechterverhältnisse zuerst ein Produkt des patriarchalen Diskurses der abendländischen Kultur ist. Dies ist zwar durchaus eine plausible Denkrichtung, sie marginalisiert jedoch nicht selten die aktive Gestaltungskraft der einzelnen Akteure, die als sozialisierte Körper gestalterisch an der Praxis beteiligt sind. Mit dem Begriff des Habitus kann diese aktive Komponente durchaus gewinnbringend thematisiert werden, denn im Gegensatz zum starren Rollenbegriff des klassischen Strukturfunktionalismus ist der Begriff des Habitus dynamisch angelegt. Die vielen Situationen, in denen sich der Habitus in die Körper eingeschrieben hat, sind nämlich niemals deckungsgleich mit den Situationen des aktuellen Praxisvollzugs, sodass die Dispositionen des Habitus immer wieder neu kreiert werden müssen. Dadurch entsteht überhaupt erst eine dynamische Praxis, sodass die Praxistheorie eben nicht als eine Theorie missverstanden werden darf, die lediglich Routinen untersuchen kann.[18]

Leider weckt nun gerade Bourdieu mit seiner Ungleichheitstheorie diesen Eindruck, weil er hier den Habitus in erster Linie als Ausdruck der Ungleichheitsstrukturen sieht, obwohl er ja eigentlich eine aktive Rolle spielt in der Erzeugung der Praktiken der Über- und Unterordnung. Auch subversive Praktiken sind nicht als seltene Ausnahmefälle zu sehen, sondern vielmehr als konstitutive Bestandteile aller Praxisvollzüge. Auch an diesem Punkt steht die Diskussion der poststrukturalistischen Praxistheorien, die hier nur angedeutet werden kann, noch am Anfang.

Ein letzter Punkt der Kritik an der poststrukturalistischen Denkweise der Soziologie sei hier noch angesprochen. Ihr wird oft vorgeworfen, sie berge aufgrund ihres *Relativismus* kein kritisches Potenzial mehr. Sie lehnt wegen ihres Antiessenzialismus eine kritische Theorie der Gesellschaft sogar explizit ab. Zwar muss klar gesagt werden, dass der Poststrukturalismus keine relativistische Theorie ist, die allein beliebig anwendbar ist. Als Genealogie der Gegenwart bemüht

---

[18]Siehe zum poststrukturalistischen Gehalt des Begriffs Habitus die sehr instruktive Einführung von Beate Krais und Gunter Gebauer (2002).

sich die poststrukturalistische Soziologie darum, die Problemgesichtspunkte der Gesellschaft ausfindig zu machen und dann mit ihren Mitteln neu zu untersuchen, dabei bleibt der Maßstab einer Kritik an den gesellschaftlichen Verhältnissen aber oft unklar, weil es der Antiessenzialismus des Poststrukturalismus selbstredend ausschließt, zeitlose Normen als Maßstäbe der Kritik zu formulieren. Es ist mit anderen Worten wichtig zu fragen, welche Formen der Kritik an Sozialität und Gesellschaft im poststrukturalistischen Denken möglich sind. Ein Versuch einer Antwort auf diese Frage ist, die Kritik an der Gesellschaft als immanente Kritik zu formulieren, indem die Kritische Theorie die Maßstäbe der Kritik identifiziert, die sich in der Gesellschaft herausgebildet haben. Diesen Weg schlägt im Anschluss an Habermas und Honneth Titus Stahl (vgl. 2013, v. a. S. 388 ff.) den Praxistheorien vor. Er formuliert folgende Definition des Begriffs immanente Kritik:

> Immanente Kritik als Form der Gesellschaftskritik findet dann statt, wenn die Mitglieder einer Gemeinschaft in alltäglichen Situationen sowohl ihre expliziten Normen als auch ihre faktische Praxis unter Verweis auf die impliziten normativen Verpflichtungen kritisieren, deren Akzeptanz sie einander zuschreiben und deren kollektive Verbindlichkeit sie (zu Recht oder zu Unrecht) voraussetzen (Stahl 2013, S. 388).

Kritik ist dann etwas, das sich in der Gesellschaft einstellt, indem sich hier Maßstäbe für das Zumutbare herausbilden, die dann aber selbstredend immer noch von der Soziologie bewertet werden können, was durch die Unterscheidung zwischen zu Unrecht und zu Recht in der Klammer angezeigt wird. In jedem Fall kann die Kritik an der Gesellschaft nicht hinter die kommunikative Wende der Kritischen Theorie zurückfallen. Und eine Praxistheorie, die poststrukturalistisch ansetzt, kann dies selbstredend in keinem Fall. Sie muss sogar über den Vorschlag von Titus Stahl hinausgehen, indem sie sehr viel deutlicher herausstellt, was es bedeutet, wenn Kritik als Praxis begriffen wird.

Hierzu hatten bereits zu Beginn der 1990er Jahre Luc Boltanski und Laurent Thévenot mit ihrer Studie über die Rechtfertigung eine vielversprechende „Soziologie der kritischen Urteilskraft" (Boltanski und Thévenot 2007) vorgelegt, an die heute vielfach angeschlossen wird. Hier geht es darum, wie in der Gesellschaft Kritik artikuliert wird, wie sie sich also praktisch ereignet und welche Formen der Rechtfertigung dieser Kritik sich im Kontext dieser Artikulationen herauskristallisieren. Ein solcher Ansatz verfolgt zunächst keine Kritische Theorie, sondern eine Soziologie der Kritik (vgl. hierzu auch Boltanski 2010). Wenn dies geschieht, werden aber durchaus auch Wege zu einer am Praxisbegriff ausgerichteten Kritischen Theorie deutlich, die gegenwärtig beispielsweise Thomas Alkemeyer, Nikolaus Buschmann und Matthias Michaeler (vgl. 2015) in einem Aufsatz konturieren, der nicht zuletzt an Boltanskis Soziologie der Kritik anschließt. Eine Perspektive einer praxistheoretischen Soziologie der Kritik formulieren die Autoren etwa so:

> Das kritische Potenzial dieses auf ständigem Perspektivenwechsel basierenden Ansatzes [der Praxistheorien; F. H.] liegt darin, das Entstehen von Subjektivität in von Machtrelationen, Normierungen und Konflikten geprägten Prozessen in den Blick zu bringen, in denen stets auch historisch situierte Formen der Kritik, des Eigensinns und der Widerständigkeit ihren Platz haben (Alkemeyer et al. 2015, S. 42).

Diese Aussage, die sehr an das Diktum Foucaults erinnert, dass Kritik „die Kunst [ist,] nicht dermaßen regiert zu werden" (Foucault 1992a, S. 12), bedeutet nun vor allem, die Formen der Artikulation von Kritik und Protest in der Praxis ausfindig zu machen, um diesen Artikulationen Gehör zu verschaffen.[19] Artikulationen sind dann aber im Sinne von Ernesto Laclau und Chantal Mouffe (vgl. 2000, v. a. S. 147 ff.) physisch zu verstehen. Sie ereignen sich nicht als abstrakte Wertideen, sondern als Vollzüge von Praxis, sodass es nicht ausreicht, sie lediglich im Sinne von Boltanski und Thévenot als semantische Formen der Rechtfertigung zu kategorisieren.

Kurzum geht es in einer Soziologie der Praxis um die Erforschung der Kritik als Praxis, die sich sehr unterschiedliche Wege sucht und in der Gesellschaft immer wieder physisch zum Vollzug kommt, indem sie sich als Artikulation ereignet. Protestbewegungen wären dann etwa daraufhin zu untersuchen, welche Normen und Werte hier praktisch wirksam werden, wie sich die Proteste an welchen Normen und Werten orientieren und wie diese Artikulation sich schlussendlich manifestiert. Es ist dabei durchaus vorstellbar, massenhafte Fluchtbewegungen als Kritik an herrschenden Machtstrukturen zu verstehen. Zudem kann die Beteiligung an Protestformen als Manifestation von Formen der Anerkennung ganz bestimmter Normen wie etwa Weltoffenheit oder auch allgemeine Akzeptanz von Menschenrechten verstanden werden. In solchen Praxisformen manifestiert sich letztlich das Werte- und Normensystem einer Gesellschaft, das sich

---

[19]Damit diese Position gehalten werden kann, muss mit Michel Foucault von folgendem Sachverhalt ausgegangen werden: „Aber im gesellschaftlichen Körper, in den Klassen, in den Gruppen und Individuen selbst gibt es wohl immer irgendetwas, das in gewisser Weise den Machtbeziehungen entgeht; etwas, das durchaus nicht ein mehr oder weniger fügsamer oder widerspenstiger Rohstoff ist, sondern eine zentrifugale Bewegung, eine umgepolte Energie, ein Entwischen" (Foucault 1978, S. 204).

immer wieder praktisch ereignen muss, um wirksam zu sein. Am Ende wird sich aber auch eine Soziologie der Praxis, die poststrukturalistisch angelegt ist, zu dem Werte- und Normensystem einer Gesellschaft, das sich in der Praxis vollzieht, wiederum bewertend verhalten müssen, was eine Aufgabe der Kritischen Theorie ist, die sich an dieser Stelle sehr gut mit der soziologischen Praxistheorie verbinden lässt. Denn ohne die Artikulationen von Protest und Kritik in einer Gesellschaft zu kennen, kann eine immanente Kritik an den gesellschaftlichen Verhältnissen sicher nicht geschehen.

- Vergleichen Sie jetzt Ihre eigenen Überlegungen dazu, wie Sozialität jenseits der Begriffe Handlung, Kommunikation oder Interaktion gefasst werden kann, mit meinen Aussagen zum Poststrukturalismus im vorstehenden Abschnitt.
- Inwiefern kann Marcel Mauss als Klassiker der Soziologie verstanden werden, der jenseits von verstehender und erklärender Soziologie ansetzt?
- Warum ist die Definition von totalen sozialen Tatsachen durch Marcel Maus nicht nur eine graduelle Erweiterung des Begriffs der sozialen Tatsache von Émile Durkheim?
- Wie kann poststrukturalistisches Denken charakterisiert werden?
- Warum sind zeitlose Aussagen nach Derrida und Foucault unmöglich?
- Reicht es nach Ihrer Einschätzung, nur Diskurse, also diskursive Formationen, zu analysieren, um die Sozialität zu untersuchen? Und wenn nein, warum?
- Was kann unter dem Begriff poststrukturalistischer Materialismus verstanden werden?
- Inwiefern ist die poststrukturalistische Denkweise der Soziologie antiessenzialistisch?
- Was versteht man unter dem Begriff Dispositiv?
- Inwiefern ist die Praxis in der soziologischen Praxistheorie nur materiell zu verstehen?
- Was ist die besondere Leistung der Soziologie sozialer Ungleichheit von Pierre Bourdieu?
- Was unterscheidet die Praxistheorien von den Handlungstheorien der Soziologie? Inwiefern sind Praktiken nicht mit Handlungen gleichsetzbar?
- Vergegenwärtigen Sie sich die von mir kurz umrissene Kritik am Poststrukturalismus und fügen Sie diesen Kritikpunkten gegebenenfalls weitere Aspekte hinzu.

- Diskutieren Sie die von mir angedeutete Verbindung zwischen soziologischer Praxistheorie und Kritischer Theorie, indem Sie Möglichkeiten und Grenzen der Korrespondenz dieser beiden Denkrichtungen der Soziologie ausloten.
- Müssen mit dem Poststrukturalismus alle Paradigmen der soziologischen Handlungstheorie verworfen werden?
- Inwiefern gilt auch in soziologischen Praxistheorien das Diktum der frühen Soziologie, dass die Sozialität eine Realität sui generis ist?
- Woraus besteht in soziologischen Praxistheorien Sozialität?

7 Fazit: Einige Grundstrukturen des soziologischen Denkens

- Rekapitulieren Sie jetzt am Ende meiner Diskussion der soziologischen Denkweisen und *bevor* Sie mein Resümee lesen die sechs klassischen Grundfragen der Soziologie, indem Sie sich fragen, wie diese vor dem Hintergrund der bisher dargelegten Argumente zur soziologischen Denkweise neu gefasst werden müssen bzw. können.
- Überlegen Sie jetzt am Ende meiner Diskussion verschiedener soziologischer Denkweisen und *vor* Ihrer Lektüre des Schlusskapitels, welche Aspekte des soziologischen Denkens besonders wichtig sind und ob sich diese Aspekte als allgemeine Regeln der Soziologie formulieren lassen.
- Überlegen Sie außerdem, welche Aspekte des soziologischen Denkens hier nicht genannt und diskutiert wurden, die Sie jedoch bereits in anderen Zusammenhängen kennengelernt haben und hier gerne wiedergefunden hätten.

Soziologische Fantasie hat in der Geschichte der Soziologie besondere Denkweisen affiziert, ohne die wir die Welt weniger gut verstehen würden. An diesen Beispielen für soziologisches Denken kann die Frage ausgerichtet werden, was denn nun die Soziologie als Wissenschaft ausmacht. Wichtig ist dabei, sich das gleich eingangs dieser Einführung in soziologische Denkweisen rekonstruierte Diktum, dass die Soziologie nichts für selbstverständlich halten sollte, noch einmal in Erinnerung zu rufen. Die alltäglichen Gewissheiten über die soziale Welt werden von der Soziologie systematisch hinterfragt. So ist es für die Soziologie der Wirtschaft, die an Max Weber anschließt, eben nicht selbstverständlich, dass rational kalkuliert und die soziale Welt ständig vermessen und geschätzt wird.

Dies, also Rationalität und Kalkulation, sind in einer soziologischen Denkweise voraussetzungsreiche kulturelle Formen, die in ihrer Entstehung und Wirkung untersucht werden müssen. Und in einer Kultursoziologie sozialer Ungleichheit ist es im Sinne der soziologischen Denkweise nicht selbstverständlich, dass bestimmte Menschen an bestimmter Sozialität nicht teilhaben können. Dies sind historisch gewachsene soziale Strukturen, die sich täglich neu ereignen, indem sich Menschen mithilfe von Distinktionspraktiken voneinander abgrenzen. Eine weniger privilegierte Lebenslage kann also nicht auf die Fähig- und Fertigkeiten von Menschen allein zurückgeführt werden, weil diese Fähig- und Fertigkeiten, die im symbolisch erzeugten Werte- und Normensystem einer Gesellschaft eher negativ bewertet werden und deshalb weniger privilegierten Menschen die Teilhabe an bestimmten Formen der Sozialität erschweren, ihrerseits wiederum Produkte der Sozialität sind, denn die Sozialität schreibt sich in die Köper der Einzelnen ein. Wenn also einfache Erklärungen und Beschreibungen der Sozialität aufkommen, indem etwa gesagt wird, die weniger Privilegierten einer Gesellschaft seien in erster Linie selbst schuld an ihrem Schicksal, muss die soziologische Denkweise skeptisch und misstrauisch reagieren. Und dieses so verstandene soziologische Misstrauen muss die Soziologie konsequenter Weise auch auf sich selbst und die in ihr vertretenen Denkweisen anwenden, indem sie immer wieder neu fragt, woher ihre Paradigmen, Theorien und Prinzipien sowie ihre Methoden kommen und wie sie von unzulässigen Vereinfachungen und Engführungen befreit werden können. Diese Selbstreflexion der Soziologie, die darin besteht, die Kunst des Misstrauens auf das soziologische Denken und Forschen selbst anzuwenden, ist eine Grundstruktur des soziologischen Denkens. Nur wenn diese epistemische Wachsamkeit eingeübt und angewendet wird, ist die Soziologie weitgehend in der Lage, die Wege und Ziele ihrer soziologischen Erforschung der Welt transparent zu machen, sodass ihre Erkenntnisse und Feststellungen systematisch nachvollzogen und dadurch auch revidiert und kritisiert werden können.

Dieser Einführung liegt somit die Einsicht zugrunde, dass die soziologische Fantasie auf die Soziologie selbst angewendet werden muss, um soziologisches Denken zu erlernen. Deshalb wurde hier versucht, die Grundstruktur des soziologischen Denkens daran zu konturieren, die epistemischen Grundlagen der Soziologie im wissenschaftlichen Diskurs der Entstehungsphase der Soziologie aufzuspüren und in Beziehung zu setzen zu den wissenschaftlichen Gewissheiten, welche die Soziologie in ihrer Entstehungsphase konstruiert. Durch diese Anwendung der soziologischen Fantasie auf die Soziologie selbst konnte deutlich gemacht werden, dass die strikte Gegenstandsbestimmung der frühen Soziologie, also etwa die Definition der Sozialität als soziale Tatsache, in nicht unerheblicher Weise auch dazu dient, die Soziologie als Wissenschaft von anderen Wissenschaften abzugrenzen.

Wird dies gesehen, lässt sich schnell die Grenze einer sehr strikten Definition der Sozialität erkennen, sodass sich aus dieser Erkenntnis wieder neue Denkweisen der Soziologie entwickeln lassen, indem etwa ganz unvoreingenommen gefragt wird, woraus die Sozialität denn nun eigentlich besteht. Eine solche Frage war der frühen Soziologie nicht möglich, weil sie sehr dezidiert festlegt, dass die Sozialität als soziale Tatsache besondere Eigenschaften hat und eben aus Handlungen, Kommunikationen oder Interaktionen besteht. In der gegenwärtigen Theoriediskussion der Soziologie muss den sechs Grundfragen der Soziologie also mindestens diese eine Frage hinzugefügt werden: Woraus, also aus welchen Tat-Sachen, besteht die Sozialität und wie wirken die Bestandteile (Aktanten) der Sozialität zusammen?

Die sechs klassischen Grundfragen der Soziologie müssen aber nicht nur durch weitere Fragen ergänzt, sie müssen auch an einigen Stellen revidiert werden. Dazu möchte ich zunächst festhalten, dass die erste klassische Grundfrage der Soziologie nach der Möglichkeit von Gesellschaft und sozialer Ordnung heute kaum noch so einfach gestellt werden kann, weil die sozialtheoretische Bezeichnung der Gesamtheit der Sozialität zu Generalisierungen führt, die nicht selten den Blick auf die Besonderheiten der Sozialität verstellen. So ist etwa die Beschreibung der Gegenwartsgesellschaft als „moderne" Gesellschaft nicht selten mit einem hartnäckigen Eurozentrismus verbunden, der die angeblichen Errungenschaften der so genannten westlichen Welt wie Gewaltenteilung, Kapitalismus, staatliches Gewaltmonopol, funktionale Differenzierung und Demokratie, um nur einige, oft in diesem Zusammenhang genannten Strukturen zu nennen, zu generellen Prinzipien der Weltgesellschaft erklärt. Auch wenn diese gesellschaftstheoretischen Aussagen nicht selten plausibel erscheinen, ist doch zu fragen, welche Formen der Sozialität mit diesen Theorieaussagen marginalisiert werden. Es stellen sich also die grundlegenden Theorieprobleme, wie sich Gesellschaft überhaupt denken lässt und welche Konsequenzen es hat, gesellschaftstheoretisch Soziologie zu betreiben. Die Fragen, die hier zu untersuchen wären, sind, welche Praxisformationen gefunden werden können, die global wirksam sind, die also an nahezu allen Orten der Welt Praktiken affizieren, und wie sich diese global wirksam werdenden Formationen der Praxis regional auswirken. Hypothetisch kann nämlich gesagt werden, dass diese Auswirkungen regional sehr unterschiedlich sind, dass sich also ganz spezifische Praktiken aus global wirksamen Formen der Sozialität bilden, wenn etwa der Kapitalismus in manchen Regionen der Welt erhebliche Armut produziert, während er in anderen Regionen für bestimmte Bevölkerungsgruppen erheblichen Reichtum mit sich bringt.

Auch die zweite klassische Grundfrage der Soziologie, wie Erkenntnisse über den sozialen Wandel der Gesellschaft erzielt werden können, lässt sich jetzt revidieren, indem mit Bezug auf die erste Ergänzungsfrage nach den Bestandteilen der Sozialität danach gefragt wird, wie und wann sich neue Aspekte in die Sozialität einfügen und welche Folgen dies für den Vollzug der Praxis hat. So kann etwa gefragt werden, wie die massenhafte Verbreitung der Computertechnik möglich geworden ist und wie diese Verbreitung die Sozialität verändert hat. Das Verhältnis von Mensch und Gesellschaft stellt sich der soziologischen Denkweise ebenfalls neu dar, weil danach gefragt werden muss, wie sich Inkorporierungen von Sozialität erfassen lassen und wie diese Inkorporierungen auf die Sozialität wirken. Menschen sind als sozialisierte Körper entscheidend an Sozialität beteiligt, wie diese Beteiligung allerdings gelingt, wie sich also eine zuständliche Leiberfahrung bei Menschen einstellt, ist eine offene Frage der Soziologie, die immer mehr die abstrakte Frage nach dem Verhältnis von Mensch und Gesellschaft ergänzt bzw. ersetzt. Der erste große Fragenkomplex der frühen Soziologie nach den Möglichkeiten einer Theorie der Gesellschaft transformiert sich im Verlauf der Genese der Soziologie zu einem vielschichtigen Forschungsprogramm, das an vielen verschiedenen Stellen gleichzeitig ansetzt.

Der zweite große Fragenkomplex der frühen Soziologie bezieht sich auf die Möglichkeit der Entstehung von Beziehungen zwischen einzelnen, sich gegenseitig zunächst unbekannten Menschen. Auch in diesem Zusammenhäng lässt sich inzwischen sehr viel komplexer fragen, indem etwa untersucht wird, wie wirkmächtige Körper-Ding-Assoziationen entstehen können, die verschiedene Menschen in feste Beziehungen zueinander stellen, sodass spezifische Praktiken und Praxisformen entstehen, etwa in der Medizin, in der Wirtschaft, in der Wissenschaft oder auch in der Familie etc. Eine solche Frage impliziert zugleich die Untersuchung der Problematik, wie bestimmte Inkorporierungen der Sozialität dazu führen, dass bestimmte Klassenstrukturen oder andere Formen der Abgrenzung zwischen Menschengruppen (Gender, Ethnie etc.) entstehen, die sich relativ stabil über bestimmte Praxisvollzüge reproduzieren. Und mit dieser Frage sind wir bereits mitten in der klassischen Thematik der Soziologie, die traditionell als Mikro- Makro-Problem bezeichnet wird. Hier geht es in den gegenwärtigen Ausformungen der soziologischen Denkweisen um die Frage, wie sich globale Aspekte der Sozialität identifizieren und wie sich deren Wirkungen in lokaler Praxis nachweisen lassen. Zudem muss in diesem Zusammenhang gefragt werden, wie sich in situativen Praxisvollzügen übersituativ wirksame Praxisformationen wie kapitalistische Wirtschaft, Wissenschaft, Politik und übersituativ wirksame Strukturen wie dauerhafte und stabile soziale Ungleichheit nachweisen lassen.

Auch die sekundäre Grundfrage der Soziologie, wie sich Sozialität und Gesellschaft diagnostisch fassen lassen und wie Kritik an ihnen geübt werden kann, stellt sich in der gegenwärtigen Soziologie immer deutlicher als Frage danach, welche Formen der Sozialkritik in der Gesellschaft wirksam werden und

7 Fazit: Einige Grundstrukturen des soziologischen Denkens

wie sich aus ihnen Werte und Normen destillieren lassen, die als Maßstäbe zur immanenten Kritik an Sozialität und Gesellschaft dienen können. Und diese Ausrichtung soziologischen Denkens ist alles andere als antiquiert. Eine Diagnose der Gesellschaft ist und bleibt ein wichtiges Thema der Soziologie, sie muss allerdings, wenn sie nicht als besserwisserische Anmaßung auftreten will, auf andere Fundamente gestellt werden als auf die Bewusstseinsphilosophie, auf der die klassische Kritische Theorie basiert.

Eine Auseinandersetzung mit den Wegen der soziologischen Denkweisen, die seit der Entstehung der Soziologie als Wissenschaft sichtbar geworden sind, führt also dazu, die klassischen Grundfragen der Soziologie zu ergänzen und zu revidieren. Siehe dazu das folgende Textfeld.

Die sechs klassischen Grundfragen der Soziologie – erweitert und revidiert

- **Woraus, aus welchen Tat-Sachen, besteht die Sozialität und wie wirken die Aktanten der Sozialität zusammen?**
- Wie ist soziale Ordnung (Gesellschaft) möglich? **Wie lässt sich Gesellschaft denken und welche Konsequenzen hat es, gesellschaftstheoretisch Soziologie zu betreiben? Welche Praxisformationen können gefunden werden, die global wirksam sind, und wie formen sich diese global wirksam werdenden Formationen der Praxis regional aus?**
- Wie können Erkenntnisse über den sozialen Wandel der Gesellschaft erzielt werden? **Wie fügen sich neue Aspekte in die Sozialität ein und welche Folgen hat dies für den Vollzug der Praxis?**
- Wie kann das Verhältnis von Mensch und Gesellschaft gefasst werden? **Wie lassen sich Inkorporierungen von Sozialität erfassen und wie wirken sich diese Inkorporierungen auf den Vollzug von Sozialität aus?**
- Wie können Individuen, obwohl sie sich gegenseitig unbekannt (fremd) sind, dennoch dauerhafte soziale Beziehungen miteinander eingehen, sodass Sozialität entsteht? **Wie entstehen wirkmächtige Körper-Ding-Assoziationen, die verschiedene Menschen in feste Beziehung zueinander stellen, sodass spezifische Praktiken und Praxisformen entstehen? Wie führen Inkorporierungen dazu, dass bestimmte Klassenstrukturen oder andere Formen der Abgrenzungen zwischen Menschengruppen (Gender, Ethnie u. ä.) entstehen, die sich relativ stabil reproduzieren?**

- Wie können die Mikro-Ebene und die Makro-Ebene der Sozialität, also ihre situative und ihre übersituative Ebene, miteinander vermittelt werden? **Wie lassen sich globale Aspekte der Sozialität in den lokalen Ausformungen der Sozialität identifizieren und wie lassen sich die Wirkungen dieser globalen Aspekte der Sozialität auf den Vollzug der lokalen Praxis untersuchen?** Wie lassen sich in situativen Praxisvollzügen übersituativ wirksame Praxisformationen wie kapitalistische Wirtschaft und übersituativ wirksame Strukturen wie dauerhafte soziale Ungleichheit identifizieren? Wie wirken sich einzelne, situative Praktiken auf übersituative, ggf. global wirksame Praxisformationen aus?
- Wie können Sozialität und Gesellschaft diagnostisch gefasst werden und wie kann Kritik an ihnen formuliert werden? **Welche Formen der Sozialkritik entstehen in einer Gesellschaft und wie lassen sich aus ihnen Werte und Normen destillieren, die als Maßstäbe zur immanenten Kritik an Sozialität und Gesellschaft dienen können?**

Wie Sie bemerkt haben werden, sind die klassischen Grundfragen der Soziologie vom Ende des dritten Kapitels dieser Einführung hier noch einmal abgedruckt und die entsprechenden Ergänzungen sind als fett gedruckter Text hinzugefügt. Daraus entwickelt sich ein Fragenkatalog, der so etwas wie ein soziologisches Themenspektrum aufzeigt, das die soziologischen Denkweisen der Gegenwart (mit) bestimmt. Diese Themenliste ist alles andere als vollständig, weil sie ja nur die Hauptstränge der soziologischen Denkweisen eingrenzen möchte, aus denen sich dann vielfältige Themen ableiten lassen. Weitere Hauptstränge können hier selbstredend hinzugefügt werden, ich habe nur die Themen aufgelistet, die sich für mich aus meiner Auseinandersetzung mit den wichtigsten soziologischen Denkweisen ergeben.

Nun lassen sich die Grundstrukturen des soziologischen Denkens selbstredend nicht nur an den soziologischen Themen festmachen, dies schon deshalb nicht, weil sich diese Themen immer wieder ändern müssen, wenn sich die Sozialität entsprechend ändert. Deshalb muss hier zum Abschluss auch noch einmal darauf eingegangen werden, *wie* Soziologie praktisch geschieht, *wie* sie sich also selbst als Wissenschaft ausweist. Eine wichtige Ausgangslage ist diesbezüglich das hier bereits nachgezeichnete Diktum der Soziologie, die soziologische Fantasie auch auf sich selbst anzuwenden. Hierbei geht es darum, dass die Soziologie sich immer in Selbstreflexion begeben, dass sie sich also immer wieder ihrer

7 Fazit: Einige Grundstrukturen des soziologischen Denkens

Grundlagen vergewissern muss, um sie einer kritischen Prüfung unterziehen zu können. Soziologie wird also nur möglich, wenn sie sich selbst eine eigene Wissenschaftstheorie gibt, welche diskutiert, wie das soziologische Denken anzusetzen hat. Dabei geht es vor allem darum, die Wege des Forschens auszuweisen und dadurch nachvollziehbar zu machen. Dies ist mit einer wissenschaftlichen Methode gemeint, die eindeutig nachvollziehbar ist und deshalb von allen hinterfragt und revidiert werden kann. Soziologinnen und Soziologen müssen mit anderen Worten nachvollziehbar machen, wie sie zu bestimmten Aussagen über die Sozialität gekommen sind. Genau deshalb muss auch die Theoriebildung über die Sozialität ganz bestimmten Prinzipien genügen. Theorieaussagen müssen in sich schlüssig sein, sie dürfen sich also nicht widersprechen. Sie müssen logisch nachvollziehbar aufeinander bezogen sein. Sie müssen sich auseinander ergeben und aufeinander beziehbar sein. Sie können also nicht einfach additiv aneinandergereiht werden, sondern müssen argumentativ aufgebaut sein. Nur wenn diese Prinzipien eingehalten werden, entsteht eine wissenschaftlich überprüfbare Theorie, die sich kritisieren und revidieren bzw. argumentativ widerlegen lässt. Und nur das kann das Ziel soziologischer Theoriebildung sein, die niemals für sich proklamieren kann, zeitlose Erkenntnisse auszudrücken.

Zum Schluss muss noch auf einige Spezifika des soziologischen Denkens hingewiesen werden, die sich nicht zuletzt aus dem besonderen Gegenstand der Soziologie ergeben. Dieser wird, wie es in dieser Einführung aus verschiedenen Perspektiven rekonstruiert wurde, vor allem in der Entstehungsphase der Soziologie als etwas ganz Besonderes bestimmt. Diese Sichtweise wird heute zwar immer mehr revidiert, indem soziologisches Denken als wissenschaftliches Denken qualifiziert wird, das sich eigentlich nicht dermaßen stark von anderem wissenschaftlichen Denken unterscheidet. Und die Aussagen zur Wissenschaftstheorie, Methode und Theoriebildung, die ich hier als Merkmale des soziologischen Denkens ausgegeben habe, gelten sicher so oder ähnlich auch für andere Wissenschaften. Für die Soziologie gibt es aber immer noch einige Besonderheiten, die sich aus ihrem Gegenstand ergeben und die ich hier noch einmal kurz rekapitulieren möchte. Zum einen muss betont werden, dass es in der Gesellschaft immer schon eine Beobachtung der Sozialität durch die mit dieser Gesellschaft konfrontierten Menschen gibt, dass es also immer schon eine Alltagssoziologie gibt, von der sich die Soziologie als Wissenschaft konstitutiv unterscheiden muss. Denn es kommt in der Soziologie ja gerade darauf an, sich von den alltäglichen Gewissheiten fortzudenken, um nachvollziehen zu können, wie bestimmte Formen der Sozialität so und nicht anders möglich geworden sind. Dabei muss immer berücksichtigt werden, dass das, was geschieht, eigentlich unwahrscheinlich ist und dennoch aus bestimmten Gründen, welche die Soziologie zu identifizieren hat, wahrscheinlich wird.

Dies ist der wichtige Anlass dafür, dass die Soziologie Methoden und Theorien entwickelt, um diese Arbeit des sich Fortdenkens leisten zu können. Eine Alltagssprache und eine Alltagsmethode reichen für diese wissenschaftliche Arbeit nicht aus.

Gleichzeitig läuft die Soziologie jedoch immer Gefahr, „scholastisch" zu denken, sich also von der Praxis, die sie untersuchen will, so weit zu entfernen, dass ihre Forschungen und Theoriebildungen nicht mehr mit dieser Praxis korrespondieren. Soziologie kann deshalb keine Theorie um der Theorie willen machen, sie muss ihre Theorie immer empirisch überprüfen. Es ist also nicht selten ein schmaler Grat, auf dem sich die Soziologie als Wissenschaft bewegt. Zum einen muss sie unter allen Umständen vermeiden, Alltagssoziologie zu betreiben, um nicht als unwissenschaftlich zu gelten, zum anderen muss sie aber auch unter allen Umständen vermeiden, Theoriebildung und Forschungsarbeiten nur zum Zweck der wissenschaftlichen Reputation oder gar aus Selbstzweck zu betreiben, um nicht in die Fallen des scholastischen Denkens zu laufen. Eine wichtige Möglichkeit zur Reflexion dieser Gratwanderung ist eine ständige epistemische Wachsamkeit und eine Soziologie der Soziologie, die allerdings auch in den Regress führen kann, wie leicht zu sehen ist. Ich kann deshalb nur empfehlen, mit der soziologischen – und das heißt mit der theoretisch und methodisch angeleiteten – Beobachtung der Sozialität einfach zunächst einmal zu beginnen, um diese Beobachtungen dann im nächsten Schritt wissenschaftstheoretisch zu reflektieren.

Eine weitere Besonderheit der soziologischen Wissenschaft ist ihre Auseinandersetzung mit den Sinndeutungen der Menschen, die in einer Gesellschaft leben. Soziologie beschäftigt sich, wie bereits ganz oben in dieser Einführung angedeutet, immer mit Gegenständen, die allen mehr oder weniger bekannt zu sein scheinen. Um hier nicht in die Plausibilitätsfalle zu laufen, ist es unbedingt erforderlich, immer sensibel zu sein für den praktischen Sinn, der in der Sozialität regelmäßig von den sozialen Akteuren, also von den sozialisierten Körpern, produziert wird. Dieser praktische Sinn überrascht uns als Soziologinnen und Soziologen immer wieder, sodass wir unsere Theorien und Methoden hinterfragen müssen, um angemessene Forschung betreiben zu können. Ob wir uns nun der Handlungstheorie, der Praxistheorie oder der Systemtheorie bedienen, um diese Sensibilität für den praktischen Sinn zu trainieren, ist eigentlich zweitrangig, solange wir nicht nur deshalb Theoriebildung betreiben, um die Theorie aus Selbstzweck zu reproduzieren.

Zum Schluss sei noch einmal gesagt, dass die Soziologie eine faszinierende und ausgesprochen interessante Wissenschaft ist, die es schlussendlich erlaubt, die Welt ganz neu und anders zu sehen, als dies Menschen möglich ist, die nicht über soziologische Methoden und Theorien verfügen können. Soziologische Fantasie ist eine großartige Weise, sich der Welt durch Nachdenken zu nähern, weil mit ihr die Selbstverständlichkeiten der sozialen Welt hinterfragt werden. Und die Soziologie stellt uns für diese faszinierende Form des Denkens Methoden und Theorien bereit, die wir dann auch noch ändern, weiterentwickeln, ergänzen und austauschen können, ohne dafür andere Gründe anführen zu müssen, als dass die vorgefundenen Theorien und Methoden eben nicht mehr passen, um das zu untersuchen, was uns als wichtiges Problem der Gegenwartsgesellschaft erscheint. Wichtig scheint mir am Ende nur zu sein, dass das soziologische Denken eben nicht ohne Methoden und Theorien auskommen kann, um soziologische Fantasie zur Erforschung der Sozialität zu entwickeln.

Literatur

Abels, Heinz 2001: Einführung und die Soziologie, Bd. 1: Der Blick auf die Gesellschaft, Wiesbaden: Westdeutscher Verlag.
Alkemeyer, Thomas, Nikolaus Buschmann und Matthias Michaeler 2015: Kritik als Praxis. Plädoyer für eine subjekttheoretische Erweiterung der Praxistheorien, in: Alkemeyer, Thomas et al. (Hg.): Praxis denken. Konzepte und Kritik, Wiesbaden: Springer VS, S. 25–50.
Austin, John L. 2002: Zur Theorie der Sprechakte (Hoe to do things with words), bibliographisch ergänzte Ausgabe, Stuttgart: Reclam.
Baecker, Dirk 2005: Form und Formen der Kommunikation, Frankfurt/M.: Suhrkamp.
Baudelaire, Charles 1989: Der Maler des modernen Lebens, in: ders.: Aufsätze zur Literatur und Kunst (1857–1860), Darmstadt: Wissenschaftliche Buchgesellschaft, S. 213–256.
Bayly, Christopher A. 2008: Die Geburt der modernen Welt. Eine Globalgeschichte 1780–1914, Studienausgabe, Frankfurt/M. und New York: Campus.
Berger, Peter und Thomas Luckmann 1980: Die gesellschaftliche Konstruktion der Wirklichkeit. Eine Theorie der Wissenssoziologie, Frankfurt/M.: Fischer (Erstveröffentlichung 1969).
Boatca, Manuela und Sérgio Costa 2009: Postkoloniale Soziologie: Ein Programm, in: Reuter, Julia und Paula-Irene Villa (Hg.): Postkoloniale Soziologie. Empirische Befunde, theoretische Anschlüsse, politische Interventionen, Bielefeld: Transcript, S. 69–90.
Boltanski, Luc 2010: Soziologie und Sozialkritik, Berlin: Suhrkamp.
Boltanski, Luc und Ève Chiapello 2003: Der neue Geist des Kapitalismus, Konstanz: UVK (französisches Original 1999).
Boltanski, Luc und Laurent Thévenot 2007: Über die Rechtfertigung. Eine Soziologie der kritischen Urteilskraft, Hamburg: Hamburger Edition (französisches Original 1991).
Bourdieu, Pierre 1982: Die feinen Unterschiede. Kritik der gesellschaftlichen Urteilskraft, Frankfurt/M.: Suhrkamp.
Bourdieu, Pierre 1987: Sozialer Sinn. Kritik der theoretischen Vernunft, Frankfurt/M.: Suhrkamp.
Bourdieu, Pierre 1993: Soziologische Fragen, Frankfurt/M.: Suhrkamp.

Bourdieu, Pierre 1997: Der Tote packt den Lebenden. Schriften zu Politik und Kultur 2, Hamburg: VSA.

Bourdieu, Pierre 2001: Meditationen. Zur Kritik der scholastischen Vernunft, Frankfurt/M.: Suhrkamp.

Bourdieu, Pierre 2004: Marcel Mauss, aujourd'hui, in: Sociologie et société 36/2: 15–22.

Breuer, Stefan 1991: Max Webers Herrschaftssoziologie, Frankfurt/M. und New York: Campus.

Breuer, Stefan 2011: „Herrschaft" in der Soziologie Max Webers, Wiesbaden: Harrassowitz.

Bührmann, Andrea D. und Werner Schneider 2008: Vom Diskurs zum Dispositiv. Eine Einführung in die Dispositivanalyse, Bielefeld: Transcript.

Butler, Judith 1991: Das Unbehagen der Geschlechter, Suhrkamp: Frankfurt/M.

Butler, Judith 1997: Körper von Gewicht. Die diskursiven Grenzen des Geschlechts, Frankfurt/M.: Suhrkamp.

Delitz, Heike 2013: Émile Durkheim zur Einführung, Hamburg: Junius.

Derrida, Jacques 1976: Die Struktur, das Zeichen und das Spiel im Diskurs der Wissenschaften vom Menschen, in: ders.: Die Schrift und die Differenz, Frankfurt/M.: Suhrkamp, S. 422–442.

Descola, Philippe 2011: Jenseits von Natur und Kultur, Berlin: Suhrkamp.

Durkheim, Émile 1984a: Die Regeln der soziologischen Methode, Frankfurt/M.: Suhrkamp.

Durkheim, Émile 1984b: Erziehung Moral und Gesellschaft, Frankfurt/M.: Suhrkamp.

Durkheim, Émile 1984c: Die Elementaren Formen der Religion, Frankfurt/M.: Suhrkamp.

Durkheim, Émile 1992: Über soziale Arbeitsteilung. Studie über die Organisation höherer Gesellschaften, Frankfurt/M.: Suhrkamp.

Eickelpasch, Rolf 1999: Grundwissen Soziologie, Stuttgart: Klett.

Farsin, Sina und Henning Laux (Hg.) 2014: Gründungszenen soziologischer Theorie, Wiesbaden: Springer VS.

Foucault, Michel 1971: Die Ordnung der Dinge. Eine Archäologie der Humanwissenschaften, Frankfurt/M.: Suhrkamp (franz. Original 1961).

Foucault, Michel 1977: Überwachen und Strafen. Die Geburt des Gefängnisses, Frank-furt/M.: Suhrkamp (franz. Original 1975).

Foucault, Michel 1978: Dispositive der Macht, Berlin: Merve.

Foucault, Michel 1981: Archäologie des Wissens, Frankfurt/M.: Suhrkamp (franz. Original 1969).

Foucault, Michel 1986: Die Sorge um sich. Sexualität und Wahrheit, Bd. 3, Frankfurt/M.: Suhrkamp.

Foucault, Michel 1992: Die Ordnung des Diskurses, Frankfurt/M.: Fischer (franz. Original 1971).

Foucault, Michel 1992a: Was ist Kritik, (Vortrag von 1978), Berlin: Merve.

Foucault, Michel 2004: Hermeneutik des Subjekts, Vorlesungen am College des France (1981/82), Frankfurt/M.: Suhrkamp.

Frisby, David P. 1984: Georg Simmels Theorie der Moderne, in: Dahme, Heinz-Jürgen und Otthein Rammstedt (Hg.): Georg Simmel und die Moderne. Neue Interpretationen und Materialien, Frankfurt/M.: Suhrkamp, S. 9–79.

Fuchs-Heinritz, Werner und Alexandra König 2005: Pierre Bourdieu. Eine Einführung, Konstanz: UVK (zugleich in 2014 aktualisierter Fassung Studienbrief der FernUni in Hagen).

Garfinkel, Harold 1967: Studies in ethnomethodology, Englewood Cliffs: Prentice-Hall.
Garfinkel, Harold 1973: Das Alltagswissen über soziale und innerhalb sozialer Strukturen, in: Arbeitsgruppe Bielefelder Soziologen (Hg.): Alltagswissen, Interaktion und gesellschaftliche Wirklichkeit 1: Symbolischer Interaktionismus und Ethnomethodologie, Reinbek bei Hamburg: Rowohlt, S. 169–263.
Garfinkel, Harold 2002: Ethnomethodology's Program. Working Out Durkheim's Aphorism. Edited and introduced by Anne Warfield Rawls, Laham (ML): Rowman & Littlefield.
Gebauer, Richard/Kneer, Georg 1994: Was heißt Kritische Theorie?, in: Kneer, Georg et al. (Hg.) 1994: Soziologie. Zugänge zur Gesellschaft, Bd. 1: Geschichte, Theorien, Methoden, Münster/Hamburg: Lit-Verlag, S. 99–118.
Giddens, Anthony 1984: Interpretative Soziologie. Eine kritische Einführung, Frankfurt/M. und New York: Campus.
Giddens, Anthony 1988: Die Konstitution der Gesellschaft. Grundzüge einer Theorie der Strukturierung, Frankfurt/M. und New York: Campus.
Giddens, Anthony 1996: Four Myths in the History of Social Thought, in: Giddens, Anthony: In Defence of Sociology. Essays, Interpretations & Rejoinders, Cambridge (UK): Polity Press, pp. 127–153.
Giddens, Anthony and Philip W. Sutton 2013: Sociology, Seventh Edition, Cambridge (UK): Polity Press.
Gugutzer, Robert 2004: Soziologie des Körpers, Bielefeld: Transcript.
Habermas, Jürgen 1981a: Die Moderne – ein unvollendetes Projekt, in: ders.: Kleine politische Schriften I-IV, Frankfurt/M.: Suhrkamp, S. 444–464.
Habermas, Jürgen 1981b: Interview mit Gad Freudenthal (1977), in: ders.: Kleine politische Schriften I-IV, Frankfurt/M.: Suhrkamp, S. 467–490.
Habermas, Jürgen 1982: Zur Logik der Sozialwissenschaften, fünfte, erweiterte Auflage, Frankfurt/M.: Suhrkamp (erste Auflage 1970).
Habermas, Jürgen 1985a: Dialektik der Rationalisierung, in: ders.: Die neue Unübersichtlichkeit, Frankfurt/M.: Suhrkamp, S. 167–208.
Habermas, Jürgen 1985b: Der normative Gehalt der Moderne, in: ders.: Der philosophische Diskurs der Moderne: Zwölf Vorlesungen. Frankfurt/M.: Suhrkamp, S. 390–445.
Habermas, Jürgen 1986: Entgegnung, in: Honneth, Axel/Joas, Hans (Hg.): Kommunikatives Handeln. Beiträge zu Jürgen Habermas' „Theorie des kommunikativen Handelns", Frankfurt/M.: Suhrkamp, S. 327–405.
Habermas, Jürgen 1987/1: Theorie des kommunikativen Handelns, Bd. 1: Handlungsrationalität und gesellschaftliche Rationalisierung, vierte, durchgesehene Auflage der Erstausgabe von 1981, Frankfurt/M.: Suhrkamp.
Habermas, Jürgen 1987/2: Theorie des kommunikativen Handelns, Bd. 2: Kritik der funktionalistischen Vernunft, vierte, durchgesehene Auflage der Erstausgabe von 1981, Frankfurt/M.: Suhrkamp.
Habermas, Jürgen 2005: Zwischen Naturalismus und Religion. Philosophische Aufsätze, Frankfurt/M.: Suhrkamp.
Hall, Stuart 1994: Rassismus und kulturelle Identität, Ausgewählte Schriften 2, Hamburg: Argument.
Hegel, Georg Wilhelm Friedrich 1989: Grundlinien der Philosophie des Rechts, Bd. 7 der Werke in 20 Bänden, Frankfurt/M.

Hillebrandt, Frank 1997: Disziplinargesellschaft, in: Kneer, Georg/Nassehi, Armin/Schroer, Markus (Hg.): Soziologische Gesellschaftsbegriffe. Konzepte moderner Zeitdiagnosen, München, Fink Verlag, S. 101–126.
Hillebrandt, Frank 1999: Exklusionsindividualität. Moderne Gesellschaftsstruktur und die soziale Konstruktion des Menschen, Opladen: Leske und Budrich.
Hillebrandt, Frank 2004: Soziale Ungleichheit oder Exklusion? Zur funktionalistischen Verkennung eines soziologischen Grundproblems, in: Merten, Roland und Albert Scherr (Hg.): Inklusion und Exklusion in der sozialen Arbeit, Wiesbaden, VS Verlag, S. 119–142.
Hillebrandt, Frank 2006: Funktionssysteme ohne Praxis oder Praxisfelder ohne System? System- und Praxistheorie im Vergleich, in: Berliner Journal für Soziologie 16, S. 335–352.
Hillebrandt, Frank 2009: Praktiken des Tauschens. Zur Soziologie symbolischer Formen der Reziprozität, Wiesbaden: VS Verlag.
Hillebrandt, Frank 2010: Modernität – zur Kritik eines Schlüsselbegriffs soziologischer Zeitdiagnose, in: Berliner Journal für Soziologie 20, S. 153–178.
Hillebrandt, Frank 2012: Totale soziale Tatsachen als Formen der Praxis. Wie uns Marcel Mauss hilft, Sozialität neu zu verstehen, Symposiumsbeitrag zu Marcel Mauss: Soziologie und Anthropologie, in: Soziologische Revue 35, S. 253–260.
Hillebrandt, Frank 2014: Soziologische Praxistheorien. Eine Einführung, Wiesbaden: Springer VS (zugleich Studienbrief der FernUniversität in Hagen).
Hillebrandt, Frank 2016: Die Soziologie der Praxis als poststrukturalistischer Materialismus, in: Schäfer, Hilmar (Hg.): Praxistheorien. Ein soziologisches Forschungsprogramm, Bielefeld: Transcript, S. 71–93.
Hillebrandt, Frank 2017: Auf der Suche nach Wirkung. Zum Einfluss Helmut Schelskys auf die Soziologie, in: Rechtstheorie, Beiheft 22, S. 243–257. Berlin: Duncker und Humblot.
Hitzler, Ronald und Thomas Eberle 2008: Phänomenologische Lebensweltanalyse, in: Flick, Uwe et al. (Hg.): Qualitative Forschung. Ein Handbuch, Reinbek: Rowohlt, S. 109–118.
Hobbes, Thomas 1992: Leviathan, Stuttgart: Reclam.
Honneth, Axel 1992: Kampf um Anerkennung, Frankfurt/M.: Suhrkamp.
Honneth, Axel 2000: Das Andere der Gerechtigkeit. Habermas und die ethische Herausforderung der Postmoderne, in: ders.: Das Andere der Gerechtigkeit. Aufsätze zur praktischen Philosophie, Frankfurt/M.: Suhrkamp, S. 133–170.
Honneth, Axel 2015: Die Idee des Sozialismus. Versuch einer Aktualisierung, Berlin: Suhrkamp.
Horkheimer, Max 1988: Traditionelle und kritische Theorie (mit Nachtrag), in: ders.: Gesammelte Schriften, Bd. 4, Frankfurt/M.: Fischer, S. 162–225.
Horkheimer, Max/Adorno, Theodor W. 1984: Dialektik der Aufklärung. Philosophische Fragmente, Frankfurt/M.: Fischer.
Illouz, Eva 2009: Die Errettung der modernen Seele. Therapien, Gefühle und die Kultur der Selbsthilfe, Frankfurt/M.: Suhrkamp.
Kant, Immanuel 1974: Grundlegung zur Metaphysik der Sitten, in: Kant Werkausgabe, Bd. VII, Frankfurt/M.

Kant, Immanuel 1977a: Die Metaphysik der Sitten, in: Kant Werkausgabe, Bd. VIII, Frankfurt/M.
Kant, Immanuel 1977b: Über den Gemeinspruch: Das mag in der Theorie richtig sein, taugt aber nicht für die Praxis, in: Kant Werkausgabe, Bd. XI, Frankfurt/M.
Kiss, Gabor 1990: Grundzüge und Entwicklung der Luhmannschen Systemtheorie, zweite, neu bearbeitete Auflage, Stuttgart: Klett.
Kößler, Reinhart und Hanns Wienold 2001: Gesellschaft bei Marx, Münster: Westfälisches Dampfboot.
Krais, Beate und Gunter Gebauer 2002: Habitus, Bielefeld: Transcript.
Laclau, Ernesto und Chantal Mouffe 2000: Hegemonie und radikale Demokratie. Zur Dekonstruktion des Marxismus, Wien: Passagen.
Latour, Bruno 1996: Der Berliner Schlüssel. Erkundungen eines Liebhabers der Wissenschaft, Berlin: Akademie Verlag.
Latour, Bruno 2000: Die Hoffnung der Pandora. Untersuchungen zur Wirklichkeit der Wissenschaft, Frankfurt/M.: Suhrkamp.
Latour, Bruno 2001: Das Parlament der Dinge. Für eine politische Ökologie, Frankfurt/M.: Suhrkamp.
Latour, Bruno 2007: Eine neue Soziologie für eine neue Gesellschaft. Einführung in die Akteur-Netzwerk-Theorie, Frankfurt/M.: Suhrkamp.
Latour, Bruno 2008: Wir sind nie modern gewesen. Versuch einer symmetrischen Anthropologie, Neuausgabe (franz. Original 1991), Frankfurt/M.: Suhrkamp.
Latour, Bruno 2014: Existenzweisen. Eine Anthropologie der Modernen, Berlin: Suhrkamp.
Lévi-Strauss, Claude 1978: Traurige Tropen, Frankfurt/M.: Suhrkamp.
Lévi-Strauss, Claude 1981: Die elementaren Strukturen der Verwandtschaft, Frankfurt/M.: Suhrkamp.
Lévi-Strauss, Claude 2010: Einleitung in das Werk von Marcel Mauss, in: Mauss, Marcel: Soziologie und Anthropologie, Bd. 1, Wiesbaden: VS Verlag, S. 7–42.
Lichtblau, Klaus 2010: Vorwort, in: Mauss, Marcel: Soziologie und Anthropologie, Bd. 1, Wiesbaden: VS Verlag, S. 4–5.
Luhmann, Niklas 1984: Soziale Systeme. Grundriss einer allgemeinen Theorie, Frankfurt/M.: Suhrkamp.
Luhmann, Niklas 1989: Gesellschaftsstruktur und Semantik. Studien zur Wissenssoziologie der modernen Gesellschaft, Bd. 3, Frankfurt/M.: Suhrkamp.
Luhmann, Niklas 1995: Die Soziologie und der Mensch, in: ders.: Soziologische Aufklärung 6, Opladen: Westdeutscher Verlag, S. 265 271.
Luhmann, Niklas 1997: Die Gesellschaft der Gesellschaft, Frankfurt/M.: Suhrkamp.
Lyotard, Jean-François 1979: Beantwortung der Frage: Was ist postmodern?, in: Welsch, Wolfgang (Hg.) 1988: Wege aus der Moderne. Schlüsseltexte der Postmoderne-Diskussion, Weinheim: VCH, S. 193–203.
Marx, Karl 1969: Thesen über Feuerbach (1845), in: MEW 3, Berlin: Dietz, S. 5–7.
Marx, Karl 1975: Zur Kritik der politischen Ökonomie (1859), in: MEW 13, Berlin: Dietz, S. 3–160.
Marx, Karl 1983a: Das Kapital. Kritik der politischen Ökonomie, Bd. 1, MEW 23, Berlin: Dietz.

Marx, Karl 1983b: Das Kapital. Kritik der politischen Ökonomie, Bd. 3, MEW 25, Berlin: Dietz.
Marx, Karl 2005: Grundrisse der Kritik der politischen Ökonomie (1859), in; MEW 42, Berlin: Dietz.
Mauss, Marcel 1968: Œuvres 1, Paris: Les Éditions de Minuit.
Mauss, Marcel 1969: Œuvres 3, Paris: Les Éditions de Minuit.
Mauss, Marcel 1974: Œuvres 2, Paris: Les Éditions de Minuit.
Mauss, Marcel 2006: Mauss' Werk, von ihm selbst dargestellt (~1930), in: Moebius, Stephan und Christian Papilloud (Hg.): Gift – Marcel Mauss' Kulturtheorie der Gabe, Wiesbaden: VS Verlag, S. 345–359.
Mauss, Marcel 2010a: Soziologie und Anthropologie, Bd. 1: Theorie der Magie, Soziale Morphologie, Neuausgabe, Wiesbaden: VS Verlag.
Mauss, Marcel 2010b: Soziologie und Anthropologie, Bd. 2: Gabentausch – Todesvorstellung – Körpertechniken, Neuausgabe, Wiesbaden: VS Verlag.
Mauss, Marcel 2012: Schriften zur Religionssoziologie, Berlin: Suhrkamp.
Mead, George Herbert 1991: Geist, Identität und Gesellschaft aus der Sicht des Sozialbehaviorismus, eingeleitet und herausgegeben von Charles W. Morris, Frankfurt/M.: Suhrkamp.
Menke, Christoph 2000: Spiegelungen der Gleichheit, Berlin: Akademie.
Menke, Christoph 2002: Grenzen der Gleichheit. Naturalität und Politik im Politischen Liberalismus, in: Deutsche Zeitschrift für Philosophie 50, S. 897–906.
Merleau-Ponty, Maurice 1966: Phänomenologie der Wahrnehmung, Berlin: De Gruyter.
Merleau-Ponty, Maurice 2003: Das Primat der Wahrnehmung, Frankfurt/M.: Suhrkamp.
Meyer, Christian 2015: Neopraxiologie. Ethnografische und konversationsanalytische Praxisforschung in ethnomethodologischer Einstellung, in: Schäfer, Franka et al. (Hg.): Methoden einer Soziologie der Praxis, Bielefeld: Transcript, S. 91–119.
Miklautz, Elfie 2010: Geschenkt. Tausch gegen Gabe – eine Kritik der symbolischen Ökonomie, München: Fink.
Mills, C. Wright 2000: The Sociological Imagination, Oxford: University Press (fist published 1959).
Mills, Charles Wright 2016: Soziologische Phantasie, neue Übersetzung, Wiesbaden: Springer VS (amerikanisches Original *The Sociological Imagination* 1959).
Moebius, Stephan 2006: Marcel Mauss, Konstanz: UVK.
Moebius, Stephan und Andreas Reckwitz (Hg.) 2008: Poststrukturalistische Sozialwissenschaften, Frankfurt/M.: Suhrkamp.
Müller, Hans-Peter 2007: Max Weber. Eine Einführung in sein Werk, Köln, Weimar, Wien: Böhlau.
Nassehi, Armin 2006: Der soziologische Diskurs der Moderne, Frankfurt/M.: Suhrkamp.
Nassehi, Armin 2008: Soziologie. Zehn einführende Vorlesungen, Wiesbaden: VS Verlag.
Neckel, Sighard, Ana Milic, Christian von Scheve und Monica Titton (Hg.) 2010: Sternstunden der Soziologie. Wegweisende Theoriemodelle des soziologischen Denkens, Frankfurt/M. und New York: Campus.
Orsterhammel, Jürgen 2009: Die Verwandlung der Welt. Eine Geschichte des 19. Jahrhunderts, München: Beck.
Parsons, Talcott 1966: The Social System, New York: Free Press.
Parsons, Talcott 1967: Sociological Theory and Modern Society, New York: Free Press.

Parsons, Talcott 1968: The Structure of Social Action, New York: Free Press.
Parsons, Talcott 1976: Zur Theorie sozialer Systeme, herausgegeben von Stefan Jensen, Opladen: Westdeutscher Verlag.
Parsons, Talcott 1979: Sozialstruktur und Persönlichkeit, Frankfurt/M.: Europäische Verlagsanstalt.
Reckwitz, Andreas 2008: Moderne. Der Kampf um die Öffnung und Schließung von Kontingenzen, in: Moebius, Stephan und Andreas Reckwitz (Hg.): Poststrukturalistische Sozialwissenschaften, Frankfurt/M.: Suhrkamp, S. 226–244.
Reckwitz, Andreas 2012: Die Erfindung der Kreativität. Zum Prozess gesellschaftlicher Ästhetisierung, Berlin: Suhrkamp.
Richter, Rudolf 2001: Soziologische Paradigmen. Eine Einführung in klassische und moderne Konzepte, Wien: WUV Universitätsverlag.
Rosa, Hartmut 2016: Resonanz. Eine Soziologie der Weltbeziehung, Berlin: Suhrkamp.
Rousseau, Jean Jacques 1996: Vom Gesellschaftsvertrag oder Grundsätze des Staatsrechts, Stuttgart: Reclam.
Saussure, Ferdinand de 2013: Cours de linguistique générale, zweisprachige Ausgabe französisch-deutsch (französische Erstausgabe 1916), Tübingen: Narr Francke Attempo Verlag.
Schäfer, Franka 2018: Diskurstheorie und Gesellschaft. Wiesbaden: Springer VS.
Schäfer, Franka, Anna Daniel und Frank Hillebrandt (Hg.) 2015: Methoden einer Soziologie der Praxis, Bielefeld: Transcript.
Schäfer, Hilmar 2013: Die Instabilität der Praxis. Reproduktion und Transformation des Sozialen in der Praxistheorie, Weilerswist: Velbrück.
Schimank, Uwe 1996: Theorien gesellschaftlicher Differenzierung, Opladen; Westdeutscher Verlag.
Schütz, Alfred 1971: Strukturen der Lebenswelt, in: ders.: Gesammelte Aufsätze III: Studien zur Phänomenologischen Philosophie, Den Haag: Nijhoff, S. 153–170.
Schütz, Alfred 1972: Die soziale Welt und die Theorie der sozialen Handlung, in: ders.: Gesammelte Aufsätze II: Studien zur soziologischen Theorie, Den Haag: Nijhoff, S. 3–21.
Schütz, Alfred 1974: Der sinnhafte Aufbau der sozialen Welt. Eine Einleitung in die verstehende Soziologie, Frankfurt/M.: Suhrkamp (Erstausgabe 1932).
Schütz, Alfred 1977: Parsons' Theorie sozialen Handelns, in: ders. und Talcott Parsons: Zur Theorie sozialen Handelns. Ein Briefwechsel, Frankfurt/M.: Suhrkamp, S. 25–76.
Schütz, Alfred und Thomas Luckmann 2003: Die Strukturen der Lebenswelt, Konstanz: UVK.
Simmel, Georg 1917: Grundfragen der Soziologie (Individuum und Gesellschaft), Leipzig und Berlin: Göschen.
Simmel, Georg 1989: Philosophie des Geldes, Gesamtausgabe Bd. 6, Frankfurt/M.: Suhrkamp.
Simmel, Georg 1992: Exkurs über das Problem: Wie ist Gesellschaft möglich?, in: ders: Soziologie. Untersuchungen über die Formen der Vergesellschaftung, Gesamtausgabe, Bd. 11, Frankfurt/M.: Suhrkamp, S. 42–61 (zuerst 1908).
Stäheli, Urs 2000: Poststrukturalistische Soziologien, Bielefeld: Transcript.
Stahl, Titus 2013: Immanente Kritik. Elemente einer Theorie sozialer Praktiken, Frankfurt/M. und New York: Campus.

Taylor, Charles 1994: Quellen des Selbst. Die Entstehung der neuzeitlichen Identität, Frankfurt/M.: Suhrkamp.

Taylor, Charles 2009: Ein säkulares Zeitalter, Berlin: Suhrkamp.

Treibel, Annette 1993: Einführung in soziologische Theorien der Gegenwart, Opladen: Leske und Budrich.

Weber, Max 1980: Wirtschaft und Gesellschaft. Grundriss der verstehenden Soziologie, Tübingen: Mohr (zuerst 1920).

Weber, Max 1988a: Die „Objektivität" sozialwissenschaftlicher und sozialpolitischer Erkenntnis, in: ders.: Gesammelte Aufsätze zur Wissenschaftslehre, Tübingen: Mohr (UTB-Ausgabe), S. 146–214 (zuerst 1904).

Weber, Max 1988b: Die protestantische Ethik und der Geist des Kapitalismus, in: ders.: Gesammelte Aufsätze zur Religionssoziologie I, Tübingen: Mohr (UTB- Ausgabe), S. 17–205 (zuerst 1904).

Weber, Max 1988c: Gesammelte Aufsätze zur Soziologie und Sozialpolitik, Tübingen: Mohr.

Weber, Max 1988d: Die Wirtschaftsethik der Weltreligionen (Einleitung), in: ders.: Gesammelte Aufsätze zur Religionssoziologie I, Tübingen: Mohr (UTB-Ausgabe), S. 237–275.

Weber, Max 1988e: Über einige Kategorien der verstehenden Soziologie, in: ders: Gesammelte Aufsätze zur Wissenschaftslehre, Tübingen: Mohr (UTB-Ausgabe), S. 427–474.

The manufacturer's authorised representative in the EU is Springer Nature Customer Service Centre GmbH, Europaplatz 3, 69115 Heidelberg, Germany. If you have any concerns regarding our products, please contact ProductSafety@springernature.com

Printed and bound by CPI Group (UK) Ltd, Croydon, CR0 4YY
25/03/2026
02078218-0005